Telekolleg II

Datenverarbeitung

Herausgegeben von Ludwig Graf

Ulrich George, Erwin Holler,
Claus Kühlewein, Wolfgang Meindl,
Norbert M. Seel

TR-Verlagsunion München

TELEKOLLEG II

wird im Medienverbund von den *Kultusministerien* der Länder Baden-Württemberg, Bayern, Nordrhein-Westfalen, Rheinland-Pfalz und Saarland (in Nordrhein-Westfalen und im Saarland in Zusammenarbeit mit den Einrichtungen der Weiterbildung) sowie den *Rundfunkanstalten* Bayerischer Rundfunk, Südwestfunk (für den Sendebereich Südwest 3) und Westdeutscher Rundfunk durchgeführt.

Dieser Band enthält das Arbeitsmaterial zu den 1990 vom Südwestfunk produzierten Lehrsendungen Telekolleg II/Datenverarbeitung, Lektion 1–13.

© 1990 by TR-Verlagsunion GmbH, München
Alle Rechte vorbehalten
Umschlaggestaltung: Wilfried Reich, Baden-Baden
Gesamtherstellung: Gebr. Bremberger, München
ISBN 3-8058-2147-6

Inhalt

Zu diesem Buch	4
1. Einführung – Die Hardware (Claus Kühlewein)	5
2. Die Software (Wolfgang Meindl)	16
3. Das Betriebssystem (Claus Kühlewein)	31
4 Textverarbeitung mit einem Personal-Computer (Claus Kühlewein)	44
5. Tabellenkalkulation (Claus Kühlewein)	56
6. Datenbank I (Claus Kühlewein)	64
7. Datenbank II (Claus Kühlewein)	73
8. Informationsdarstellung und -übertragung (Erwin Holler)	85
9. Prozeßdatenverarbeitung (Ulrich George)	102
10. Automatisierungstechnik (Erwin Holler)	111
11. CNC-Technik – Robotertechnik (Erwin Holler)	126
12. CAD-Technik (Erwin Holler)	142
13. Expertensysteme (Norbert M. Seel)	158
Lösungen	165
Register	175
Nachweis der Grafiken und Bilder	180

Zu diesem Buch

„Jetzt habt Ihr wieder Turnen schriftlich", neckten wir als Studenten unsere Kollegen, wenn sie eine Sportvorlesung besuchten. Genauso könnte man diesem Buch vorwerfen, es sei „EDV schriftlich", wo doch jeder weiß, daß man den Umgang mit dem Computer nur am Gerät selber lernen kann.
Zu diesem neuen Angebot gehören deshalb auch Kursveranstaltungen, in denen die Teilnehmer am Computer die notwendigen Erfahrungen erwerben können, und die Fernsehsendungen. Es handelt sich also um ein Medienverbundsystem, das aus drei Teilen besteht: den Sendungen, dem Buch und dem Begleitkurs.

Die Sendungen
In den Sendungen werden Grundprinzipien, etwa zur Struktur eines Rechners, dargestellt und veranschaulicht. Die sogenannten Software-Pakete, wie Textverarbeitung, Datenbanksysteme und Tabellenkalkulation, werden vorgestellt und ihre Funktionen aufgezeigt.
Es kann nicht darum gehen, die Bedienung von Software-Paketen im Sinne von Rezepturen zu vermitteln, da viele Firmen für dieselben Aufgaben Produkte anbieten, die unterschiedlich gehandhabt werden müssen. Es sollen vielmehr der strukturelle Aufbau, der den verschiedenen Software-Paketen gemeinsam ist, herausgestellt und die entsprechenden Begriffe erklärt werden.
Damit hoffen wir, daß Sie in die Lage versetzt werden, etwa beim Kauf eines Systems, kompetente Fragen zu stellen, um die für Sie richtige Entscheidung zu treffen.
Der zweite Teil des Kurses behandelt den Einsatz von Rechnern im gewerblich-technischen Bereich. Wie arbeitet man mit einer vom Computer gesteuerten Werkzeugmaschine? Wie ist eine Roboter-Steuerung aufgebaut? Welche Möglichkeiten bietet das vom Computer unterstützte Konstruieren?
Das sind alles Fragen, die jedem, der in der Produktion beschäftigt ist, begegnen werden.

Das Buch
Das Buch stellt die in der Sendung behandelten Themen ausführlich dar und enthält Beispiele, die es erlauben, die gezeigten Inhalte konkret nachzuvollziehen und zu üben.
Die Lektionen sind jeweils gegliedert in eine Übersicht mit Lernzielen, die Sie vor der Sendung lesen sollten, in den eigentlichen Text, den Sie nach der Sendung durcharbeiten sollten, und Aufgaben, an denen Sie Ihr Wissen überprüfen können.
Die Lernziele sind genauso numeriert wie die zugehörigen Abschnitte, in denen sie behandelt werden, und dieselben Nummern sind wieder bei den Aufgaben angegeben. Daher können Sie – falls Sie Schwierigkeiten mit einer Aufgabe haben – das entsprechende Lernziel bzw. den entsprechenden Abschnitt leicht finden, was Ihnen die Lösung sicherlich erleichtern wird.

Der Begleitkurs
Auch zur Vorbereitung der Arbeit am Computer soll dieses Buch dienen. Es empfiehlt sich deshalb, bei Aufgaben zum Umgang mit bestimmten Software-Paketen die einzelnen Schritte bzw. Befehle übersichtlich aufzuschreiben, damit bei der Arbeit am Computer keine Zeit verlorengeht. Es erspart dem Kursleiter, das Grundwissen zu wiederholen, und ermöglicht ihm statt dessen, Sie am Rechner individuell zu beraten.

So will dieses Buch Ihnen die Begegnung mit Computern im Betrieb oder auch privat erleichtern, Ihnen ermöglichen, eigene Ideen zu entwickeln, und Ihnen bei der Entscheidung helfen, falls Sie sich einen Computer anschaffen wollen. Es kann deshalb auch unabhängig von den Sendungen und Begleitkursen sinnvoll verwendet werden.

Ludwig Graf

1. Einführung – Die Hardware

VOR DER SENDUNG

Fortschritte in der Mathematik und neue wissenschaftliche Erkenntnisse machten es erforderlich, daß der Mensch immer mehr und umfangreichere Rechenarbeiten durchführen mußte. Die Ideen in den Köpfen findiger Leute ließen daher schon bald den Wunsch aufkommen, diese eintönigen und zeitraubenden Arbeiten von Rechenautomaten ausführen zu lassen.

Die ersten Entwürfe des englischen Mathematikers Charles Babbage (1792–1871) scheiterten an den Unzulänglichkeiten der damaligen Technik. Erst 1934 gelang es dem Berliner Bergbauingenieur Konrad Zuse, einen programmgesteuerten Rechner zu entwickeln, der in seiner Grundstruktur dem Konzept von Babbage entsprach. 1941 war dann das erste betriebsfähige programmgesteuerte Rechengerät der Welt fertiggestellt, die „Zuse Z 3".

Fast parallel dazu verlief die Entwicklung in den USA. 1939 begann der Wissenschaftler Howard H. Aiken mit Unterstützung der IBM Corporation mit dem Bau eines Rechenautomaten. Fünf Jahre später wurde der Automat formell dem Computation Laboratory der Harvard-Universität übergeben und in Betrieb genommen.

Beide Konstrukteure wußten – durch den Krieg bedingt – nichts von ihrer gleichartigen Entwicklung, deren Siegeszug von da an nicht mehr aufzuhalten war.

Für uns sind heute Computer Werkzeuge faszinierender Qualität. In ihnen arbeiten nicht mehr dekadische, auf Kugellagern basierende Zählräder oder Relais, die über kilometerlange Leitungsdrähte miteinander verbunden sind. Auch die Größe der damaligen Rechenautomaten mit über fünfzehn Metern Länge und zweieinhalb Metern Höhe erscheint uns heute gigantisch.

In unserer Zeit transportieren Elektronen auf mikroskopisch kleinen Leiterbahnen die Informationen, rechnen, vergleichen und werten sie aus. Und dies mit einer kaum vorstellbaren Geschwindigkeit.

Lernziele

1.1 Jedes Computersystem setzt sich zusammen aus einer Zentraleinheit (ZE), die die eigentlichen Verarbeitungsaufgaben übernimmt, und den Dialoggeräten, die die Daten übermitteln.

1.2 Die Zentraleinheit besteht aus einem Prozessor, der die Verarbeitungsschritte durchführt, und einem Arbeitsspeicher, der die Speicherung von Daten und Programmen übernimmt.

1.2.1 Der Prozessor ist eine Funktionseinheit innerhalb eines Computersystems und besteht aus einem Rechenwerk und einem Steuerwerk. Das Steuerwerk empfängt vom Speicher Instruktionen (Befehle), entschlüsselt (dekodiert), interpretiert sie und überwacht deren Ausführung im Computersystem. Das Rechenwerk führt die logischen und arithmetischen Rechenbefehle aus.

1.2.2 Damit Daten verarbeitet werden können, müssen sie sich im Hauptspeicher der Zentraleinheit befinden.

1.2.3 Daten werden als Folge von (meist) acht Binärzeichen (Bits) im Speicher abgelegt. Die Folge von acht Bits nennt man Byte. Mit einem Byte kann man ein Zeichen im Rechner darstellen. Die Codierung der Zeichen erfolgt beispielsweise im ASCII-Code.

1.3 Durch Peripheriegeräte können Computeranlagen erweitert werden. Man unterscheidet zwischen Geräten zur Eingabe, Geräten zur Ausgabe und Geräten, die zugleich Eingabe- und Ausgabefunktionen besitzen (externe Speicher).

NACH DER SENDUNG

1.1 Aufbau eines Computersystems

Seit Anfang der fünfziger Jahre gibt es ein Werkzeug neuer, faszinierender Qualität: den Computer, die lernfähige Maschine. Er (die Hardware) ist das erste Werkzeug, für das man eine Sprache (die Software) benötigt, um ihm mitzuteilen, welche Arbeit es leisten soll.

Eine DV-Anlage ist die technische Voraussetzung, um Aufgaben mit einem Computer lösen zu können. Den Mittelpunkt eines Computers bildet die aus elektronischen Bauteilen zusammengesetzte Zentraleinheit. Diese bestehen aus Halbleiterelementen, die man Chips nennt. An sie sind die verschiedenen Ein- und Ausgabegeräte eines Computersystems angeschlossen.

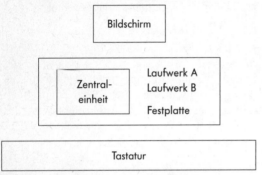

Bild 1.1 Bestandteile eines Mikrocomputers

1.2 Die Zentraleinheit

1.2.1 Der Prozessor

Damit der Computer bestimmte Probleme bearbeiten und lösen kann, muß man ihm Anweisungen erteilen. Dazu liefert man ihm zunächst Informationen, sog. Daten. Sie müssen als erstes dorthin transportiert werden, wo sie der Computer verarbeiten kann. Danach werden die Daten bis zur weiteren Verwendung an einem anderen Ort gespeichert.

Die richtige Organisation des Transports von Anweisungen und Daten ist die Aufgabe des Prozessors in einer DV-Anlage.

Unter Daten wird im folgenden alles verstanden,
– was in einen Computer eingegeben wird, (Eingabe)
– was im Computer verarbeitet wird, (Verarbeitung)
– was vom Computer ausgegeben wird. (Ausgabe)

Bild 1.2 Das EVA-Prinzip eines Computersystems (**E**ingabe-**V**erarbeitung-**A**usgabe)

Die Verarbeitung der Daten erledigt der Prozessor mit Hilfe eines Programms. Er ist der intelligenteste elektronische Bauteil eines Computers. Die Prozessoren sind so klein, daß sie Platz in einem winzigen Bauteil (Chip) finden. Man nennt sie **Mikroprozessoren.** Sie bilden den Kern eines Computers und sind in sehr starkem Maße verantwortlich für die Leistungsfähigkeit eines DV-Systems. Nur die Prozessoren sind in der Lage, Instruktionen (Befehle) auszuführen, aus denen sich ein Computerprogramm zusammensetzt.

Der Mikropozessor ist die eigentliche Denkmaschine.

Innerhalb der Zentraleinheit bildet der Prozessor eine Funktionseinheit, die aus dem Rechenwerk und dem Steuerwerk besteht.

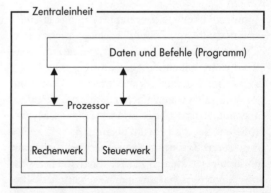

Bild 1.3 Die Funktionseinheiten des Prozessors innerhalb der Zentraleinheit

Das **Steuerwerk** liest die Befehle, interpretiert den Befehlstyp und leitet die erforderlichen Signale für die Befehlsausführungen an das Rechenwerk weiter.

Das **Rechenwerk** führt die ihm zugeführten Verarbeitungsbefehle aus. Da die Daten wegen der sehr hohen Verarbeitungsgeschwindigkeit des Prozessors nicht einzeln ins Rechenwerk eingelesen werden können, müssen sie in einem internen Speicher bereitgehalten werden. Dies ist der Arbeits- bzw. Hauptspeicher eines Computersystems.

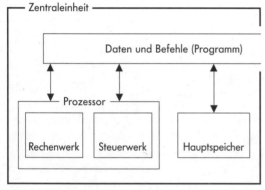

Bild 1.4 Die drei Funktionseinheiten der Zentraleinheit

Das Steuerwerk

Das Zusammenspiel von der Eingabe, Verarbeitung und Ausgabe der Daten muß während der Programmausführung überwacht und gesteuert werden. Es ist sicherzustellen, daß
- das im Hauptspeicher befindliche Programm in der richtigen Reihenfolge abgearbeitet und keine Anweisung ausgeführt wird, bevor nicht die vorhergehende abgeschlossen ist;
- die vom Programm angeforderten Daten zur richtigen Zeit am richtigen Ort zur Verfügung stehen.

Für diese Aufgaben ist das Steuerwerk zuständig, das ähnlich wie das Speicher- und Rechenwerk aus Halbleiterschaltungen aufgebaut ist. Das Steuerwerk bezeichnet man häufig auch als Leitwerk.

Das Rechenwerk – die Arithmetik/Logik (ALU)

Wie man bei einem Taschenrechner die Zahlen für eine Berechnung erst eintippt, müssen auch in einen Computer die Rechenoperationen und Daten zuerst eingegeben werden. Das Rechenwerk ist der „Rechenknecht" des Mikrocomputers, der die Informationen miteinander verknüpft. Bei mathematischen und sehr rechenintensiven Programmen (wie z. B. umfangreichen Tabellenkalkulationen) benötigt er zur Verstärkung eine zusätzliche Rechenhilfe. Dies ist der Arithmetik-Prozessor.

Das Rechenwerk bezeichnet man auch als ALU (**A**rithmetic **L**ogical **U**nit), da es arithmetische und logische Rechenoperationen ausführen kann:

1. Die vier Grundrechenarten (arithmetische Operationen)

Addition	Subtraktion	Multiplikation	Division
+	–	·	/

(Ein Computersystem führt übrigens alle vier Grundrechenarten auf die Addition zurück!)

2. Die logischen (vergleichenden) Operationen

gleich	kleiner	größer	ungleich	kleiner gleich	größer gleich
=	<	>	<>	<=	>=

Die Zentraleinheit umschließt somit alle Funktionselemente, die zur Ausführung der Befehle, zur Steuerung des Programmablaufs, zur Speicherung der direkt benötigten Arbeitsdaten und zur Abwicklung des Datentransfers dienen. Dabei führt der aktive Teil der Zentraleinheit die Instruktionen aus, während der passive Teil die hierzu notwendigen Daten und Programme zur Verfügung stellt.

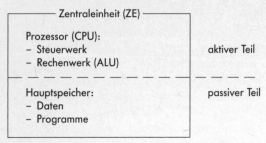

Bild 1.5 Die Bestandteile der Zentraleinheit eines Computers

1.2.2 Der Hauptspeicher

Der Hauptspeicher ist der Speicherplatz des Computers. Hier werden die für die Verarbeitung benötigten Daten und Programme gespeichert und gelesen. Im Speichersystem selbst wird keine Verarbeitung durchgeführt.

Der Hauptspeicher ist vergleichbar mit einem großen Schrank mit vielen kleinen Behältern. Jeder besitzt eine bestimmte Nummer, die man Adresse nennt, damit das Steuerwerk gezielt darauf zugreifen kann. Die Gesamtheit dieser Behälter nennt man Speicherzellen. Sie bilden den Hauptspeicher. Die Speicherzellen sind, von Null beginnend, fortlaufend numeriert.

Hauptspeicher

0	1	2	3	4	5	6	7
8	9	10	11	12	13	14	15
		635	636	637	638	639	640

Bild 1.6 Prinzip eines Hauptspeichers

Da der interne Speicher nur eine begrenzte Speicherkapazität besitzt, werden generell nur diejenigen Programme und Daten in den Hauptspeicher geladen, die zur augenblicklichen Verarbeitung benötigt werden. Die übrigen Programmteile und Daten stehen bis zur Verwendung auf externen Datenspeichern, z. B. Disketten oder Festplatten, zur Verfügung.

Es gibt verschiedene Typen dieser Speicherbausteine, z. B. Schreib-/Lesespeicher oder Festwertspeicher.

Schreib-/Lesespeicher (RAM)

Die Speicherbausteine des Hauptspeichers sind Schreib-/Lesespeicher vom Typ RAM (**R**andom **A**ccess **M**emory). Sie können wahlweise neue Daten aufnehmen oder alte löschen bzw. überschreiben. Auf gespeicherte Informationen kann das Steuerwerk direkt zugreifen. Die RAM-Speicherbausteine bilden somit den Arbeitsbereich, das Notizbuch des Computers.

Schaltet man das Computersystem ab, gehen alle Informationen im RAM-Bereich verloren. Man spricht daher auch von einem **flüchtigen Speicher.**

Festwertspeicher (ROM)

ROM-Speicher (**R**ead **O**nly **M**emory) sind Mikroprogrammspeicher, die Hilfsprogramme (Mikroprogramme) zur Steuerung der Zentraleinheit und von peripheren Geräten, wie z. B. Bildschirm, Tastatur, Drucker, externe Speicher, enthalten.

Wesentliche Teile der Betriebssystem-Programme sind in diesen Speichern dauerhaft untergebracht. Jeder Rechner benötigt nach dem Einschalten der Versorgungsspannung an einer bestimmten Stelle des Speichers einige Informationen darüber, was er zu tun hat: Der Mikroprozessor erwartet von dort Anweisungen zur Aufnahme seiner Arbeit.

Diese Spezialinformationen dürfen beim Abschalten der Spannung nicht verlorengehen. Deshalb werden sie als Dauerinformationen bereits vom Hersteller fest in den Chip eingeprägt („eingebrannt") und stehen dort sofort bei Arbeitsbeginn dem Rechner zur Verfügung. Man spricht daher von Festwertspeichern oder **permanenten Speichern.**

Die Informationen und Programme, die in den ROM-Bausteinen eingebaut sind, bilden die Voraussetzung für eine effektive Arbeitsweise eines PC. Sie stellen den Kern aller grundlegenden Kontroll-Programme dar, die den PC erst zu einem brauchbaren Instrument machen.

Beispiele:
- ROM-BASIC-Chip (BASIC-Interpreter)
- ROM-BIOS-Chip (Read-Only-Memory-BASIC-Input-Output-System). Es enthält die grundlegenden Steuerungs- und Dienstprogramme für einen Computer sowie das Freigabedatum der ROM-BIOS-Version.
- ROM-Zeichengenerator-Chip

1.2.3 Das Bit und das Byte

Das Bit

Auch ein Computer muß in der Lage sein, Daten zu lesen, um sie maschinell verarbeiten zu können. Dazu müssen die Daten in eine für ihn verständliche Form, sog. Codes, umgewandelt werden. In ihrer ursprünglichen Form kann sie ein Computer nicht lesen, denn er arbeitet mit elektrischen Impulsen.

Einer der bekanntesten Codes ist das Morsealphabet, in dem alle Buchstaben, Zahlen und Satzzeichen durch Punkte und Striche dargestellt werden, d.h. durch lange oder kurze Impulse. Morsezeichen lassen sich daher ohne Schwierigkeiten in eine maschinenverständliche Codeschrift übertragen.

In der Datenverarbeitung können alle Daten nur durch folgende Impulse dargestellt werden:
- an einer bestimmten Stelle fließt Strom (1),
- an einer bestimmten Stelle fließt kein Strom (0).

Entsprechend muß die Darstellung der Zeichen mit Speicherelementen verwirklicht werden, die mit nur zwei Ausdrucksmöglichkeiten auskommen. Ein Speicherelement, das nur zwei unterschiedliche Zustände kennt, nennt man ein binäres Element, kurz **Bit** (aus dem Englischen: **Bin**ary digi**t** = binäre Ziffer). Das Bit ist die Maßeinheit für die Anzahl der Binärentscheidungen Null (0) und Eins (1). Somit ist es die kleinste manipulierbare maschineninterne Darstellung von Binärdaten, d.h. von Informationen, die nach dem Binärsystem verschlüsselt sind.

Da jedes Computersystem nur zwischen den Elementarzuständen „Strom" und „nicht Strom" bzw. „ein" und „aus" unterscheiden kann, basiert seine Arbeitsweise auf dem Binär- bzw. Dualsystem. Die Ziffern 0 und 1 sind Binärelemente. Sie können beliebig oft kombiniert werden und ergeben dadurch eine bestimmte Folge von Bits, die als Ganzes betrachtet und interpretiert wird. Den verschiedenen Kombinationen ordnet man entsprechende Bedeutungen (Zeichen) zu. Man bezeichnet dies als **Codierung.** Die Anleitung, nach der eine solche Umwandlung vor sich geht, heißt **Code.**

Das Byte

Zur Verschlüsselung der Dezimalzahlen, der Groß- und Kleinbuchstaben sowie der Sonderzeichen benötigt man jeweils eine eindeutige Sequenz von Bits. Eine solche Bit-Folge nennt man **Byte** (sprich: bait). Das Byte ist die kleinste adressierbare Einheit in einem Computersystem. Mit einer Folge von acht Bits kann man 256 (2^8) verschiedene Zeichen darstellen.

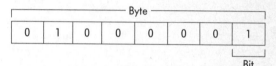

Bild 1.7 Darstellung des Buchstabens A in einem Byte

Daten und Programme werden binär verschlüsselt in einem Speicher abgelegt und verarbeitet. Die Prozessoren führen die Anweisungen durch. Es gibt verschiedene Prozessor-Typen:
- 8-Bit-Prozessoren
- 16-Bit-Prozessoren
- 32-Bit-Prozessoren

In der Zukunft wird es noch schnellere Prozessoren geben. Ihre Unterscheidungsmerkmale liegen beispielsweise in der Schnelligkeit der Verarbeitung von Befehlen, in der Form des Datenaustausches und der schnelleren Zugriffszeit.

Durch die Verkürzung der Leiterbahnen in den Prozessoren konnten schnellere Verarbeitungsgeschwindigkeiten erreicht und damit die Taktfrequenz erhöht werden, da hier die endliche Ausbreitungsgeschwindigkeit des elektrischen Stroms bereits eine wichtige Rolle spielt. Die Zugriffszeiten im Hauptspeicher betragen etwa 70 ns (Nanosekunden).

Ein weiteres wichtiges Merkmal liegt in der großen Kapazität hinsichtlich der Hauptspeicher-Adressierung (= Anzahl der Speicherzellen im Hauptspeicher). Die

Hauptspeicherkapazität ist ein Maß für die Menge der Daten, die bei einem Programm im Hauptspeicher gehalten werden können, ohne daß erneut auf einen externen Speicher (z. B. Diskette) zugegriffen werden muß. Je mehr Adressen im Hauptspeicher angesprochen werden können, desto mächtigere Programme können im Speicher für die praktische Anwendung bereitgehalten werden.

Die von Computerherstellern angegebene Hauptspeichergröße gibt die Anzahl der Speicherzellen an, die der gesamte Computer als Speicher zur Verfügung hat. Jede Speicherzelle entspricht einem Byte. Die Speicherkapazität wird in der Regel in Kilo-Byte (KB) angegeben, wobei 1 KB gleich 1024 Byte ($=2^{10}$) entsprechen.

Der ASCII-Code

Damit ein Computer die Zeichen sinnvoll verarbeiten kann, benötigt er zur Übersetzung in Byte-Werte (und umgekehrt) einen genau definierten Code. Die Codierung der Zeichen kann auf verschiedene Arten erfolgen. Der gebräuchlichste Code ist der USASCII-Code (**USA S**tandard **C**ode **F**or **I**nformation **I**nterchange, amerikanischer Standard-Code zum Informationsaustausch, Synonym: ASCII-Code). Dieser Code ist eine nationale Variante der ISO-7-Bit-Codes in den USA und hat durch die Verbreitung der Personal-Computertechnologie weltweite Bedeutung erlangt.

Mit dem 7-Bit-Code können bis zu $2^7 = 128$ verschiedene Zeichen gesetzt werden. Zwar sind nur 95 davon tatsächlich druckbar, weil die restlichen von Steuerzeichen belegt sind, doch diese genügen, um Groß- und Kleinbuchstaben, mathematische Symbole und andere Sonderzeichen verwenden zu können.

Der ISO (**I**nternational **O**rganisation for **S**tandardization, Internationale Standard Organisation mit Sitz in Genf) gehören die nationalen Normenausschüsse aus über 50 Ländern an, z.B. die Normenausschüsse AFNOR (Frankreich), ANSI (USA) oder DIN (Deutschland).

Durch die Ergänzung des Codes um ein achtes Bit sind mittlerweile schon 256 Werte möglich. Normalerweise benutzt man nur die ersten 128 der 256 verwendbaren Zeichen. Die restlichen 128 Codewerte dienen verschiedenen anderen Zwecken und bilden den sogenannten „erweiterten ASCII-Zeichensatz", für den es keine Standardbestimmungen gibt (vgl. Bild 1.8). Auf dem PC-Bildschirm und graphikfähigen Druckern wird der erweiterte ASCII-Code für die Darstellung von graphischen und mathematischen Symbolen eingesetzt (s. a. Kap. 2.5).

Die meisten Personal-Computer und die angeschlossenen Drucker verwenden diesen Code. Er ordnet allen üblichen Zeichen, z.B. Groß- und Kleinbuchstaben, Sonder- und Grafikzeichen, Ziffern und Satzzeichen numerische Werte zu. Einige Werte (Codes) reserviert der ASCII-Code für Kontrollzwecke, wie z.B. Gerätesteuerzeichen (Zeilen-/Blattvorschub, Druckersignal, Breitdruck, Schmalschrift, Schönschrift, Grafik-Symbole) oder für das Dateiende einer Datei.

1.3 Die Peripherie eines Computers

Die Zentraleinheit eines Computersystems kann Arbeiten nur dann erledigen, wenn ihr Daten zugeführt werden. Die Ergebnisse können erst ausgegeben werden, wenn daran ein geeignetes Ausgabegerät angeschlossen ist. Sämtliche Maschinen, die sich außerhalb der Zentraleinheit befinden, bezeichnet man als periphere Geräte oder kurz Peripherie.

Kommunizieren diese Geräte direkt über Datenleitungen mit der Zentraleinheit, spricht man von der on-line Peripherie oder von on-line Geräten. Erledigen periphere Geräte ohne direkte Verbindung mit der Zentraleinheit Aufträge, z.B. die Erfassung und Aufbereitung von Ein- und Ausgabedaten, nennt man diese off-line Peripherie oder off-line Geräte.

Zur Verarbeitung müssen Programme und Daten von den externen Datenspeichern und Bewegungsdaten direkt über die Tastatur in den internen Arbeitsspeicher des Computersystems übertragen werden. Dort werden sie zwischengespeichert und anschließend im Rechenwerk verarbeitet. Danach hält der interne Speicher die Ergebnisse bis zur weiteren Verarbeitung, Speicherung oder Ausgabe fest.

!	00100001	©	01000000	`	01100000	Ç	10000000
"	00100010	A	01000001	a	01100001	ü	10000001
#	00100011	B	01000010	b	01100010	é	10000010
$	00100100	C	01000011	c	01100011	ê	10000011
%	00100101	D	01000100	d	01100100	ä	10000100
&	00100110	E	01000101	e	01100101	è	10000101
'	00100111	F	01000110	f	01100110	ė	10000110
(	00101000	G	01000111	g	01100111	ç	10000111
)	00101001	H	01001000	h	01101000	ê	10001000
*	00101010	I	01001001	i	01101001	ë	10001001
+	00101011	J	01001010	j	01101010	è	10001010
,	00101100	K	01001011	k	01101011	ï	10001011
-	00101101	L	01001100	l	01101100	î	10001100
.	00101110	M	01001101	m	01101101	ì	10001101
/	00101111	N	01001110	n	01101110	Ä	10001110
0	00110000	O	01001111	o	01101111	Å	10001111
1	00110001	P	01010000	p	01110000	É	10010000
2	00110010	Q	01010001	q	01110001	æ	10010001
3	00110011	R	01010010	r	01110010	Æ	10010010
4	00110100	S	01010011	s	01110011	ô	10010011
5	00110101	T	01010100	t	01110100	ö	10010100
6	00110110	U	01010101	u	01110101	ò	10010101
7	00110111	V	01010110	v	01110110	û	10010110
8	00111000	W	01010111	w	01110111	ù	10010111
9	00111001	X	01011000	x	01111000	ÿ	10011000
:	00111010	Y	01011001	y	01111001	Ö	10011001
;	00111011	Z	01011010	z	01111010	Ü	10011010
<	00111100	[	01011011	{	01111011		10011011
=	00111101	\	01011100	|	01111100	£	10011100
>	00111110	]	01011101	}	01111101		10011101
?	00111111	^	01011110	~	01111110		10011110
		—	01011111	⌐	01111111		10011111
						é	10100000
						í	10100001
						ó	10100010
						ú	10100011
						ñ	10100100
						Ñ	10100101
						ª	10100110
						º	10100111
						¿	10101000
						⌐	10101001
						¬	10101010
						½	10101011
						¼	10101100
						¡	10101101
						«	10101110
						»	10101111

Bild 1.8 Erweiterter ASCII-Code (Auszug)

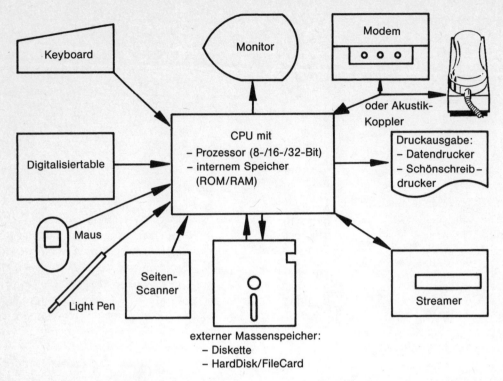

Bild 1.9 Computer mit peripheren Geräten

Somit erledigen die systemabhängigen Geräte im Randbereich des Computersystems alle Aufgaben, die mit der Erfassung, Aufbereitung, Ausgabe, Speicherung und Weitervermittlung von Daten zu tun haben. Peripheriegeräte stellen die Brücke zur Außenwelt der Sachaufgaben dar.

Gemäß ihren Aufgaben teilt man die Peripherie und ihre Datenträger in drei Gruppen auf:
- Peripherie für die Eingabe
- Peripherie für die Ausgabe
- Peripherie als Datenreservoir und Programmbibliothek

1.3.1 Peripheriegeräte zur Eingabe

Peripheriegeräte zur Eingabe sind Funktionseinheiten innerhalb eines Computersystems, mit denen das System Daten, z. B. Erfassungsdaten, von außen her aufnehmen kann.

Gerät	Datenträger	Anwendungen
Lochstreifenleser	Lochstreifen	Fernschreiber
Markierungsbelegleser	Markierungsbeleg	Lottoschein
Klarschriftbelegleser	Papier	Scheck, Überweisung
Magnetschriftleser	Magnetstreifen	Parkschein
Maus	elektrische Signale	Zeichnen, Menüsteuerung

Bild 1.10 Wichtige Eingabegeräte

Gerät	Datenträger	Anwendungen
Drucker	Papier, Folie	Briefe, Rechnungen
Zeichengerät (Plotter)	Papier, Folie	Konstruktionszeichnungen
Bildschirm	Bildröhre	Auskünfte
Lautsprecher	Membran	Signale, Musik

Bild 1.11 Wichtige Ausgabegeräte

1.3.2 Peripheriegeräte zur Ausgabe

Peripheriegeräte zur Ausgabe sind Funktionseinheiten innerhalb eines Computersystems, mit denen das System Daten, wie beispielsweise Rechenergebnisse, nach außen hin abgibt. Dazu gehören u. a. die in der Übersicht dargestellten Geräte (Bild 1.11).

1.3.3 Externe Speicher

Externe Speicher sind Peripheriespeicher, die meistens sehr große Informationsmengen dauerhaft speichern und die Daten auf Abruf einzeln an die Zentraleinheit wieder abgeben. Auf diese Art kann man Peripheriespeicher als Datenreservoir und Programmbibliotheken einsetzen, da sie sowohl für die Ein- als auch die Ausgabe sowie die Speicherung von Daten bestimmt sind.

Peripheriespeicher besitzen auch die Eigenschaft von Dialoggeräten, weil sie das direkte Kommunizieren mit einem DV-System ermöglichen.

1.4 Die Schnittstelle als Brücke zur Außenwelt

Eine wichtige Forderung an Computersysteme lautet, daß sie leicht zu bedienen sind und Informationen empfangen, verarbeiten und weiterleiten können. Damit ein Computer Daten empfangen und seinerseits wieder weiterleiten kann, benötigt er eine Verbindungs- oder Anschlußstelle zu peripheren Funktionseinheiten. Solche Nahtstellen, an denen eine Datenübertragung zwischen zwei voneinander unabhängigen Systemen möglich ist, bezeichnet man als Schnittstelle oder **Interface.**

Ein Interface ist beispielsweise eine Steckverbindung oder Baugruppe, an der der kommunikative Übergang zwischen zwei Systemen stattfindet. Mit sogenannten Schnittstellenkarten, d. h. Schaltkarten oder -platinen, kann der Anwender die Datenleitungen verschiedener Peripheriegeräte an die Zentraleinheit seines Computersystems angleichen und somit eine Kommunikations- und Anschlußmöglichkeit zwischen den Funktionseinheiten schaffen.

Gerät	Datenträger	Anwendungen
Magnetbandeinheit	Magnetband	Speichern von
Magnetplatteneinheiten	Magnetplatte	– Stammdaten
Disketteneinheit	Diskette	– Bewegungsdaten
		– Textdateien
		– CAD-Anwendungen
CD-ROM-Laufwerk	Compact Disk Read Only Memory (CD-ROM)	Datensicherung Datenaustausch Dokumentation
CD-WORM-Laufwerk	Compact Disk Write Once-Read Many (CD-WORM)	Datentransport

Bild 1.12 Externe Speicher

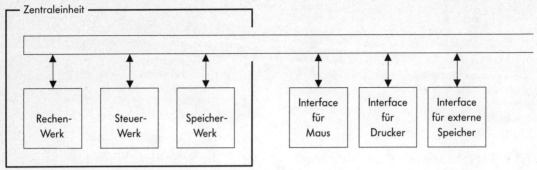

Bild 1.13 Die Zentraleinheit mit verschiedenen Schnittstellen

Bei manchen Computersystemen sitzen die Interfaces direkt im Gerät, in anderen werden sie aus dem Gehäuse herausgeleitet. Ein Bus stellt das Verbindungssystem zwischen den aktiven (z.B. Prozessor) und den passiven Bauteilen (z.B. Peripheriegeräten) her.

Man unterscheidet drei Arten dieser Bus-Leitungen, den Adreß-Bus, den Datenbus und den Steuer-Bus. Der Adreß-Bus übernimmt die Ansteuerung der einzelnen Speicherzellen im Arbeitsspeicher, d. h. er bestimmt das Ziel des Datentransportes. Der Daten-Bus transportiert die Daten an das Bestimmungsziel. Die Anzahl der parallelen Datenleitungen (8, 16 oder 32) ist für die Schnelligkeit des Rechners verantwortlich. Der Steuer-Bus leitet (steuert) die Ein- und Ausgabedaten zur Verarbeitung in die ALU und zum Hauptspeicher. Seine Instruktionen erhält er vom aktuellen Anwenderprogramm.

Der Datenaustausch zwischen DV-Systemen und Peripheriegeräten kann grundsätzlich über zwei verschiedene Arten von Schnittstellen erfolgen:
– parallele E/A-Schnittstellen (z.B. Drucker)
– serielle E/A-Schnittstellen (z.B. Maus, Datenfernübertragung)

Mit Hilfe elektrischer Leitungen, Kanäle genannt, werden die Daten in Form von elektrischen Impulsen von einem Sender (z.B. der Tastatur) an einen Empfänger (z.B. den Bildschirm) weitergeleitet.

	Benutzerschnittstelle Mensch – Maschine	Hardwareschnittstelle Maschine – Maschine	Softwareschnittstelle Programm – Programm
Erklärung	Damit Benutzer und Computer Informationen im Dialog austauschen können, benötigt man eine Schnittstelle, zu der Geräte und Programme gehören.	Hardwareschnittstellen liegen zwischen den verschiedenen Bauteilen eines Computersystems, über die elektrische Signale übertragen werden.	Über Softwareschnittstellen erfolgt der Datenaustausch zwischen Programmen.
Beispiele	Hardware: Tastatur Bildschirm Drucker Software: Benutzeroberflächen von Programmen (Menü)	Interface zwischen: Zentraleinheit und Tastatur Zentraleinheit und Bildschirm Zentraleinheit und Drucker	Übernahme von Adressen aus einem Datenbanksystem in ein Textverarbeitungsprogramm

Bild 1.14 Einige Möglichkeiten des Datenaustausches über Schnittstellen

Aufgaben

A 1.1 (zu 1.1)
Aus welchen Komponenten besteht ein Computersystem?

A 1.2 (zu 1.1)
Erklären Sie, was man unter einem Computer versteht.

A 1.3 (zu 1.2.1)
Was sind Daten?

A 1.4 (zu 1.2.1)
Welche Aufgaben übernimmt die Zentraleinheit in einem Computersystem?

A 1.5 (zu 1.2)
Aus welchen Bauteilen besteht die Zentraleinheit eines Computersystems?

A 1.6 (zu 1.2.1)
Welche Funktionen übernimmt der Prozessor?

A 1.7 (zu 1.2.2)
Was bedeuten die Abkürzungen RAM und ROM?

A 1.8 (zu 1.3)
Welche Aufgaben übernehmen Peripheriegeräte in einem Computersystem?

A 1.9 (zu 1.3)
Wodurch unterscheidet sich der interne Speicher eines Computersystems von einem externen?

A 1.10 (zu 1.4)
Beim Lesen von Computeranzeigen und Testberichten taucht immer wieder der Begriff Interface auf. Welche wichtige Aufgabe übernimmt ein Interface in einem Computersystem?

2. Die Software

VOR DER SENDUNG

In Kapitel 1 dieses Buches wurde der Rechner mit seiner Umgebung, seiner Peripherie, vorgestellt. Es wurde also von den Geräten, der Hardware ausgegangen.
Eine wesentliche Eigenschaft eines Computers ist jedoch seine Programmierbarkeit. Denn nur durch die Möglichkeit, verschiedenste Programme auszuführen, wird ein Computer zu einem vielseitigen Werkzeug, zu einer universellen Maschine.
Da solche Programme im Gegensatz zur Hardware immer wieder geändert und angepaßt werden können, nennt man sie Software.

Man muß Software unterteilen in fertiggestellte Programme, die in der Regel käuflich zu erwerben sind, und in Programmiersprachen, mit denen sie erstellt werden können. Hier soll auf die Erstellung, also das Programmieren in einer höheren Programmiersprache, eingegangen werden.

Lernziele

2.1 Programmiersprachen dienen dazu, Anweisungen zusammenzustellen, die der Prozessor ausführen soll.

2.2 Die Lösung von Problemen muß Schritt für Schritt durch einzelne Anweisungen beschrieben werden, so daß ein eindeutiger Ablauf entsteht. Einen solchen Ablauf nennt man Algorithmus.

2.3 Kontrollstrukturen beinhalten die Möglichkeiten, die eine Programmiersprache für den Aufbau eines Lösungsalgorithmus bietet.
Dazu gehören:

2.3.1 die Schleife und

2.3.2 die Verzweigung.

2.4 Das Programm ist die Beschreibung des Lösungsalgorithmus mit den in der Programmiersprache zur Verfügung stehenden Elementen.

2.5 Zur Ausgabe von Ergebnissen an Peripheriegeräte wird ein international genormter (ASCII-) Code verwendet.

NACH DER SENDUNG

2.1 Programmiersprachen

Programme, die für einen Computer geschrieben werden, bedienen sich eines Befehlsvorrats, den der Mikroprozessor im Computer „verstehen" kann. So versteht z. B. ein Prozessor vom Typ 8080 243 verschiedene Befehle. Dazu gehört „addiere" genauso wie „hole" oder „gib aus". Diese Befehle können einem Prozessor nun leider nicht auf diese Weise eingegeben werden, sondern nur in einer codierten Form, die auf einem „binären" Code basiert. Dieser binäre Code ist ein Zahlencode, der nur aus den Zahlen 0 und 1 besteht. Der Befehl „addiere" heißt in diesem Zahlencode verschlüsselt → 10000110.
Da diese Verschlüsselung oder „Sprache" den Prozessor direkt zur Ausführung der entsprechenden Befehle veranlaßt, nennt man sie auch **Maschinensprache**. Zum Arbeiten mit dem Computer ist diese Sprache allerdings denkbar ungeeignet. Immerhin müßte man sich mit 243 verschiedenen 8-stelligen Zahlen herumschlagen. Da lag die Idee nahe, für diese 8-stelligen Zahlen Abkürzungen zu verwenden und das Umsetzen in den entsprechenden Zahlencode dem Computer selbst zu überlassen (natürlich durch ein Programm, das in Maschinensprache erstellt wurde). So entstand die sogenannte **Assemblersprache**.

00000000	NOP	00100100	INR H
00000001	LXI B, D 16	00100101	DCR H
00000010	STAX B	00100110	MVI H, D 8
00000011	INX B	00100111	DAA
00000100	INR B	00101000	
00000101	DCR B	00101001	DAD H
00000110	MVI B, D 8	00101010	LHLD ADR
00000111	RLC	00101011	DCX H
00001000		00101100	INR L
00001001	DAD B	00101101	DCR L
00001010	LDAX B	00101110	MVI L, D 8
00001011	DCX B	00101111	CMA
00001100	INR C	00110000	
00001101	DCR C	00110001	LXI SP, D16
00001110	MVI C, D 8	00110010	STA ADR
00001111	RRC	00110011	INX SP
00010000		00110100	INR M
00010001	LXI D, D 16	00110101	DCR M
00010010	STAX D	00110110	MVI M, D 8
00010011	INX D	00110111	STC
00010100	INR D	00111000	
00010101	DCR D	00111001	DAD SP
00010110	MVI D, D 8	00111010	LDA ADR
00010111	RAL	00111011	DCX SP
00011000		00111100	INR A
00011001	DAD D	00111101	DCR A
00011010	LDAX D	00111110	MVI A, D 8
00011011	DCX D	00111111	CMC
00011100	INR E	01000000	MOV B, B
00011101	DCR E	01000001	MOV B, C
00011110	MVI E, D 8	01000010	MOV B, D
00011111	RAR	01000011	MOV B, E
00100000		01000100	MOV B, H
00100001	LXI H, D 16	01000101	MOV B, L
00100010	SHLD ADR	01000110	MOV B, M
00100011	INX H	01000111	MOV B, A
		01001000	MOV C, B
		01001001	MOV C, C
		01001010	MOV C, D
		01001011	.
		01001100	.
		01001101	.
		01001110	
		01001111	
		01010000	
		01010001	
		01010010	

Bild 2.1 Auszug aus dem Assembler-Code

Die Assemblersprache ersetzt also den Zahlencode durch eine Buchstabenkombination, die erkennen läßt, welcher Befehl sich dahinter verbirgt. Sehr bedienerfreundlich war das aber immer noch nicht, so daß schließlich sog. **höhere Programmiersprachen** entstanden. Solche höheren Programmiersprachen, wie Basic, Pascal, Fortran usw., erlauben nun die Eingabe von Befehlen in einer wesentlich komfortableren Form. Sie nehmen scheinbar keinerlei Rücksichten mehr auf die inneren Funktionsabläufe eines Computers.

Ein Programmierer kann sich bei Verwendung einer höheren Programmiersprache auf das zu lösende Problem konzentrieren und dafür Wörter aus der natürlichen Sprache verwenden.

Wie jede Sprache, so besitzen auch höhere Programmiersprachen eine Syntax, also einen Satz von Regeln, der vorschreibt, welche Form ein Programm haben muß. In den meisten Programmiersprachen gibt es viele verschiedene Möglichkeiten, Anweisungen und Datenstrukturen darzustellen. Diese Unterschiede in der Syntax und den sog. Kontrollstrukturen (das sind Möglichkeiten, Anweisungen zu wiederholen, Entscheidungen zu treffen usw., siehe auch 2.2.7) führen dazu, daß sich bestimmte Sprachen zur Lösung von bestimmten Problemen besser oder schlechter eignen. So wurde z. B. COBOL speziell zur Lösung kaufmännischer Probleme entwickelt, FORTRAN eignet sich dagegen besser für mathematisch-naturwissenschaftliche. Darüber hinaus gibt es inzwischen eine Reihe von Programmiersprachen, die so allgemein gehalten wurden, daß sie auf allen Gebieten einsetzbar sind (BASIC, PASCAL).

Doch für welche Sprache man sich auch immer entscheidet, eines ist allen gemein: Bevor das Programm geschrieben werden kann, muß der Ablauf, der zur Lösung des Problems führt, exakt durchdacht und formuliert worden sein; es muß ein entsprechender **Algorithmus** entwickelt werden.

2.2 Algorithmus und Struktogramm

2.2.1 Problembeschreibung

Das Erkennen eines Problems ist in der Regel leider nicht gleichzusetzen mit dem Verständnis. Den ersten Ansatz für das Verständnis eines Problems gewinnt man meistens bereits durch eine Beschreibung. Anhand dieser Problembeschreibung ist es möglich, den momentanen Zustand zu erkennen und daraus erste Möglichkeiten für eine Änderung abzulesen.

Am Beispiel eines Fahrkartenautomaten, wie sie inzwischen auf den meisten Bahnhöfen anzutreffen sind, soll im folgenden der Weg zur Lösung eines Problems aufgezeigt werden, der zu einem Programm in einer höheren Sprache führt. Das zu lösende Problem soll ausschließlich das Verfahren der Geldrückgabe des Automaten sein. Das heißt, der Fahrkartenautomat soll in der Lage sein, aus dem vorgegebenen Preis für eine Fahrkarte und dem Betrag, der in den Automaten eingegeben wird, den richtigen Rückgabebetrag zu berechnen und diesen dann auszugeben.

Eine Einschränkung soll dabei gemacht werden: Die Werte der möglichen Rückgabemünzen liegen zwischen 5 Mark und 10 Pfennigen. Fahrkartenpreise wie DM 12,25 oder DM 3,98 dürfen also nicht vorkommen.

Bild 2.2 Fahrkartenautomat der Deutschen Bundesbahn

2.2.2 Problemanalyse

Bevor ein Computerprogramm zur Lösung eines bestimmten Problems erstellt werden kann, muß man sich über das Problem selbst völlig im klaren sein. Dinge, die damit ursächlich nichts zu tun haben, müssen beiseite gestellt, d. h. das Problem muß isoliert werden.

Will man bei einem Fahrkartenautomaten also die Aufgabe „Geldrückgabe" lösen, so haben Bereiche wie
– Fahrkartendruck
– Gelderkennung
– Anzeigegestaltung usw.

nichts mit der beabsichtigten Problemlösung zu tun.

Die recht komplexe Funktion eines Fahrkartenautomaten wird in einzelne Teilbereiche, sogenannte **Module** zerlegt.

Die Zerlegung erleichtert die Programmerstellung erheblich, da man es immer mit überschaubaren, kleinen Bereichen zu tun hat. Sind die Teilbereiche gelöst, dann können sie zu einem Ganzen zusammengefügt werden.

2.2.3 Zerlegung eines Moduls in Einzelschritte

Damit ein Computer in der Lage ist, beispielsweise das Problem „Geldrückgabe" zu lösen, muß vorher Schritt für Schritt durchdacht werden, was im einzelnen zu tun ist. Das Problem muß in kleinste Einzelschritte zerlegt werden.

Die Zerlegung führt dann zu Anweisungen, die beschreiben, was und in welcher Reihenfolge dies für die Geldrückgabe getan werden muß.

Ausgehend von einer eher groben Beschreibung begibt man sich dabei Schritt für Schritt auf eine detailliertere Ebene.

Die erste, noch etwas grobe Beschreibung ist einfach. Der Automat soll

1. die Anzahl der Rückgabemünzen für die verschiedensten Münzwerte berechnen;
2. die entsprechenden Münzen ausgeben.

Das Problem „Anzahl der Rückgabemünzen berechnen" muß zerlegt werden:

Im ersten Schritt muß der Betrag des Rückgelds berechnet werden. Dieser hängt ab vom Preis der Fahrkarte und dem Betrag, der in den Automaten

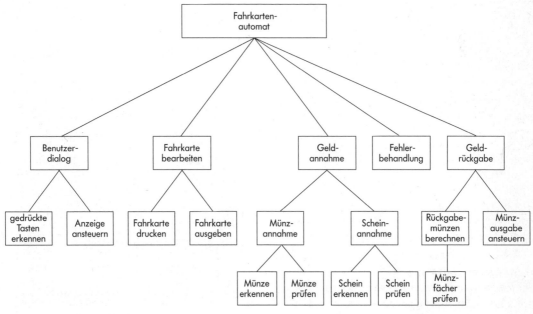

Bild 2.3 Module des Automaten

eingegeben wurde. Das Rückgeld ergibt sich damit aus der Differenz zwischen dem Preis und der Zahlung.

Verwendet man für diese drei Größen Variablen, etwa

p für Preis,
e für Einzahlung und
r für Rückgabebetrag,

so ergibt sich als Formel:

$$r = e - p$$

Als Anweisung ausgedrückt heißt dies: Der Variablen r für den Rückgabebetrag muß der Wert der Differenz e−p zugewiesen werden. Diese Anweisung wird folgendermaßen notiert:

$$r := e - p$$

Links vom Doppelpunkt steht die Variable, der etwas zugewiesen wird.

Man muß also zwischen dem Gleichheitszeichen „=" und dem Zuweisungszeichen „:=" unterscheiden:

a = b ist eine Aussage, die (je nach den Werten für a und b) wahr oder falsch sein kann. a:= b ist eine Anweisung, durch die die Variable a den Wert der Variablen b erhält.

Deutlich wird dieser Unterschied bei folgendem Beispiel: Durch eine Anweisung soll der Wert der Variablen z um 1 erhöht werden. z = z + 1 ist eine falsche Aussage, dagegen bedeutet die Anweisung: z:= z + 1, daß zum Wert der Variablen z die Zahl 1 addiert und dieser neue Wert wieder der Variablen z zugewiesen wird.

Die erste Anweisung r:= e − p ist eindeutig, sie kann in keiner Weise mißverstanden werden und braucht daher nicht mehr weiter zerlegt zu werden.

Da nun klar ist, welcher Betrag zurückgegeben werden muß, folgt als nächster Schritt die Berechnung der jeweiligen Anzahl von Münzen. Und hier beginnen bereits die ersten Schwierigkeiten, denn ein Betrag von z. B. DM 17,30 kann natürlich auf die verschiedenste Art und Weise zurückgegeben werden.

Rückgabemöglichkeiten von DM 17,30:

17 x DM 1,−	8 x DM 2,−	3 x DM 5,−
3 x DM 0,10	1 x DM 1,−	1 x DM 2,−
	3 x DM 0,10	3 x DM 0,10

Um eindeutige Anweisungen zu erhalten, muß man sich auf ein Prinzip einigen. Da hilft es durchaus, einem Bahnangestellten beim Auszahlen eines Restbetrags über die Schulter zu schauen: Er wird versuchen, mit möglichst wenig Münzen auszukommen. Er beginnt also mit dem größtmöglichen Münzwert, einem 5-Mark-Stück. Er muß nun prüfen, wie oft DM 5,- in DM 17,30 enthalten sind. Dazu dividiert er den Rückgabebetrag durch 5 und erhält als Ergebnis 3,46. Interessant für ihn ist natürlich nur der Wert 3, denn mit einem „Rest" von 0,46 bei einem 5-Mark-Stück kann er nichts anfangen. Er kann also 3 mal DM 5,- zurückgeben. Für den neuen Restbetrag von 17,30 − 3x5 = 2,30 nimmt er 2-Mark-Stücke. Bei der entsprechenden Division 2,30/2 erhält er 1,15. Er kann also ein 2-Mark-Stück zurückgeben. Der neue Restbetrag von 2,30 − 1x2 = 0,30 wird schließlich mit drei 10-Pfennig-Stücken beglichen, denn sowohl die Division von 0,30 mit 2, als auch mit 1 (1-Mark-Stück), als auch mit 0,5 (50-Pfennig-Stück) ergibt vor dem Komma immer eine Null.

Damit hat der Schalterbeamte sein Problem gelöst. Er hat den Restbetrag von DM 17,30 mit möglichst wenig Münzen zurückgegeben.

Diese mehr verbale Beschreibung des Ablaufs muß nun in eindeutige Anweisungen umformuliert werden. Also noch einmal in einzelnen Schritten:

1. Schritt   Berechnung der Anzahl 5-Mark-Stücke
2. Schritt   Ausgabe der Anzahl 5-Mark-Stücke
3. Schritt   Berechnung des neuen Rückgabebetrags
4. Schritt   Berechnung der Anzahl 2-Mark-Stücke
5. Schritt   Ausgabe der Anzahl 2-Mark-Stücke
6. Schritt   Berechnung des neuen Rückgabebetrags
7. Schritt   Berechnung der Anzahl 1-Mark-Stücke
8. Schritt   Ausgabe der Anzahl 1-Mark-Stücke
9. Schritt   Berechnung des neuen Rückgabebetrags

10. Schritt	
	Berechnung der Anzahl 50-Pfennig-Stücke
11. Schritt	
	Ausgabe der Anzahl 50-Pfennig-Stücke
12. Schritt	
	Berechnung des neuen Rückgabebetrags
13. Schritt	
	Berechnung der Anzahl 10-Pfennig-Stücke
14. Schritt	
	Ausgabe der Anzahl 10-Pfennig-Stücke

Tabelle 2.1

r: = e−p
a: = Ganzzahl (r/5)
Gib aus (a „mal" 5)
r: = r−a∗5
a: = Ganzzahl (r/2)
Gib aus (a „mal" 2)
r: = r−a∗2
a: = Ganzzahl (r/1)
Gib aus (a „mal" 1)
r: = r−a∗1
a: = Ganzzahl (r/0,5)
Gib aus (a „mal" 0,5)
r: = r−a∗0,5
a: = Ganzzahl (r/0,1)
Gib aus (a „mal" 0,1)

Tabelle 2.2

Die in diesen 14 Schritten auftretende Anweisung „Berechnung ..." muß nun noch exakter gefaßt werden. Hierzu bezeichnen wir den noch verbleibenden Rückgabebetrag mit r, die Anzahl der Münzen mit a.

Berechnung der Anzahl der Rückgabemünzen

Die Berechnung der Anzahl 5-Mark-Stücke können wir so beschreiben:
a: = Ganzzahlanteil von r dividiert durch 5
kurz a: = Ganzzahl (r/5)
Entsprechendes gilt dann natürlich für die Rückgabe von 2-Mark-Stücken (a: = Ganzzahl (r/2)) usw. Um diesen jeweils neuen Rückgabebetrag zu bestimmen, muß lediglich der gerade zurückgezahlte Betrag abgezogen werden. Anders gesagt, nach der Auszahlung der 5-Mark-Stücke gilt:
neuer Rückgabebetrag: = vorheriger Rückgabebetrag − a∗5
Und dies gilt natürlich entsprechend nach der Auszahlung aller anderen Geldstücke.

Der Ausdruck kann noch vereinfacht werden. Wenn der neue Rückgabebetrag berechnet ist, benötigt man den vorherigen nicht mehr, so daß man der Variablen r den neuen Rückgabebetrag zuweisen kann (hier nach Auszahlung der 5-Mark-Stücke): r: = r−a∗5
Die vollständige Anweisungsliste für das Problem „Geldrückgabe" sieht dann folgendermaßen aus:

Jeder einzelne der 15 Schritte enthält nun eine eindeutige Anweisung. Nacheinander ausgeführt, sollen sie das Problem „Geldrückgabe" lösen. Auf dieser Stufe der Entwicklung einer Problemlösung empfiehlt sich eine Überprüfung durch Abarbeitung der einzelnen Anweisungen „auf dem Papier", die zeigt, ob man das gewünschte Ergebnis erhält (Bild 2.4, S. 22).

Die Anweisungen führen zum Ziel. Solche eindeutigen Handlungsanweisungen, bei deren Befolgung ein gegebenes Problem gelöst wird, nennt man **Algorithmus**.

Algorithmus ist die lateinische Übersetzung des Namens ABU JAFAR MUHAMMED IBN MUSA AL-KHWARIZMI, eines Bibliothekars, der um 820 in Bagdad ein Rechenbuch verfaßte.

Solche Algorithmen werden der Übersichtlichkeit halber durch ein geeignetes graphisches Verfahren dokumentiert. Zwei unterschiedliche Formen werden dazu verwendet, der Programmablaufplan und das Struktogramm.

	Anweisung	Ausführung	Ergebnis
1.	r: = e−p	r: = 20−5,30	r = 14,70
2.	a: = Ganzzahl (r/5)	a: = Ganzzahl (14,70/5)	a = 2
3.	Gib aus (a∗5)		(2 x DM 5,-)
4.	r: = r−a∗5	r: = 14,70−2∗5	r = 4,70
5.	a: = Ganzzahl (r/2)	a: = Ganzzahl (4,70/2)	a = 2
6.	Gib aus (a∗2)		(2 x DM 2,-)
7.	r: = r−a∗2	r: = 4,70−2∗2	r = 0,70
8.	a: = Ganzzahl (r/1)	a: = Ganzzahl (0,70/1)	a = 0
9.	Gib aus (a∗1)		(0 x DM 1,-)
10.	r: = r−a∗1	r: = 0,70−0∗1	r = 0,70
11.	a: = Ganzzahl (r/0,5)	a: = Ganzzahl (0,70/0,50)	a = 1
12.	Gib aus (a∗0,5)		(1 x DM 0,50)
13.	r: = r−a∗0,5	r: = 0,70−1∗0,50	r = 0,20
14.	a: = Ganzzahl (r/0,1)	a: = Ganzzahl (0,20/0,10)	a = 2
15.	Gib aus (a∗0,1)		(2 x DM 0,10)
		Rückzahlung gesamt:	DM 14,70

Bild 2.4 Beispiel für das Abarbeiten einzelner Anweisungen: Preis p = 5,30; Einzahlung e = 20

2.2.4 Der Programmablaufplan

Programmablaufpläne existieren in etwa seitdem höhere Programmiersprachen entwickelt wurden. Im Jahr 1969 wurden sie DIN-genormt und sind auch heute noch weit verbreitet, wenngleich sie eine immer geringere Rolle spielen. Zur Darstellung eines Algorithmus benutzt man graphische Symbole, wie Rechtecke und Rauten, die durch Pfeile miteinander verbunden sind und damit die Reihenfolge der Bearbeitung angeben. Komplexere Algorithmen sind bei dieser Darstellungsform jedoch recht unübersichtlich.

2.2.5 Das Struktogramm

Struktogramme wurden erst 1973 von Nassi/Schneiderman entwickelt. Sie benutzen ebenfalls graphische Symbole. Anweisungen werden bei Struktogrammen einfach in Rechtecke gesetzt; Tabelle 2.2 stellt die Anweisungen daher bereits im Struktogramm dar.

Durch die grundsätzlich lineare Darstellung der Abläufe sind Struktogramme wesentlich übersichtlicher und damit einfacher zu lesen. Hinzu kommt, daß in etwa zeitgleich die Programmiersprache PASCAL entwickelt wurde, die die gleichen Strukturen verwendet. Ein Algorithmus, der durch ein Struktogramm dargestellt ist, kann daher relativ einfach in die Programmiersprache PASCAL übertragen werden. Aus den genannten Gründen werden wir im weiteren ausschließlich Struktogramme zur Darstellung verwenden.

2.3 Kontrollstrukturen

Bei näherer Betrachtung der Tabelle 2.2, oder besser noch der Tabelle 2.1 fällt auf, daß nach dem ersten Schritt eigentlich immer dasselbe getan werden muß. Einziger Unterschied: Es wird mit dem nächst kleineren Geldstück gearbeitet. Durch Einfügen einer Wiederholungsschleife wird der Algorithmus erheblich kürzer, wobei m für den jeweiligen Münzwert steht:

```
    r: = e−p
 ┌─ Wiederhole
 │    a: = Ganzzahl (r/m)
 │    gib aus (a∗m)
 │    r: = r−a∗m
 └─ bis r = 0
```

Die Anweisung, etwas zu wiederholen, benötigt natürlich die Bedingung, wie oft wiederholt werden soll. Hier bieten sich verschiedene Möglichkeiten an. Man könnte solange wiederholen, bis mit allen Münzwerten gerechnet ist. Bei einem Rückgabebetrag von DM 10,- würde die Schleife allerdings unnötig oft durchlaufen werden. Die einfachere Lösung ist es sicher, solange zu wiederholen, bis der Rückgabebetrag $r = 0$ ist.

Anstelle des konkreten Münzwerts wurde die Variable m verwendet, der die verschiedenen möglichen Münzwerte zugewiesen werden müssen. Wird die Schleife zum ersten Mal durchlaufen, so soll der Münzwert $m := 5$ sein. Mit jedem weiteren Durchlauf muß dann für m der nächstkleinere Münzwert genommen werden. Ein möglicher Algorithmus sieht dann so aus:

```
        r: = e-p
        m: = 5
      ┌► Wiederhole
      │     a: = Ganzzahl (r/m)
      │     gib aus (a*m)
      │     r: = r-a*m
      │     m:= nächster Münzwert
      └── bis r = 0
```

In der graphischen Darstellung mit Hilfe eines Struktogramms werden diejenigen Anweisungen, die wiederholt werden sollen, nach rechts eingerückt, um diesen Teil des Algorithmus deutlich zu machen:

r: = e - p
m: = 5
Wiederhole
a: = Ganzzahl (r/m)
gib aus (a*m)
r: = r − a*m
m: = nächster Münzwert
bis r = 0

Struktogramm 2.1

Der Algorithmus ist damit zwar sehr kurz geworden, doch haben wir dies mit einer neuerlichen Schwierigkeit erkauft, denn was heißt schon „nächster Münzwert"? Bisher fehlt jeglicher Hinweis darauf, daß nach dem 5-Mark-Stück das 2-Mark-Stück benutzt werden soll usw. Will man die entsprechenden Anweisungen formulieren, so wird deutlich, daß ein Computer Entscheidungen treffen muß, denn

falls $m = 5$ ist, dann soll $m := 2$ werden,
falls $m = 2$ ist, dann soll $m := 1$ werden,
falls $m = 1$ ist, dann soll $m := 0,5$ werden,
falls $m = 0,5$ ist, dann soll $m := 0,1$ werden.

Im Struktogramm stellt man die entsprechenden Anweisungen wie folgt dar:

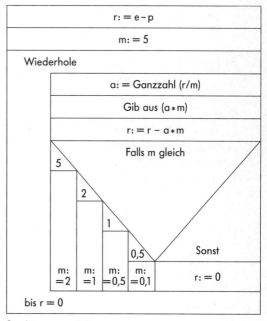

Struktogramm 2.2

Da Anweisungen immer eindeutig sein sollen, wollen wir zur Sicherheit noch den Fall aufnehmen, daß m einen nicht aufgeführten Wert hat (dies könnte z. B. durch einen Programmfehler entstehen). In diesem Fall wird r einfach 0 gesetzt, und der Ablauf ist zu Ende.

Damit ist nun auch das Problem „Geldrückgabe" endgültig gelöst. Bei dieser Gelegenheit haben wir auch alle Kontrollstrukturen kennengelernt, die bei einem algorithmischen Lösungsansatz möglich sind:

- einfache Anweisung

- Schleife (Wiederholung)
- Verzweigung

2.3.1 Die Schleife

Bei Schleifen wird unterschieden in abweisende und nichtabweisende Schleifen.

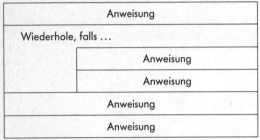

Struktogramm 2.3 Abweisende Schleife

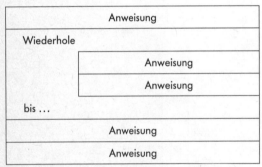

Struktogramm 2.4 Nichtabweisende Schleife

Der Unterschied zwischen abweisender und nichtabweisender Schleife kann am besten an einem Beispiel verdeutlicht werden: Nehmen wir an, eine Zahl z, die am Anfang den Wert 5 hat, soll jeweils um 1 erhöht werden, bis z auf den Wert 10 angewachsen ist.

z: = 5	
Wiederhole, falls z < 10	
	z: = z + 1
Gib aus z	

Struktogramm 2.5

z: = 5	
Wiederhole	
	z: = z + 1
bis z = 10	
Gib aus z	

Struktogramm 2.6

Bei beiden Versionen erhalten wir dasselbe Ergebnis. Sollte z allerdings schon zu Beginn nicht 5, sondern 10 sein, dann sind die Resultate völlig unterschiedlich. Im Fall 2.5 ist die Wiederhole-Bedingung gleich zu Beginn schon nicht mehr erfüllt, denn z ist ja nicht mehr kleiner 10, sondern gleich 10. Damit wird die Schleife gar nicht erst betreten, die nächste ausgeführte Anweisung heißt „Gib aus z", und das heißt „Gib aus 10".

Im Fall 2.6 heißt die Anweisung nur „Wiederhole". Sie muß auf jeden Fall ausgeführt werden, d.h. die Schleife wird betreten. Innerhalb der Schleife soll nun z um 1 erhöht werden; damit erhalten wir z = 11. Und das hat katastrophale Folgen, denn damit ist z auf alle Fälle schon größer als 10 – die Schleife wird nie mehr verlassen.

Nun könnte durch dieses Beispiel der Eindruck entstehen, die abweisende Schleife sei grundsätzlich die bessere Lösung. Das folgende Beispiel kann dies leicht widerlegen:

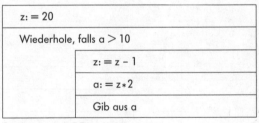

Struktogramm 2.7

Hier wurde der Variablen a vor Beginn der Schleife noch kein Wert zugewiesen. Die Schleifenbedingung „falls a > 10" führt zu keinem Ergebnis, die Schleife wird umgangen, es wird nichts ausgegeben. Als mögliche Lösung könnte vor der Wiederholungsanweisung beispielsweise die Anweisung a: = 0 stehen.

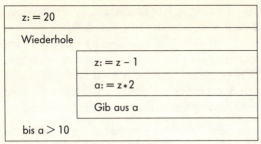

Struktogramm 2.8

Oder man verwendet einfach eine nichtabweisende Schleife, da diese ja stets betreten wird. In beiden Fällen würde dasselbe ausgegeben werden: 38.

2.3.2 Die Verzweigung

Bei einer Verzweigung entscheidet der Computer durch Vergleichen, welche Anweisungen auszuführen sind. Auch dabei gibt es zwei Möglichkeiten, die **Einfachverzweigung** und die **Mehrfachverzweigung.**

Bei der Einfachverzweigung wird unterschiedlich weitergemacht, je nachdem, ob das Ergebnis eines Vergleichs „ja" oder „nein" ist.

An dieser Stelle soll darauf aufmerksam gemacht werden, daß eine Variable natürlich nicht nur eine Zahl zugewiesen bekommen kann, sondern auch Buchstaben oder ganze Wörter. Im folgenden Beispiel etwa das Wort „Tee".

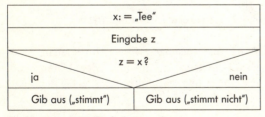

Struktogramm 2.9 Einfachverzweigung

Falls man der Variablen z durch eine Eingabe über das Tastenfeld das Wort „Tee" zuweist, wird „z = x?" mit „ja" beantwortet, die Anweisung „Gib aus („stimmt")" wird ausgeführt. In jedem anderen Fall muß „z = x?" mit „nein" beantwortet werden, und die zu „nein" gehörende Anweisung wird ausgeführt.

Die Mehrfachverzweigung, wie sie auch beim Algorithmus „Geldrückgabe" verwendet wurde, läßt mehrere Möglichkeiten zu.

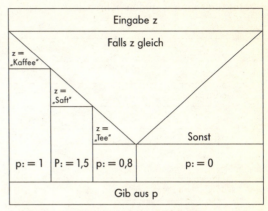

Struktogramm 2.10 Mehrfachverzweigung

Je nachdem, welches Wort für die Variable z eingegeben wird, kann die Ausgabe 1, 1,5, 0,8 oder auch 0 sein, falls z mit keinem der 3 Wörter übereinstimmt.

Bevor wir nun den erarbeiteten Algorithmus „Geldrückgabe" in eine Programmiersprache umsetzen, wollen wir das Aufstellen von Struktogrammen an einem konkreten Beispiel üben:

Es sollen 5 verschiedene Zahlen eingegeben werden können. Die kleinste dieser 5 Zahlen soll ausgegeben werden.

Mögliche Lösung:

Die erste Zahl wird eingegeben und einer Variablen z zugewiesen.

Die nächste Zahl wird eingegeben und einer Variablen a zugewiesen.

Jetzt muß entschieden werden, ob der Wert der Variablen a kleiner ist als der Wert der Variablen z.

Dann gibt es zwei Möglichkeiten: Ist z < a, dann kann der Variablen a einfach ein neuer eingegebener Wert zugewiesen und der Vergleich mit z erneut durchgeführt werden.

Ist a < z, dann kann der alte Wert von z verworfen werden, und z übernimmt einfach den Wert von a (z: = a).

Anschließend kann auch in diesem Fall für a ein neuer Wert eingegeben werden, und der Vergleich wird erneut durchgeführt.

Der Trick bei diesen Überlegungen ist, daß die Variable z immer den gerade kleinsten Wert hat und je nach Wert der Variablen a diesen übernimmt oder ihren eigenen beibehält.

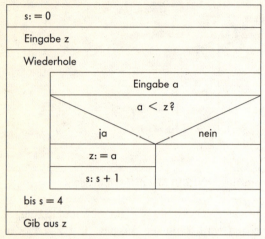

Struktogramm 2.11

Die Variable s wird als Zählvariable für die Schleife benötigt, um ein Kriterium für das Verlassen der Schleife nach 4-maligem Durchlauf zu haben (es sollen ja nur 5 Zahlen eingegeben werden).

2.4 Umsetzung in eine Programmiersprache

Nachdem nun ein Struktogramm für das Problem „Geldrückgabe" aufgestellt ist, fehlt nur noch die Umsetzung in eine höhere Programmiersprache. Am besten geeignet zur direkten Übertragung eines Struktogramms in ein Programm ist dabei die Sprache PASCAL, im besonderen das bei PC's weit verbreitete TURBO-PASCAL.
Wie fast jede Programmiersprache, so bedient sich auch Turbo-Pascal der englischen Sprache, um Befehle darzustellen. Darüber hinaus müssen die Befehle auch bestimmten syntaktischen Regeln gehorchen, auf die an den entsprechenden Stellen eingegangen wird.

Turbo-Pascal erlaubt Einrückungen der einzelnen Zeilen (dies dient der Übersichtlichkeit), genauso wie Groß- oder Kleinschreibung bei Befehlen und Zuweisungen. Es hat sich jedoch eingebürgert, Wörter, die zur Sprache Turbo-Pascal gehören, in Großbuchstaben zu schreiben. Auch dies dient lediglich der Übersichtlichkeit des Programms.

Für den Gesamtaufbau des Programms ist in Turbo-Pascal ein festes Gerüst vorgeschrieben: Jedes beginnt mit der Überschrift „Program" und dem Namen des Programms. Dann folgt ein sog. Deklarationsteil, in dem angegeben wird, welche Variablen verwendet und welche Art von Werten ihnen zugewiesen werden. Schließlich folgt das eigentliche Programm, umrahmt von den Angaben „Begin" und „End.".

Der Abschluß eines Befehls oder einer Zuweisung wird durch ein Semikolon (;) gekennzeichnet. Die Struktur sieht also folgendermaßen aus:

> PROGRAM Beispiel;
> Deklarationen;
> BEGIN
> Anweisungen;
> END.

Bevor der Deklarationsteil noch etwas näher betrachtet wird, sollen die in Kapitel 2.3 dargestellten Kontrollstrukturen in Turbo-Pascal übersetzt werden.

2.4.1 Einfache Anweisungen

Variablenzuweisungen wie a:= 1 werden in Turbo-Pascal direkt übernommen. Einziger Unterschied: Die Zuweisung wird mit „;" abgeschlossen.

> a:= 1;

Variablen können nicht nur aus einem Buchstaben bestehen, sondern beliebig viele Stellen haben; die ersten 8 dienen zur Unterscheidung der einzelnen Variablen. Anstelle von „r:= e−p" könnte man daher auch schreiben:

> Rückzahlung:= Einzahlung − Preis;

Diese ausführliche Schreibweise dient dem Verständnis beim Lesen eines fertigen Programms.
Zur Ausgabe von Texten und Werten einer Variablen auf den Bildschirm dienen die Befehle **WRITE (...)** und **WRITELN (...).** Bei „Writeln" – das ist die Abkürzung des engl. „Write Line" – wird nach der Ausführung eine Zeilenschaltung vorgenommen.
Beispiel:

    a) WRITE ('Dies ist');
       WRITE ('ein Test');

Ergebnis auf dem Bildschirm:

    Dies ist ein Test

    b) WRITELN ('Dies ist');
       WRITE ('ein Test');

Ergebnis auf dem Bildschirm:

    Dies ist
    ein Test

Soll bei „WRITE" oder „WRITELN" nicht ein Text ausgegeben werden, sondern beispielsweise der Inhalt einer Variablen, so darf die Variable nicht in Apostrophe gesetzt werden.
Beispiel:

    Anzahl: = 5;
    WRITE ('Anzahl');

Ergebnis auf dem Bildschirm:

    Anzahl

    Anzahl: = 5;
    WRITE (Anzahl);

Ergebnis auf dem Bildschirm:

    5

Die Ausgabe von Text und Wert einer Variablen kann auch gemischt werden. In diesem Fall trennt man die einzelnen Teile durch Komma.
Beispiel:

    a: = 5;
    WRITE ('Anzahl:' ,a, 'Stück');

Ergebnis auf dem Bildschirm:

    Anzahl: 5 Stück

Die Anweisung „Eingabe z" lautet in Turbo-Pascal „READ(z)" bzw. „READLN(z)". Trifft der Computer auf diese Anweisung, so wartet er auf eine Eingabe von der Tastatur und weist diese der Variablen z zu.

2.4.2 Die Schleife

Nichtabweisende Schleife

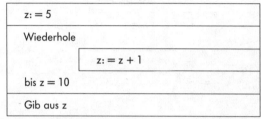

Struktogramm 2.12

    z: = 5;
    REPEAT
        z: = z + 1;
    UNTIL   z = 10;
    WRITE (z);

Nach der Schleifeneinleitung „REPEAT" wird kein Semikolon gesetzt, da die Anweisung „Schleife" erst mit der Bedingung „UNTIL ..." beendet ist.

Abweisende Schleife

z: = 5
Wiederhole, falls z < 10
z: = z + 1
Gib aus z

Struktogramm 2.13

    z: = 5;
    WHILE z < 10 DO
    BEGIN
        z: = z + 1;
    END;
    WRITE (z);

Auch hier ist die Anweisung „Schleife" mit „WHILE ... DO" noch nicht beendet. Damit vom Computer erkannt werden kann, welche Anweisungen zur Schleife gehören, werden diese durch „BEGIN" und „END" eingeklammert.

2.4.3 Verzweigung

Einfachverzweigung

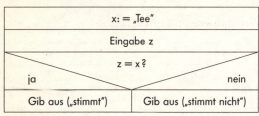

Struktogramm 2.14

```
x: = ‚Tee';
READ (z);
If z = x THEN
            BEGIN
               WRITE (‚stimmt');
            END
         ELSE
            BEGIN
               WRITE (‚stimmt nicht');
            END;
```

Auch in diesem Fall werden die auszuführenden Anweisungen jeweils mit „BEGIN" und „END" gekennzeichnet.

Mehrfachverzweigung

```
         READ (z);
         CASE   z OF
              5: a: = 1;
             12: a: = 2;
             23: a: = 3;
           ELSE a: = 10;
         END;
```

Die Mehrfachverzweigung sieht auf den ersten Blick deutlich komplizierter aus als die Einfachverzweigung. Doch betrachtet man die Anweisungen genauer, dann wir dieses „Gebilde" durchaus durchschaubar.

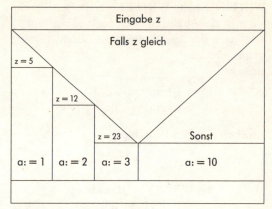

Struktogramm 2.15

Zunächst werden die einzelnen Möglichkeiten, die „z" annehmen kann – man sagt dazu auch „Marken" – durch „CASE ... OF" und „END" eingeklammert.
Die zu einem bestimmten Wert von z gehörende Anweisung wird nach einem Doppelpunkt angegeben. Entspricht der Wert von z keiner der genannten Möglichkeiten, dann wird die hinter „ELSE" angegebene Anweisung ausgeführt.

Eine wichtige Einschränkung dieser Anweisung soll jedoch nicht verschwiegen werden: Die verwendbaren Marken dürfen nur
– ganze Zahlen oder
– einzelne Buchstaben sein.

Damit sind alle im Struktogramm dargestellten Kontrollstrukturen auch in Turbo-Pascal programmiert. Das für das Problem „Geldrückgabe" erarbeitete Struktogramm (Bild 2.4) kann nun in Turbo-Pascal programmiert werden, wobei noch zwei Dinge beachtet werden müssen:
– Die Funktion „Ganzzahl" lautet in Turbo-Pascal „TRUNC".
– Da die „CASE ... OF"-Anweisung nur ganze Zahlen als Marken akzeptiert, werden anstelle von DM-Werten einfach die entsprechenden Pfennig-Werte benutzt (dadurch wird z. B. aus dem ungültigen Wert 0,5 der gültige Wert 50).

BEGIN
    r: = e–p;
    m: = 500;
    REPEAT
        a: = TRUNC (r/m);
        WRITELN (a, 'mal', m);
        r: = r–a∗m;
        CASE m OF
            500: m: = 200;
            200: m: = 100;
            100: m: = 50;
             50: m: = 10;
        ELSE r: = 0;
        END;
    UNTIL r = 0;
END.

Als Modul für das Problem „Fahrkartenautomat" wäre dieses Programm geeignet. Ein eigenständiges, lauffähiges Programm ist es allerdings noch nicht, denn die erste Anweisung „r: = e–p" benötigt ja Werte für „e" und „p". Damit das Programm auf einem Rechner getestet werden kann, sollen die entsprechenden Werte über die Tastatur eingegeben werden können (als Pfennigbeträge):

| Eingabe p |
| Eingabe e |

Und damit man auch weiß, was eingegeben werden soll, wird die entsprechende Aufforderung auch auf dem Bildschirm gezeigt:

BEGIN
    WRITE ('Preis?');
    READLN (p);
    WRITE ('Einzahlung?');
    READLN (e);
    r: = e–p;
    m: = 500;
    REPEAT
        a: = TRUNC (r/m);
        WRITELN (a, 'mal', m);
        r: = r–a∗m;
        CASE m OF
            500: m: = 200;
            200: m: = 100;
            100: m: = 50;
             50: m: = 10;
        ELSE r: = 0;
        END;
    UNTIL r = 0;
END.

2.4.4 Deklarationen

Wie bereits im Kapitel 2.3 angesprochen, verlangt Turbo-Pascal, daß alle im Programm verwendeten Variablen aufgeführt und ihrem Typ entsprechend vereinbart werden. Einer Variablen können als Wert ja nicht nur Zahlen, sondern auch Buchstaben, ja sogar ganze Wörter zugewiesen werden. Eine Variable, die nur einzelne Buchstaben aufnehmen soll, muß daher als solche gekennzeichnet sein. Wollte man dann versuchen, etwa innerhalb eines Programms, dieser Variablen einen Zahlenwert zuzuweisen, so würde dies zu einer Fehlermeldung führen. Turbo-Pascal unterscheidet z. B. folgende Variablenarten:

INTEGER = Ganze Zahlen
REAL   = Reelle Zahlen
CHAR   = Einzelner Buchstabe
STRING = Buchstabenkombination, Wörter

Die Deklaration der Variablen wird mit dem Wort „VAR" eingeleitet. Das vollständige Programm „Geldrückgabe" hat damit folgende Form:

PROGRAM Wechsel;
    VAR p, e, r, m, a : INTEGER;
    BEGIN
        WRITE ('Preis?');
        READLN (p);
        WRITE ('Einzahlung?');
        READLN (e);
        r: = e–p;
        m: = 500;
        REPEAT
            a: = TRUNC (r/m);
            WRITELN (a, 'mal', m);
            r: = r–a∗m;
            CASE m OF
                500: m: = 200;
                200: m: = 100;

```
            100: m: = 50;
             50: m: = 10;
    ELSE : r:=0;
    END;
  UNTIL r = 0;
END.
```

2.5 Ausgabe an Peripheriegeräte

Die bisher verwendete Anweisung „WRITE (...)" erzeugte eine Ausgabe an den Bildschirm. Wollte man diese beispielsweise umleiten an einen Drucker, so ist das in Turbo-Pascal sehr leicht zu bewerkstelligen. In der „WRITE"-Anweisung wird lediglich an erster Stelle die Abkürzung „LST" (engl. „Lister") eingefügt, und schon werden die Daten an den angeschlossenen Drucker gesendet.

Über diesen Ausgang kann man nun nicht nur Drucker ansteuern, sondern alle möglichen Geräte, die mit elektrischen Signalen gesteuert werden können. Dazu ist dann allerdings eine genaue Kenntnis der Signale vonnöten, die vom Programm an den Druckerausgang geschickt werden. Die Anweisung „WRITE (LST, 'A');" beispielsweise sendet eine bestimmte Kombination aus „Strom" oder „nicht Strom" an die 8 Druckerleitungen. Diese Kombination interpretiert der Drucker dann als „A". Damit dies auch mit allen Geräten so funktioniert, wurde die Zuordnung Signalkombination → Zeichen international genormt im **ASCII-Code** (vgl. Kap. 1.2.3).

Aufgaben

A 2.1 (zu 2.1)
Welchen Wert haben die folgenden Variablen, wenn die Zuweisungen der Reihe nach ausgeführt werden?
A: = 1
B: = 2
C: = A
D: = C−B
B: = B + A

A 2.2 (zu 2.2)
Erweitern Sie das Programm zur Geldrückgabe so, daß Fahrkartenpreise und Bezahlung auch mit 5 Pfennigen, 2 Pfennigen und 1 Pfennig möglich werden.

A 2.3 (zu 2.3)
Stellen Sie ein Programm auf, das so lange eingegebene Sekunden addiert, bis die Zahl 0 eingegeben wird. Die Ausgabe des Ergebnisses soll in Minuten und Sekunden erfolgen.

A 2.4 (zu 2.4)
Es soll sowohl ein Struktogramm als auch ein Programm zu einer Wechselkursberechnung entwickelt werden. Nach Eingabe der Währung und des zu wechselnden DM-Betrages soll der entsprechende Betrag in der neuen Währung ausgegeben werden.
Kurse: 1 DM → 3,14 FF
        1 DM → 0,54 $
        1 DM → 0,25 £
        1 DM → 7,2 ÖS

A 2.5 (zu 2.5)
Bauen Sie die Ausgabeanweisung im Programm zur Aufgabe 2.4 so auf, daß auf dem Bildschirm erscheint: „Für ... DM erhalten Sie ... (Währung)"

A 2.6 (zu 2.6)
Unter Benutzung einer Schleife soll ein Struktogramm zur Lösung folgender Aufgabe entwickelt werden:
Nach wieviel Jahren hat sich ein bestimmtes Anfangskapital bei einem bestimmten Zinssatz verdoppelt?
Anfangskapital K0 und Zinssatz p sollen eingegeben werden können. (Das Kapital K nach einem Jahr Verzinsung berechnet sich durch: K = K0 + K0∗p/100)

3. Das Betriebssystem

VOR DER SENDUNG

In der Folge 1 haben Sie die Hardware einer Personal-Computeranlage mit ihrer Zentraleinheit und verschiedenen Peripheriegeräten zur Ein- und Ausgabe kennengelernt. Damit ein Computer die gewünschten Aufgaben automatisch ausführen kann, benötigt er Programme, die sogenannte Software. Deshalb wurde im Kapitel 2 die Erstellung eines Programms gezeigt.

Die Frage lautet nun, wie bekommt man Programme oder andere Daten (z.B. Texte) in den Arbeitsspeicher, wie bringt man ein Programm zum Laufen, wie gibt man Daten auf den Drucker oder auf eine Diskettenstation aus usw.

Hierzu sind wieder verschiedene Programme erforderlich, die gewissermaßen zwischen der Hardware und der Software vermitteln und dem Anwender den Umgang mit dem Computer erleichtern. Funktionen, die man immer wieder benötigt, wie z.B. ein Inhaltsverzeichnis anlegen und ausgeben, Daten von einer Diskette an den Drucker ausgeben oder Disketten kopieren, werden durch Programme, die diese Dienste ausführen, gesteuert. Diese Sammlung von Dienstleistungsprogrammen nennt man Betriebssystem oder auch System-Software. Erst mit Hilfe des Betriebssystems kann ein Rechner Befehle bzw. Daten empfangen, sie verarbeiten und ausgeben. Beim Kauf eines Computers wird das Betriebssystem auf einer Diskette mitgeliefert, denn ohne diese Dienstleistungsprogramme wäre ein Computer nicht in der Lage, seine Arbeit aufzunehmen.

Lernziele

3.1   Unter Betriebssystem versteht man eine Sammlung von Programmen, die für den Betrieb eines Computers und für die Ausführung von Anwenderprogrammen erforderlich sind.

3.1.1   Das Betriebssystem vermittelt zwischen der vorgegebenen Maschine (der Hardware), dem eingesetzten Programm (der Software) und dem Menschen, der die Maschine und das Programm nutzen will.

3.1.2   Um ein Betriebssystem zu laden, benötigt ein Computer ein Programm, das im Festwertspeicher (ROM) der Zentraleinheit gespeichert ist.

3.1.3   Ein Betriebssystem enthält
- Organisationsprogramme, die die internen Abläufe steuern;
- Dienstprogramme, die dem Anwender den Umgang mit dem Computer erleichtern;
- Übersetzungsprogramme, die in einer Programmiersprache geschriebene Programme für den Prozessor übersetzen.

3.1.4   Aufgrund verschiedener Architekturen von Computersystemen gibt es unterschiedliche Betriebssysteme.

3.2   Das Betriebssystem DOS wird bei Personal-Computersystemen am häufigsten verwendet.

3.2.1   Organisationsprogramme laufen ohne (ausdrückliche) Aufforderung durch den Anwender ab; das Organisationsprogramm des DOS zur Speicherverwaltung.

3.2.2   Dienstprogramme des DOS werden durch den Anwender über Befehle aufgerufen. Dabei ist zwischen internen (im Arbeitsbereich gespeicherten) und externen (auf Platte/Diskette gespeicherten) Befehlen zu unterscheiden.

3.2.3   Vor dem ersten Gebrauch muß jede neue Diskette entsprechend dem jeweiligen Computersystem formatiert werden.

3.2.4   DOS-Befehle, die jedem Anwender von Nutzen sind und die er daher kennen sollte, sind z.B. COPY, DISCOPY, PRINT und TYPE.

3.2.5 Die Anpassung peripherer Geräte wie Tastatur und Drucker erfolgt durch eigene Programme.

3.3 Übersetzungsprogramme übersetzen den Quelltext eines Programms in den Objektcode (Maschinensprache) für den Prozessor; dabei ist zwischen zwei grundsätzlich verschiedenen Verfahren zu unterscheiden, dem Interpreter und dem Compiler.

3.3.1 Interpreter übersetzen Befehl für Befehl des Programms und führen ihn sofort aus.

3.3.2 Compiler übersetzen den gesamten Quelltext, so daß das vollständige Programm im Maschinencode vorliegt. Dieses Maschinenprogramm wird anschließend gestartet.

NACH DER SENDUNG

3.1 Aufgaben des Betriebssystems

3.1.1 Das Betriebssystem als Bindeglied zwischen Computer und Anwender

Damit ein Computer überhaupt arbeiten kann, muß er zuerst mit Informationen versorgt werden. Nach dem Einschalten lädt er von der Diskette oder Festplatte automatisch einige Programme in seinen Hauptspeicher, um seine internen Arbeitsabläufe steuern, organisieren und überwachen zu können. Erst dann ist er fähig, vom Anwender Anweisungen zu empfangen und auszuführen.
Diese Sammlung von Programmen nennt man **Betriebssystem** oder **System-Software.** Sie unterstützt, kontrolliert und vereinfacht die Arbeiten mit dem Computer und bildet das Bindeglied zwischen dem Computer (der Hardware), der Anwendung (der Software) und dem Menschen (dem Benutzer). Der Anwender kann sich mit Hilfe von Kommandos (Befehlen) der Dienste der System-Software zur Ausführung der gewünschten Arbeiten bedienen. Die Funktionen werden im mitgelieferten Handbuch des Computers genau beschrieben.

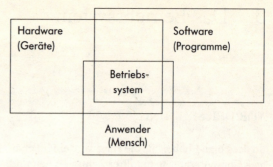

Bild 3.1 Das Betriebssystem als Bindeglied zwischen Mensch, Maschine und Programm

Das Betriebssystem stellt so dem Anwender eine Vielzahl von Diensten zur Verfügung, die ihm eine wesentliche Arbeitserleichterung verschaffen. Je komfortabler, ausgefeilter und ausgereifter diese Programme sind, desto weniger Arbeit muß er selbst bei ihrem Einsatz aufbringen. Die System-Software kann zum Beispiel feststellen,
– ob sich eine Diskette im Laufwerk befindet,
– ob die Diskette formatiert ist,
– ob ein Programm oder eine Sammlung von Daten (z. B. ein Brieftext) bereits unter demselben Namen gespeichert ist,
– ob die Speicherkapazität auf der Diskette zum Abspeichern des aktuellen Programms noch ausreicht usw.

3.1.2 Das Laden des Betriebssystems

Nach dem Einschalten des Computers wird ein kleines Programm gestartet, das in einem Festwertspeicher der Zentraleinheit gespeichert ist. Dieses Programm setzt den Computer erst richtig in Gang. Man bezeichnet den Vorgang deshalb auch als das „Hochfahren" des Computers, oder **Boot-Strapping**. Dieser englische Begriff bedeutet soviel wie „Stiefel schnüren, damit man loslaufen kann".
Bei einem Personal-Computer ist dieses Programm im ROM-BIOS (**R**ead **O**nly **M**emory - **B**asic **I**nput/**O**utput **S**ystem) gespeichert und bildet die unterste Ebene eines Betriebssystems.

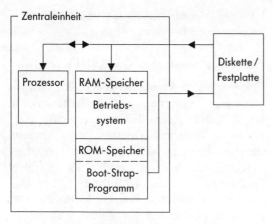

Bild 3.2 Das Boot-Strapping beim Computer

Das Boot-Strap-Programm überprüft das EDV-System beispielsweise daraufhin, ob eine Tastatur, ein Bildschirm und ein Drucker an die Zentraleinheit angeschlossen sind. Es prüft die RAM-Speicherbausteine und stellt fest, ob ein Disketten-Laufwerk bzw. eine Festplatte installiert ist. Daraufhin sucht das Boot-Strap-Programm auf dem externen Massenspeicher (Diskette oder Festplatte) den **Boot-Record**. Dies ist ein einfaches und kleines Programm, das sich immer auf dem ersten Sektor der Diskette/Platte befinden muß. Das Boot-Strap-Programm liest von der Diskette im Disketten-Laufwerk A: (oder – falls installiert – von der Festplatte) den Boot-Record und übergibt ihm die weitere Kontrolle zum Einlesen des Betriebssystems von der Diskette/Platte. Findet das Boot-Strap-Programm den Boot-Record auf dem externen Datenträger nicht oder ist keine Diskette eingelegt, so gibt das System auf dem Bildschirm eine entsprechende Meldung aus.

3.1.3 Betriebssystem-Programme – Dienste für die Programmausführung

Die Systemprogramme sorgen für die Bewältigung vielseitiger Aufgaben. Sie kontrollieren die Zentraleinheit, damit die Ein- und Ausgabe nach einem bestimmten Warteschlangenprinzip erfolgt, damit die in einer Computer-Hochsprache geschriebenen Problemlösungen maschinengerecht übersetzt werden und damit der Hauptspeicher durch ein kompliziertes Verfahren der relativen Adressierung optimal genutzt wird. Ferner steuert das Betriebssystem die gegenseitigen Unterbrechungen, wenn mehrere Anwender „scheinbar gleichzeitig" mehrere Anwenderprogramme auf demselben Rechner laufen lassen.

Die System-Software setzt sich hauptsächlich aus drei Programmgruppen zusammen, den Organisations-, Dienst- und Übersetzungsprogrammen.

Organisationsprogramme

Diese Programme überwachen und steuern die internen Abläufe, beispielsweise
- bei der Dateneingabe und Datenausgabe (z.B. IOCS = **I**nput-**O**utput-**C**ontroll-**S**ystem),
- bei der Datenübertragung (z.B. Zentraleinheit ↔ Diskette),
- beim Aufruf und Arbeiten mit Programmen (z.B. Textverarbeitung),
- in der Zentraleinheit,
- beim „Abfragen" der Tastatur und bei der Ausgabe auf dem Bildschirm,
- beim Anlegen von Inhaltsverzeichnissen auf Diskette/Platte und bei der Zuweisung von Speicherplätzen,
- bei der Verwaltung und Zuweisung von Resourcen wie Prozessoren, Peripheriegeräten.

Dienstprogramme

Sie unterstützen den Anwender bei der Arbeit am Computer. Dazu gehören z.B.
- Bibliotheksprogramme (z.B. zur Verwaltung der Dateieinträge auf der Diskette/Platte),
- Anlegen und Löschen von Dateien,
- Testprogramme (z.B. zum Überprüfen der Festplatte auf Fehlerfreiheit)
- Formatierprogramme (z.B. zum Formatieren von Disketten),
- Kopierprogramme (z.B. zum Kopieren von Dateien zur Datensicherung),
- Transportprogramme (zum Transport z.B. von einem Peripheriegerät zum anderen)
- Anpassung von Bildschirm, Tastatur und Drucker.

Übersetzungsprogramme

Diese übersetzen das in einer höheren Programmiersprache erstellte Programm (auch Primär- oder Quellprogramm genannt) in eine für den Computer verständliche Maschinensprache (auch: Zielsprache, Objektprogramm). Nur so kann dieser die Programmbefehle ausführen und die Daten entsprechend verarbeiten.

3.1.4 Unterschiedliche Betriebssysteme

Aufgrund der verschiedenen Architekturen (Bauweisen) bei Mikroprozessoren benötigt die Welt der Mikrocomputer auch differenzierte Betriebssysteme. Die 8-Bit-Mikroprozessoren arbeiten beispielsweise mit dem geräteneutralen Betriebssystem CP/M (**C**ontrol **P**rogram for **M**icrocomputers). Computer mit 16- und 32-Bit-Mikros verwenden die Betriebssysteme MS-DOS bzw. PC-DOS (**M**icro**S**oft bzw. **P**ersonal **C**omputer **D**isk **O**perating **S**ystem). Beide Systeme sind nahezu identisch und bauen gemeinsam auf dem CP/M-Betriebssystem auf.

Eine Weiterentwicklung von DOS sind die Betriebssysteme OS/2 (**O**perating **S**ystem Nr. 2) bzw. BS/2 (**B**etriebs **S**ystem Nr. 2). Mit ihnen wurde – im Gegensatz zu CP/M und DOS – eine System-Software entwickelt, welche den gestiegenen Anforderungen der PC-Anwender genügt: Diese Betriebssysteme können zwei oder mehr Arbeiten (jobs) gleichzeitig erledigen. Während man auf dem PC mit einem Textverarbeitungsprogramm z. B. ein Angebotsschreiben erstellt, können im Hintergrund bereits fertige Schreiben gedruckt und Datenbestände sortiert werden.

Das Betriebssystem DOS

Das Betriebssystem DOS ist eine Abkürzung für **D**isk **O**perating **S**ystem und heißt wörtlich übersetzt „Plattenbetriebssystem". Es ist der Manager für das Speichermedium des Computers, d. h. der Disketten- oder Festplattenlaufwerke. Wie eine Verkehrsampel an einer belebten Kreuzung den Verkehrsstrom regelt, kontrolliert und unterstützt DOS den Informationsfluß im Computer. Es ist ein Einplatz-Betriebssystem.

Das Betriebssystem UNIX/XENIX

Ursprünglich als Entwicklungswerkzeug für Programmierer entworfen, stellt das Betriebssystem UNIX/XENIX jedem Benutzer die gleiche Peripherie zur Verfügung (Drucker, Plotter, Massenspeicher). Es ist ein Mehrplatz-Betriebssystem. Ankommende Aufträge werden im zentralen Rechner in eine Warteschlange eingereiht und später wieder nach dem Prinzip „first in – first out" aufgearbeitet, d. h. Aufträge, die zuerst eintreffen, werden auch als erstes bearbeitet. Das Betriebssystem verteilt die peripheren Geräte unter den Benutzern genauso, wie diese sich die Rechnerleistung des Prozessors aufteilen müssen.

Durch die Teilung der Rechnerleistung können die Benutzer über das Kabel, durch das die einzelnen Rechner miteinander verbunden sind, kommunizieren (Elektronischer Briefkasten, Mail-Box).

3.2   Das Betriebssystem DOS

3.2.1 Die Speicherorganisation auf dem externen Datenträger Diskette

Für Personal-Computer sind Disketten heute das gängige Speichermedium für Programme und Daten. Ihre Größe ist handlich, der Preis gering. Sie können problemlos transportiert werden, arbeiten nahezu geräuschlos und sind bei sachgerechter Behandlung sehr zuverlässig. Sie enthalten eine kreisrunde Kunststoff-Folie, die auf beiden Seiten eine magnetisierbare Schicht trägt. Zum Schutz gegen Verschmutzung sind sie mit einer Hülle umgeben. Für Personal-Computer sind zwei verschiedene Typen (Größen) üblich:
- die 5,25-Zoll-Diskette steckt in einer quadratischen Hülle aus weichem Kunststoff mit einer Kantenlänge von 5,25 Zoll (13,3 cm),
- die 3,5-Zoll-Diskette befindet sich in einer quadratischen Hülle aus Hartkunststoff; die Kantenlänge beträgt 3,5 Zoll (8,9 cm).

Die 3,5-Zoll-Diskette setzt sich immer mehr bei neueren PC-Systemen durch.

Format	5,25 Zoll	5,25 Zoll	3,5 Zoll	3,5 Zoll
Speicherkapazität	360 KByte	1,2 MByte	720 KByte	1,44 MByte
Spuren pro Seite	40	80	80	80
Sektoren pro Spur	9	15	9	18
Bytes pro Sektor	512	512	512	512

Bild 3.3 Die MS-DOS-Diskettenformate im Vergleich

MS-DOS-Diskettenformate im Vergleich

Jede neue Version des Betriebssystems DOS kann ältere Diskettenformate lesen. Dadurch wird die Kompatibilität zu den älteren Diskettenformaten, die IBM Ende 1981 mit der PC-DOS-Version 1.0 erstmals mit einer einseitigen 5,25-Zoll-Diskette (40 Spuren zu je 8 Sektoren) vorstellte, aufrechterhalten.

Aufbau einer 5,25-Zoll-Diskette

Der quadratische Schutzmantel enthält vier Öffnungen:
- Die Schreibschutz-Kerbe verhindert bzw. ermöglicht das Beschreiben der Diskette. Kerbe geöffnet: Daten können auf die Diskette geschrieben werden. Kerbe geschlossen: Diskette ist gegen unbeabsichtigtes Schreiben geschützt.
- Die Schreib-/Lese-Öffnung ermöglicht dem Schreib-/Lesekopf das Beschreiben und Lesen der Diskette.
- Das Indexloch markiert den ersten Sektor.
- Die Antriebsöffnung (das Zentrier-Loch) zentriert die Scheibe im Diskettenlaufwerk und läßt sie in der Schutzhülle rotieren.

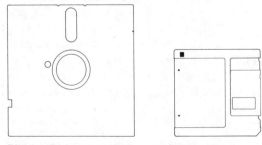

Bild 3.4 Disketten im 5,25- und 3,5-Zoll-Format

Das Betriebssystem teilt die Oberfläche der Diskette über eine Steuereinheit (Controller), die den Schreib-/Lesekopf ansteuert, durch konzentrische Kreise und radiale Linien ein, so daß wie Fächer in einem Regal Sektoren entstehen. Das sind die Speicherzellen für jeweils 512 Zeichen (Bytes).

Bei einer 5,25-Zoll-Diskette werden 40 Sektoren und 9 Kreissegmente auf beiden Seiten angelegt, so daß

$$2 \cdot 9 \cdot 40 = 720 \text{ Sektoren}$$

zur Verfügung stehen. Eine solche Diskette hat demnach insgesamt eine Speicherkapazität von

$$720 \cdot 512 = 368.640 \text{ Bytes.}$$

Man spricht von einer Speicherkapazität von 360 KB (KiloBytes). Diese reicht aus, um einen Text von etwa 140 Schreibmaschinenseiten zu speichern.

Da alle Sektoren als kleinste Einheit adressiert und bearbeitet werden können (lesen und schreiben), kann das Betriebssystem innerhalb einer Informationsspur sehr schnell und gezielt auf eine gesuchte Information zugreifen. Die Sektoren werden auch mit dem englischen Wort „records" bezeichnet.

Beschreibt oder liest ein Computer eine Diskette, so bearbeitet er immer nur ganze Sektoren. Dabei spielt es für ihn keine Rolle, wie viele Daten in diesem Sektor gespeichert sind. Bei Personal-Computern wird unter dem Betriebssystem DOS jede Spur in 9 Sektoren eingeteilt. Innerhalb eines Sektors speichert jede Spur die gleiche Anzahl von Zeichen (engl.: „characters", BYTE), wobei jede Spur innerhalb eines Sektors 512 BYTES enthält (bei 360 KB-Disketten, 5 1/4 Zoll).

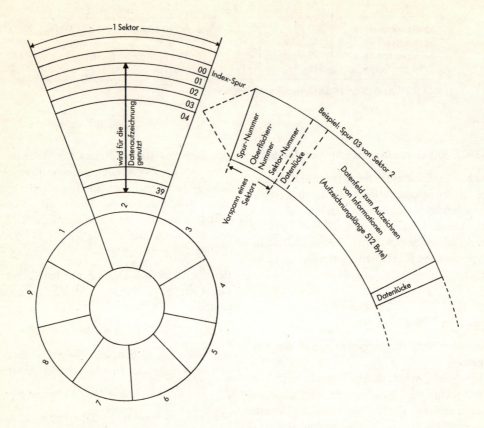

Bild 3.5 Unterteilung einer Diskette in 40 Informationsspuren und 9 Sektoren

Alle Informationen findet das Betriebssystem auf der Diskette auf der ersten Spur im Inhaltsverzeichnis. Bei häufigem Ändern, Erweitern oder Löschen von Dateien werden sie nicht mehr in hintereinanderliegenden Sektoren abgespeichert, sondern dort, wo das Betriebssystem auf der Diskette noch einen freien Platz findet. Entsprechendes gilt natürlich auch für die Festplatte.

Bild 3.6 Verstreute Spuren und Sektoren mit Adreßangaben

3.2.2 Ausgabe des Inhaltsverzeichnisses

So wie ein Buch ein Inhaltsverzeichnis besitzt, erstellt und speichert DOS an einer bestimmten Stelle auf dem externen Speicher ein Verzeichnis. Mit dem Befehl DIR für **D**irectory zeigt das Betriebssystem das Inhaltsverzeichnis, d.h. eine Liste aller gespeicherten Dateien, auf dem Bildschirm an. DOS stellt hierzu mehrere Möglichkeiten für die Ausgabe zur Verfügung.

Wenn man nach dem DOS-Bereitschaftszeichen den Befehl DIR eingibt, zeigt das Betriebssystem automatisch das Inhaltsverzeichnis auf dem Bildschirm an.

Syntax: DIR [Laufwerk:][/P][/W]

```
A > DIR
    COMMAND. COM     26076    13. 11. 87    12:00
    CONFIG.DB          121    20. 11. 88    13:22
    MOUSE.SYS        14325    19. 05. 88    21:33
    MOUSE.COM         4748    22. 10. 84     0:01
    ANSY.SYS          1647    13. 11. 87    12:00
    AUTOEXEC.BAT       134    12. 10. 88    14:25
    START.EXE         1200    01. 08. 88    11:30
    BRIEF.TXT          100    12. 12. 88    17:18
    FORMAT.COM       12119    10. 05. 88    12:00

9 Datei(en) 308170 Bytes frei
```

Bild 3.7 Bildschirmmaske bei der Ausgabe eines Inhaltsverzeichnisses

Die Befehlszusätze (Optionen) in eckiger Klammer können zusätzlich verwendet werden. Die Schrägstriche „/" müssen geschrieben werden, da sie zur Option gehören.

Beispiel: A > DIR

Es wird eine Liste aller Dateien gezeigt, die im aktuellen Verzeichnis eingetragen sind, mit allen Dateiinformationen (Dateiname, Dateinamenserweiterung, Dateigröße, Datum und Uhrzeit der Speicherung).

Weitere Möglichkeiten:
A > DIR/P
Der Seitenmodus hält bei vollem Bildschirm die Verzeichnisanzeige an. Durch Drücken einer beliebigen Taste wird im Verzeichnis weitergeblättert. Angezeigt werden alle Dateiinformationen.
A > DIR/W
Die Anzeige erfolgt im Breitformat mit maximal fünf Dateien pro Zeile, jedoch ohne Dateiinformationen.
A > DIR *.TXT
Es erscheint eine Liste aller Dateien, die im aktuellen Verzeichnis eingetragen sind und mit TXT enden.
A > DIR MAHN*.*
Eine Liste aller Dateien wird gezeigt, die im aktuellen Verzeichnis eingetragen sind und mit MAHN anfangen.

Jede auf der Diskette gespeicherte Datei trägt – vergleichbar mit der Beschriftung eines Aktenordners in einem Aktenschrank – einen Namen. Dieser besteht aus zwei Teilen, dem Dateinamen (maximal 8 Zeichen) und dem Dateinamensuffix (maximal 3 Zeichen).

Das Dateinamensuffix beschreibt den Inhalt einer Datei genauer und kann bei einigen Programmen vom Anwender selbst bestimmt werden. Beispielsweise bedeuten die Dateinamenserweiterungen
- .EXE ausführbar (vom englischen „executable")
- .COM Befehlsdatei (Abkürzung für „command")
- .TXT Textdatei
- .SYS Systemdatei

So kann z. B. das Betriebssystem Dateien mit der Erweiterung .EXE oder .COM sofort nach Eingabe des Programmnamens ausführen, ohne daß der Anwender eine spezielle Software oder ein Software-Tool dazu benötigt.

Viele Befehle tauchen jedoch im Inhaltsverzeichnis der Betriebssystem-Diskette nicht auf, da sie im COMMAND.COM enthalten sind. Das Betriebssystem speichert häufig benötigte Befehle ständig im Hauptspeicher. Man spricht hier von speicherresidenten bzw. **internen DOS-Befehlen.** Die Befehle, die vor der Ausführung erst vom externen Datenträger (Diskette/Platte) in den Hauptspeicher geladen werden müssen, nennt man dagegen die **externen DOS-Befehle.**

3.2.3 Formatieren von Disketten

Bei Disketten gibt es keinen Unterschied im System, sie können in jedem Computertyp eingesetzt werden. Deshalb sind ungebrauchte Disketten auch noch nicht in Spuren und Sektoren aufgeteilt. Der Anwender muß vor der ersten Datenübertragung entsprechend seinem Computersystem die Spuren und Sektoren mit ihren Adressen in Form von Signalen auf der Diskette einrichten. Diese Signale weisen später den Weg, um Daten auf dem Datenträger abspeichern und finden zu können. Den ganzen Vorgang nennt man **Formatieren.**

Das Kommando FORMAT veranlaßt das Betriebssystem, diese Signale auf das Speichermedium zu schreiben. Dabei wird die Diskette in Spuren und Sektoren aufgeteilt. Sollten sich Dateien auf der Diskette befinden, werden diese durch das Formatieren gelöscht.

Möchte man eine Diskette formatieren, muß zuerst von der Systemdiskette oder Festplatte das Formatierungsprogramm in den Hauptspeicher geladen werden. Es handelt sich also hier um einen **externen DOS-Befehl.** Mit entsprechenden Optionen (Zusätzen) können verschiedene Formatierungen vorgenommen werden. Angenommen, nach dem Systemstart meldet sich der Rechner mit dem A>-Prompt. Von der Betriebssystem-Diskette im Laufwerk A: kann man nun das Format-Programm wie folgt starten (weitere Formatierungsmöglichkeiten sind im DOS-Handbuch beschrieben): Man gibt nach dem DOS-Prompt A> den DOS-Befehl ein

FORMAT B:

und löst ihn mit der Return-Taste aus. Das Betriebssystem bringt auf dem Bildschirm die Meldung, daß eine Diskette in das Laufwerk B: eingelegt werden muß und mit einer beliebigen Taste das Formatieren begonnen werden kann.

Syntax: FORMAT [Laufwerk:][/V][/S]

Die Befehlszusätze (Optionen) in eckiger Klammer können zusätzlich verwendet werden.

Beispiel: A> FORMAT B:
Formatiert wird die Diskette im Laufwerk B:

Mit dem DOS-FORMAT-Befehl kann man Disketten in verschiedenen Formaten formatieren:

A> Format B:/1
formatiert Disketten einseitig;

A> Format B:/8
formatiert Disketten mit 8 statt 9 Sektoren;

A> Format B:/4
formatiert Disketten in AT-Laufwerken für das 360-KByte-Format der PC-Disketten

Weitere Möglichkeiten:
A> FORMAT B:/V
Formatiert wird die Diskette im Laufwerk B:; man kann danach noch einen Kennsatz (Namen) mit maximal 11 Zeichen eingeben.

A> FORMAT B:/S
Die Diskette im Laufwerk B: wird als Systemdiskette formatiert und enthält neben der sichtbaren Datei COMMAND.COM noch die versteckten, unsichtbaren Dateien IO.SYS und MSDOS.SYS

A> FORMAT B:/S/V
Eine Kombination beider Parameter /S und /V sind möglich.

3.2.4 Transport von Daten zwischen den Systemeinheiten

Beim Arbeiten mit dem Rechner müssen immer wieder Daten zwischen den peripheren Geräten übertragen werden.

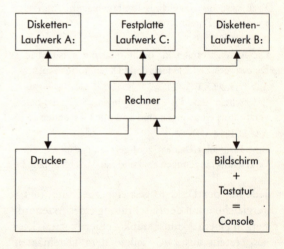

Bild 3.8 Datenübertragungsmöglichkeiten zwischen den Systemeinheiten

Das Betriebssystem unterstützt alle diese Möglichkeiten:
- Dateien werden von einer Diskette/Platte auf eine andere kopiert.
- Dateien werden von einer Diskette in den Rechner, genauer in den Hauptspeicher, eingelesen und an den Drucker ausgegeben.
- Daten können über die Tastatur eingegeben und auf einer Diskette gespeichert werden.

Das Betriebssystem muß wissen, welche Einheiten angesprochen werden sollen. Deshalb werden Namen dafür festgelegt: Für die externen magnetischen Speicher sind dies die Buchstaben mit nachfolgendem Doppelpunkt A:, B:, C: usw.

Der Bildschirm und die Tastatur bilden zusammen die Konsole, an der man Daten eingeben und empfangen kann. Diese Systemeinheit trägt die Bezeichnung CON für **Con**sole. Der Drucker, englisch „Printer" genannt, wird mit der Bezeichnung PRN angesprochen. Nachfolgende Übersicht zeigt die Auswirkungen einiger DOS-Befehle zum Datentransport.

COPY

Mit dem COPY-Befehl können eine oder mehrere Dateien von einer Diskette auf eine zweite oder, unter Vergabe eines neuen Dateinamens, auf dieselbe Diskette kopiert werden.

Syntax: COPY [Quell-Laufwerk:] Dateiname [Ziel-[Laufwerk:] [Dateiname]

Die Befehlszusätze (Optionen) in eckiger Klammer können zusätzlich verwendet werden. Weitere Zusätze sind im DOS-Handbuch beschrieben.

Beispiele:
A > COPY a: brief.txt b:
Die Datei „brief.txt" im Laufwerk A: wird auf die Diskette im Laufwerk B: kopiert und erhält dort ebenfalls den Namen „brief.txt".

A > COPY brief1.txt brief2.txt
Die Datei „brief1.txt" wird auf dieselbe Diskette im aktuellen Laufwerk A: kopiert und erhält den Namen „brief2.txt".

A > COPY CON test.txt
Von der Konsole werden alle Eingaben auf der Diskette im Laufwerk A: in die Datei „test.txt" übertragen. Mit der Funktionstaste <F6> und <Return> können die Übertragung beendet und gleichzeitig die Daten gespeichert werden.

DISKCOPY

Der DISKCOPY-Befehl kopiert den gesamten Inhalt einer Diskette im Ausgangslaufwerk (woher?) auf eine formatierte oder nicht formatierte Diskette im Ziellaufwerk (wohin?). Wenn die Zieldiskette nicht formatiert ist, geschieht dies während des Kopiervorgangs mit der gleichen Anzahl von Seiten und Sektoren pro Spur wie bei der Ausgangsdiskette.

Der DISKCOPY-Befehl ist nur bei Disketten anwendbar. Er kann nicht mit einer Festplatte benutzt werden.

Syntax: DISKCOPY [Quell-Laufwerk:] [Ziel-Laufwerk:]

Beispiel: A > DISKCOPY a: b:
Der Inhalt der Diskette im Laufwerk A: wird auf die Diskette im Laufwerk B: kopiert.

PRINT

Der PRINT-Befehl dient zur Ausgabe einer Textdatei an einen Drucker, während mit anderen DOS-Befehlen am Bildschirm weitergearbeitet werden kann. Diese Art des Druckens bezeichnet man auch als „Drucken im Hintergrund".

Man kann mit dem PRINT-Befehl jedoch nur dann arbeiten, wenn man ein Ausgabegerät wie z. B. einen Drucker oder Plotter an einen der seriellen oder parallelen Anschlüsse des Computers gekoppelt hat.

Syntax: Print [Laufwerk:]Dateiname

Weitere Befehlszusätze sind im DOS-Handbuch beschrieben.

Beispiel: A > PRINT B: brief.txt
Die Textdatei „brief.txt", die sich auf der Diskette im Laufwerk B: befindet, wird ausgedruckt.

TYPE

Der TYPE-Befehl zeigt den Inhalt einer Textdatei am Bildschirm an. Wenn man diesen nur sehen, aber nicht ändern möchte, kann man folgenden Befehl verwenden:

Syntax: TYPE [Laufwerk:] Dateiname

Beispiel: A > TYPE B: brief.txt
Der Inhalt der Textdatei „brief.txt" im Laufwerk B: wird am Bildschirm angezeigt.

Anlegen und Löschen von Dateien

Genauso wichtig wie das Speichern ist das Löschen von Dateien. Alte, überflüssige und nicht mehr aktuelle Dateien sollten von der Diskette/Platte gelöscht werden, um neuen Anwendungen wieder Platz zu schaffen. Speichert man unnötig viele Dateien auf einem Datenträger, wird das Inhaltsverzeichnis bei der Ausgabe unübersichtlich. Die Arbeitsgeschwindigkeit verringert sich dadurch erheblich.

Mit den Lösch-Befehlen DEL („delete") oder ERASE kann man Dateien löschen. Dabei verschwindet nur der Eintrag im Inhaltsverzeichnis, nicht jedoch die zur Datei gehörenden Informationen auf der Diskette/Platte. Diese Daten werden mit den Jokern „?" oder „*" gelöscht. Sie können wie beim DIR-Befehl verwendet werden. Das Fragezeichen steht dabei jeweils für ein einzelnes Zeichen, der Stern für eine Zeichenfolge.

Gibt man *.* anstelle eines Dateinamens ein, warnt das System den Anwender noch einmal mit der Nachricht „Sind Sie sicher (J/N)?" Falls man darauf mit „J" antwortet und mit RETURN seine Eingabe bestätigt, werden sämtliche Dateinamen aus dem aktuellen Inhaltsverzeichnis gelöscht.

Datensicherung

Datenerfassung ist wichtig, Datensicherung jedoch lebenswichtig! Wie schnell kann eine Diskette durch unsachgemäße Handhabung beschädigt werden und ist dadurch nicht mehr lesbar. Man muß sich davor schützen, indem man immer nach der Arbeit am PC von den veränderten Daten eine Sicherungskopie auf einer zweiten Diskette anfertigt. (Zum gesetzlichen Schutz personenbezogener Daten nach dem BDSG s. Lektion 7.)

3.2.5 Anpassung peripherer Geräte

Die Tastatur

Die Tastatur eines PC's ist selbst ein kleiner Computer. Sie ist das Herzstück der Verbindung Mensch – Computer. Ein eigener Prozessor beobachtet die Tasten und meldet, was damit passiert. Er kann sogar mehrere Anschläge speichern – man sagt puffern – falls das PC-System einmal die Anschläge nicht so schnell verarbeiten kann, wie sie von der Tastatur eingegeben werden. Ist die Eingabe dann immer noch schneller als die Verarbeitungsgeschwindigkeit des Prozessors oder des externen Speichers, so ertönt ein unüberhörbares Piepsen.

Die Tastaturen sind alle nach einem amerikanischen Standard aufgebaut. Sie erkennen nicht die aufgedruckte Bedeutung der Tasten, sondern die den Tasten zugeordneten internen Nummern (1–83). Diese Nummern nennt man den **Abtast-Code.** Wird eine Taste gedrückt, meldet die Tastatur über ihren eigenen Prozessor diesen Code an das System. Alle Tasten verfügen über eine Wiederholungsfunktion (Dauerfunktion, Typematic).

DEL name . ext	ERASE name. ext	Löscht die Datei „name . ext"
DEL name .*	ERASE name . *	Löscht die Dateien „name", gleich welche Erweiterung sie haben
DEL *. ext	ERASE *. ext	Löscht alle Dateien mit der Erweiterung „ext"
DEL *.*	ERASE *. *	Löscht alle Dateien

Bild 3.9 Befehle zum Löschen von Dateien

Für die verschiedenen Sprachräume sind die Tastaturen unterschiedlich beschriftet. Nach amerikanischem Standard liegt z. B. auf der Taste <Ü> die linke eckige Klammer „[". Verwendet man aber das deutsche Tastenfeld, muß dem entsprechenden Codewort nicht die eckige Klammer, sondern der Buchstabe „Ü" zugeordnet werden. Diese Umsetzung wird z. B. durch das Programm KEYBGR.COM (Keyboard Germany) ausgeführt, das zum Betriebssystem gehört. Durch das Kommando KEYBGR wird die deutsche Tastatur mit den Umlauten an den Rechner angepaßt. Entsprechende Anpassungskommandos gibt es für Drucker und Bildschirme. Man nennt diese Programme **Druckertreiber**, **Druckersteuerdateien** oder **Bildschirmtreiber.**

Der Drucker

Den Druckern, die in der Regel recht intelligente Maschinen sind, muß man zu Beginn eines Druckvorgangs wichtige und grundsätzliche Steuerbefehle mitteilen. Sinn dieser Aktion ist es, einen eindeutig definierten Zustand des Druckers bei Druckbeginn zu garantieren. Diese Anpassung nennt man **Druckerinitialisierung.** Sie enthält beispielsweise Sequenzen (Steuerbefehle), die den Druckkopf an den linken Rand bewegen, ehe der Druckvorgang beginnt. Auf diese Weise wird sichergestellt, daß sich der Druckkopf nicht etwa auf der Mitte des Blattes befindet und dort den Ausdruck startet. Weitere Initialisierungssequenzen sind z. B. der gewünschte Zeilenabstand (6 Zeilen/Zoll), Seitenvorschub nach 72 Zeilen, Fettschrift, Proportionalschrift, Hoch-/Tiefstellung usw.

Viele Steuerzeichen sind im ASCII-Code nicht eindeutig festgelegt (genormt). Deshalb ist zwischen den einzelnen Programmenden und dem Drucker eine Abstimmung nötig, damit dieser die an ihn geschickten Befehle auch richtig umsetzen kann. Viele Programme senden deshalb aus einer entsprechenden Druckersteuerdatei über die Schnittstelle Mitteilungen an den angeschlossenen Drucker, aus denen hervorgeht, welcher Druckertyp angesprochen werden soll: ein Matrix-, Typenrad-, Tintenstrahl-, Thermo- oder Laserdrucker. Auf diese Weise kann der Drucker die vom Programm gesandten Steuerzeichen richtig interpretieren. Diese Einstellungen nennt man **Druckeranpassung.**

Die Software-Hersteller bieten eine große Anzahl von Druckertreibern an, die sie als Ergänzung zum eigentlichen Programm mitliefern. Nur so wird gewährleistet, daß ein Textverarbeitungsprogramm trotz Verwendung von unterschiedlichen Druckern die Texte immer mit dem richtigen Zeichensatz zu Papier bringt.

Sollte sich im Laufe der Zeit an der ursprünglich eingestellten Gerätekonfiguration etwas ändern, muß erneut ein Installationsvorgang vorgenommen werden. Die veränderten Informationen der neuen Peripheriegeräte können dann vom Anwender über das spezielle Installationsprogramm (meist INSTALL oder SETUP) über das Menü gesteuert und übertragen werden.

3.3 Übersetzungsprogramme

Wie wir bereits im Kapitel 2.1 erfahren haben, arbeitet ein Computer im Binär-Code-System, bei dem die Befehle in Maschinensprache verschlüsselt eingegeben werden müssen. Um dieses komplizierte Verfahren anwenderfreundlicher zu machen, hat man die höheren Programmiersprachen entwickelt, mit deren Hilfe eine Befehlseingabe in der menschlichen Ausdrucksweise erfolgen kann. Die Übersetzung in die Maschinensprache ist damit dem Computer selbst überlassen. Diese Aufgabe übernehmen sog. „Compilierer" (Übersetzungsprogramme), bei denen man zwei Verfahren unterscheiden kann: den **Interpreter** und den **Compiler.**

3.3.1 Der Interpreter

Ein Interpreter prüft nach dem Programmstart die Programmbefehle einzeln auf formale Richtigkeit (Syntax). Durch die Syntaxprüfung erfolgt ggf. unmittelbar nach dem Lesen eines Programmbe-

Bild 3.10 Arbeitsweise eines Interpreters

fehls eine Fehlermeldung. Ist der Befehl korrekt, wird er sofort in die Maschinensprache des Computers übersetzt und ausgeführt. Anschließend wird der nächste Befehl bearbeitet.

Durch das interpretative Bearbeiten jedes einzelnen Befehls ist der Interpreter langsam, da er bei jedem Programmstart oder bei einer Schleife alle Befehle wieder neu in die Maschinensprache übersetzen muß (z.B. BASIC-Interpreter).

3.3.2 Der Compiler

Ein Compiler übersetzt den gesamten Quelltext eines abgeschlossenen Programms durch einen eigenen Übersetzungslauf. Diesen Vorgang nennt man **Compilierung.** Anschließend liegt das vollständige Programm im Maschinencode vor.

Die Fehlermeldungen durch die Syntaxprüfung erscheinen meist während der Programmübersetzung. Danach kann der Anwender das compilierte (übersetzte) Programm sofort von der Betriebssystemebene aus starten. Programmkorrekturen und Änderungen können jedoch im compilierten Programm nicht mehr vorgenommen werden.

Da ein compiliertes Programm stets in der Maschinensprache vorliegt, beansprucht es für die Programmausführung bedeutend weniger Zeit als ein interpretiertes.

1. Schritt: Compilieren des Programms

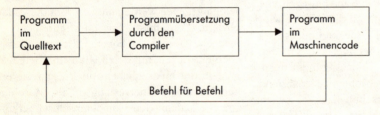

2. Schritt: Laden des Programms

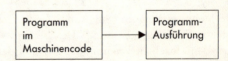

Bild 3.11 Arbeitsweise eines Compilers

Aufgaben

A 3.1 (zu 3.1.1)
Welche Aufgaben übernimmt der ROM-BIOS in einem Computersystem?

A 3.2 (zu 3.2.1)
Berechnen Sie die Speicherkapazität einer 5,25-Zoll-Diskette mit 80 Datenspuren und 15 Sektoren.

A 3.3 (zu 3.2.2)
Mit welchen DOS-Befehlen können Sie sich das Inhaltsverzeichnis des externen Datenträgers auf dem Bildschirm anzeigen lassen?

A 3.4 (zu 3.2.2)
Wodurch unterscheiden sich die internen von den externen DOS-Befehlen?

A 3.5 (zu 3.2.4)
Das Betriebssystem spricht die verschiedenen Geräte mit Namen an. Nennen Sie die Namen für:
a) die Konsole
b) den Drucker
c) die Laufwerke

A 3.6 (zu 3.2.4)
Weshalb werden beim Löschen einer Datei nicht die Daten, sondern nur der Dateiname gelöscht?

A 3.7 (zu 3.2.5)
Weshalb kann man einen Drucker nicht einfach an einen Computer anschließen und Druckaufträge ausführen lassen?

A 3.8 (zu 3.2.5)
Wie nennt man die Programme, mit denen die peripheren Geräte an ein EDV-System angepaßt werden?

A 3.9 (zu 3.3)
Ist ein Programm auf einem Computer lauffähig, das nicht in einer Maschinensprache vorliegt? Begründen Sie Ihre Antwort.

A 3.10 (zu 3.3.1 und 3.3.2)
Wodurch unterscheidet sich der Interpreter vom Compiler hinsichtlich des Laufzeitverhaltens und der Änderbarkeit des Programms?

4. Textverarbeitung mit einem Personal-Computer

VOR DER SENDUNG

Alle Informationen können in Form von digitalen Daten elektrisch dargestellt und elektronisch verarbeitet werden. Es lag daher nahe, Computern die Aufgabe zu übertragen, nicht nur mit Zahlen zu operieren, sondern auch Texte zu bearbeiten.
Der Fortschritt in der Computertechnologie machte Programme für eine Textverarbeitung möglich, die auch bei den Heim- und Microcomputern wirtschaftlich einsetzbar sind. Der Arbeitsplatz zuhause und das Büro der Zukunft sind ohne Microcomputer und der Telekommunikation heute nicht mehr vorstellbar.

Diese Sendung befaßt sich mit der Computer-Textverarbeitung. Textverarbeitungsprogramme können wirtschaftlich beim Schreiben von Briefen oder der Ausarbeitung von Berichten, beim Erstellen von Manuskripten oder Verfassen von Memoranden, beim Abfassen von Angeboten oder Anfragen von Sachbearbeitern, Sekretärinnen, Einkäufern und Verkäufern, Privat- und Geschäftsleuten, Schülern, Auszubildenden und Studenten ohne große Vorkenntnisse direkt an den Arbeitsplätzen eingesetzt werden.

Die Texte werden mit Hilfe eines Textverarbeitungssystems im Speicher des Computers bearbeitet und auf einem externen Datenträger gespeichert: Einmal gedacht, gesagt und erfaßt bedeutet im Büro der Zukunft, für immer getan.

Lernziele

4.1 Die Textverarbeitung ist die geistige und technische Produktion von Texten. Sie beginnt mit der Texterfassung.

4.2 Die Textbearbeitung ist der „Kern" aller Textverarbeitungsprogramme. Die Schreibarbeit wird an einem Computer zentralisiert: erfassen, bearbeiten, speichern, übermitteln und drucken.

4.3 Textverarbeitungsfunktionen unterstützen den Anwender bei der Texteingabe, der Verbesserung des Schriftbildes und bei der Aufbereitung eines Textes.

4.4 Textbausteindateien speichern kleine Textabschnitte unter einem Kürzel ab. Diese können beliebig oft aufgerufen und in laufende Texte eingefügt werden.

4.5 In einem Text kann man nach einem Zeichen, einem Wort oder einer Wortfolge suchen und diese ersetzen lassen.

4.6 Die unterschiedlichen Druckertechnologien erfordern eine Hardwareanpassung über das Dual-In-Line Package (DIP-Schalter) und eine entsprechende Druckersteuerdatei, welche über die Schnittstelle die erforderlichen Steuerzeichen, sogenannte Initialisierungssequenzen, an den Drucker weiterleiten können.

NACH DER SENDUNG

4.1 Texterfassung

4.1.1 Vorteile der computerunterstützten Textverarbeitung

Seit der Erfindung der Schrift stellen Texte ein wichtiges Kommunikationsmittel dar. Laufend erfand der Mensch neue Werkzeuge, um die Verarbeitung von Texten zu vereinfachen: Feder und Tinte folgten Hammer und Meißel, sie wiederum wurden abgelöst von Schreibmaschinen und Textautomaten. Seitdem Personal-Computer das Setzen und Drucken gelernt haben, ist eine Revolution für die schreibende Zukunft angebrochen.

Unter Textverarbeitung versteht man die geistige und technische Produktion von Texten. Sie betrifft

Vorteile einer computerunterstützten Textverarbeitung

- Arbeitsausführung ohne Papier
- gesteuerte/automatische Druckausgabe
- Schnelligkeit
- Arbeiten beliebig oft wiederholbar (drucken, korrigieren, ergänzen, ändern …)
- Speichern und Wiederauffinden von Texten und Daten
- Unermüdliche und zuverlässige Arbeitsdurchführung bei gleichbleibender Qualität
- Wortaustausch ohne Durchlesen und Einzeländerungen
- Datenautomatik mit ausgeschriebenen Monatsnamen
- Wahl der Grußformel aus einem Menü
- Kopf- und Fußzeilenverwaltung
- automatische Paginierung (Seitennumerierung)
- typografisch korrekter Seitenumbruch
- automatische Silbentrennung
- automatische Wortkorrektur
- automatisches Schreiben der Spalten- und Zeilenlinien in Tabellen

das Formulieren, Bearbeiten, Gestalten und Drucken. Durch die computerunterstützte Textverarbeitung (CTV) können viele Teilaufgaben auf den Personal-Computer verlagert werden.

Die Textproduktion beginnt mit der **Texterfassung.** In einem modernen Büro schreibt die Sekretärin oder der Sachbearbeiter nicht mehr mit einer normalen Schreibmaschine, sondern gibt die Texte über eine Tastatur in einen Computer ein. Der eingetippte Text gelangt zunächst in einen Speicher und wird auf dem Bildschirm dargestellt. Tippfehler werden so über die Tastatur sofort mühelos verbessert, ohne daß das gesamte Dokument neu geschrieben werden muß.

Bei der Textproduktion gibt es also eine deutliche Trennung zwischen der Eingabe und dem Drucken des Textes. Dazwischen liegt die Textbearbeitung:

Der Text wird bei der Eingabe zunächst in den Arbeitsspeicher des Computers gebracht und steht dort für die weitere Bearbeitung zur Verfügung.

Nach der Erfassung speichert man den Text auf einer Diskette oder Festplatte ab. Auf diese Weise schützt sich der Anwender vor einem Datenverlust bei plötzlichem Stromausfall: Brieftexte, Berichte und Aktennotizen werden dauerhaft archiviert. Nach dem Ausschalten des Computers gehen die Daten nicht verloren. Sie können zu einem späteren Zeitpunkt erneut aus den externen Speichern (Diskette/Platte) abgerufen, gesichtet, verändert, über einen angeschlossenen Drucker ausgedruckt oder auf dem Bildschirm angezeigt werden.

Bild 4.1 Die Textverarbeitung als Teil der elektronischen Datenverarbeitung

45

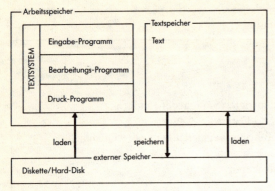

Bild 4.2 Prinzip der computerunterstützten Textverarbeitung

4.1.2 Starten eines Textverarbeitungsprogramms

Wer mit einem computerunterstützten Textverarbeitungssystem arbeiten möchte, benötigt einen Computer, einen Drucker und ein Textverarbeitungssystem.

Nach dem Laden des Betriebssystems muß das Textverarbeitungssystem zuerst auf der Festplatte installiert, d.h. von den Disketten auf die Hard-Disk übertragen und auf die eingesetzte Hardware (Monochrom- oder Farbbildschirm, Tastatur- und Druckertyp) abgestimmt werden. Sonst funktioniert das Textsystem nicht einwandfrei.

Nach der Installation kann man das Textverarbeitungssystem mit dem im Handbuch beschriebenen Befehl starten, der nach dem DOS-Prompt eingegeben wird. Es spielt dabei keine Rolle, ob man Groß- oder Kleinbuchstaben eintippt.

Nach dem Betätigen der EINGABE-Taste, lädt das Betriebssystem vom externen Speicher das Textverarbeitungsprogramm in den Arbeitsspeicher. Ist der Ladevorgang beendet, erscheint ein leerer Bildschirm, der einer leeren Seite Papier entspricht. Die meisten Textverarbeitungsprogramme blenden am oberen Bildschirmrand ein Zeilenlineal ein.

4.2 Textbearbeitung

4.2.1 Textgestaltung

Die Schreibarbeit wird durch ein Textverarbeitungssystem an einem Computer zentralisiert: erfassen, bearbeiten, speichern, übermitteln, drucken – alles geschieht an und in einem Gerät. Dabei ist die Textbearbeitung der Kern aller Textverarbeitungsprogramme. Zum Ergänzen, Umstellen, Löschen, Korrigieren oder Verändern von Texten bedient man sich der verschiedenen Funktionen, die ein ausgefeiltes Textverarbeitungssystem bereitstellt.

Möglichkeiten der Textgestaltung:

- Hervorhebung wichtiger Worte, Überschriften oder Textteile durch Schriftart und -größe, Zentrieren, Unterstreichen, Fettdruck
- Positionierung von Textteilen (eingerückt, linker/rechter Rand, zentriert)
- Text in Spalten oder Tabellen
- Fuß- und Kopfzeilen
- Seitennumerierung
- Darstellung von Sonderzeichen ($\frac{1}{2}$ $\frac{1}{4}$ Ç ç Æ ⋩ $)
- Hoch- und Tiefstellung von Zeichen zur Darstellung von chemischen, mathematischen oder technischen Formeln
- Unterschiedliche Schriftbreiten (Proportional-, Schmal-, Breitschrift)
- Blocksatz oder Flattersatz
- Farbige Darstellung von Texten

Auch vielfältige graphische Gestaltungselemente können mit einem Textverarbeitungssystem eingesetzt werden, um die Texte übersichtlich und ansprechend zu ordnen. Lange Berichte müssen nach einer mehrmaligen Überarbeitung nicht jedesmal vollständig neu geschrieben werden, wie es früher der Fall war. Änderungen werden schnell und effektiv vorgenommen.

Bei der Schreibmaschine muß man sich meistens auf eine Schriftart und -größe beschränken. Nur durch Austauschen des Kugelkopfes oder des Typenrades läßt sich die Schrift ändern. Für mathematische und wissenschaftliche Texte oder bei griechischen Buchstaben ($\alpha, \beta, \Gamma, \pi, \Sigma \ldots$) ist dies sehr umständlich. Nur spezielle Speicherschreibmaschinen beherrschen neben den uns bekannten Buchstaben sogar etwa 7000 chinesische Schriftzeichen, die man durch bestimmte Buchstaben- und Ziffernkombinationen anwählen muß. Komfortable Textverarbeitungssysteme und Drucker verfügen bereits über mehrere Schriftarten und -größen.

4.2.2 Eingabe des Textes

Bei der Erfassung eines Textes hat jede Taste, die man dabei betätigt, eine besondere Bedeutung für das Aussehen des Textes. Um den Zeilenumbruch braucht man sich bei der Texteingabe nicht zu kümmern. Das Textsystem führt ihn automatisch durch. Es richtet sich nach den Rändern und entscheidet, ob das zuletzt eingegebene Wort zu lang ist und eine neue Zeile begonnen werden muß.

Die eingegebenen Zeichen werden bei der Erfassung zunächst in den Speicherzellen des Arbeitsspeichers abgelegt und gleichzeitig auf dem Bildschirm ausgegeben.

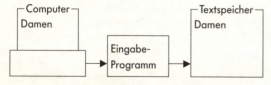

Bild 4.3 Das Wort „Damen" wird im Textspeicher in den Speicherzellen abgelegt.

Viele Textverarbeitungsprogramme legen den Text im ASCII-Format ab. Da dieser Code mit der Verbreitung der amerikanischen Computertechnologie weltweite Bedeutung erlangt hat, kann man mit jedem Textverarbeitungssystem, das diesen Code zur Speicherung verwendet, den Quelltext eines Computerprogramms (z. B. Pascal-Programm) oder die Stapeldatei AUTO- EXEC.BAT erstellen und somit für die Programmierung verwenden.

4.2.3 Korrektur des Textes

Textverarbeitungssysteme bieten mit Hilfe der Cursor-Tasten verschiedene Möglichkeiten zur Fehlerkorrektur an. Korrigieren kann man
- mit dem Überschreibmodus,
- mit dem Einfügemodus,
- durch Entfernen.

Überschreibmodus

Beim Überschreibmodus wird das zu korrigierende Zeichen mit einer der vier Cursor-Tasten (Pfeil-Links, Pfeil-Rechts, Pfeil-Oben, Pfeil-Unten) angesteuert, so daß sich der Cursor auf dem zu korrigierenden Zeichen befindet. Anschließend gibt man das richtige Zeichen ein, das falsche wird automatisch überschrieben. Die Leertaste hat dabei die Funktion einer Zeichentaste, denn sie wirkt im Überschreibmodus wie ein „Radiergummi". Hält man sie gedrückt, werden alle nachfolgenden Zeichen durch Leerzeichen (blanks) überschrieben.

Einfügemodus

Der Einfügemodus ermöglicht dem Schreiber, fehlende Buchstaben, Worte, Sätze oder Abschnitte in einen Text einzufügen, ohne daß dabei der fertige Text durch Überschreiben zerstört oder gelöscht wird.
Angenommen das Wort „Damen" wurde falsch eingegeben und muß „Dramen" heißen. Die Korrektur ist einfach: Man bewegt den Cursor auf den Buchstaben „a" und gibt „r" ein. Alle Buchstaben

werden automatisch um eine Stelle nach rechts verschoben, der Buchstabe „r" zwängt sich dazwischen.

Entfernen

Einzelne Buchstaben können mit der DEL-, der LÖSCH- bzw. der ENTFERNEN-Taste gelöscht werden. Auch hier muß zuerst der Cursor auf das zu löschende Zeichen gestellt werden, ehe man die entsprechende Taste betätigt. Möchte man zusätzlich auch noch die rechts nachfolgenden Zeichen löschen, kann man bequem die Dauerfunktion dieser Taste verwenden, indem man die Taste gedrückt hält. Allerdings sei hier Vorsicht angeraten, da allzu schnell wertvolle Textteile in Windeseile gelöscht werden können.

4.2.4 Formatieren von Texten

Wichtig an einem Text ist neben dem Inhalt auch sein Format, da es den Inhalt entweder ansprechend oder eher abweisend erscheinen läßt. Um einem Text das richtige Format zu geben, muß man ihn **formatieren.**
Beim Formatieren eines Textes legt man u. a. die Ränder rechts, links, oben und unten fest, bestimmt die Anzahl der Zeilen, die auf einer Seite stehen sollen, den Schrifttyp, die Absätze und gibt an, ob der Text bündig oder im Flattersatz geschrieben werden soll.

Bild 4.4 Die drei Grundelemente der Textformatierung: Bereichs-, Absatz- und Zeichenformatierung

Diese Formatierungen sollten möglichst immer nach der „Top-Down-Methode", d.h. „von oben nach unten" geschehen. Zuerst wird der Bereich formatiert, dann der Absatz, und schließlich sind die Zeichen an der Reihe. Diese drei Grundelemente stellen Textverarbeitungsprogramme dem Schreiber zur Verfügung.

Bereichsformatierung

Bei der Bereichsformatierung werden vor der Texteingabe die Seitenränder, die Paginierung, das Layout und die Anzahl der Zeilen je Seite festgelegt. Nur so spart man sich späteren Ärger, wenn der fertige Brief oder die zeitaufwendig erstellte Tabelle nicht mehr auf eine Seite paßt.
Um die Bereichsformatierung durchführen zu können, muß sich der Cursor jeweils in dem Bereich befinden, für den die entsprechende Option gelten soll.

Seitenrand

Damit der geschriebene Text im richtigen Format auf das Papier gedruckt wird, müssen vor dem ersten Ausdruck die Seitenränder festgesetzt werden. Sie bestimmen den Abstand des Textes zum Papierrand. Einige Textverarbeitungsprogramme geben bei der Bereichsformatierung Standardwerte vor, die jedoch jederzeit den individuellen Wünschen angepaßt werden können.

Paginierung

Wenn ein Text nur eine Seite umfaßt, ist eine Numerierung dieser Seite nicht nötig. Bei umfangreicheren Texten ist es aber durchaus nützlich, die Seiten einzeln zu numerieren. Das Textsystem kann die Paginierung automatisch vornehmen und die Seitennummern an der vom Bearbeiter festgelegten Position ausdrucken (oben oder unten, rechts, zentriert oder links).

Layout

Einige Textverarbeitungssysteme verfügen heute bereits über DTP-Fähigkeiten (**D**esk-**T**op-**Pub**lishing), mit denen Texte gestalterisch angeordnet werden können. Diese Möglichkeiten sind vor allem für „Profis" von Vorteil. Mit DTP können z.B. mehrere Textspalten am Bildschirm nebeneinander dargestellt und bearbeitet werden; Grafiken, Fotos oder Tabellen lassen sich in den Text integrieren etc.

Zeilennummern

Manchmal ist es wünschenswert, gedruckte Texte am linken Seitenrand mit Zeilennummern zu versehen: Liedtexte für den Gesangverein, Übersetzungstexte einer Fremdsprache, wissenschaftliche Berichte, Übungszeilen in Tastschreib- oder anderen Lehrbüchern.
Verschiedene Textverarbeitungsprogramme verfügen über die Möglichkeit, die Zeilennummern eines Textes im linken Randbereich einer Seite auszudrucken. Dabei werden nur die Zeilen des Haupttextes gezählt, nicht aber die Zeilen von Kopf- und Fußzeilen bzw. Fußnotentexten.

Absatzformatierung

Nachdem der äußere Rahmen eines Textes, der Bereich, formatiert ist, legt man das nächstkleinere Element, den Absatz fest. Jeder Absatz kann mit einem anderen Format versehen werden.

Flattersatz
Flattersatz ist die Art des Formats, das bisher auch bei der Schreibmaschine üblich war: Der linke Rand ist bündig, der rechte „flattert".

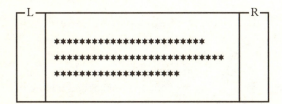

Blocksatz
Die rechts- und linksbündige Ausrichtung eines Textes auf einen einheitlichen Zeilenrand nennt man Blocksatz. Damit der rechte Rand stets bündig ist, werden die Räume zwischen den Wörtern vergrößert bzw. verkleinert. Das Textprogramm rechnet diese Zwischenräume selbständig aus.

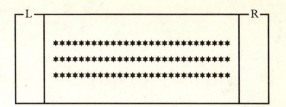

Zentrieren
Um bestimmte Textteile besonders hervorzuheben, können sie – in Abhängigkeit vom linken und rechten Rand – zentriert geschrieben werden.

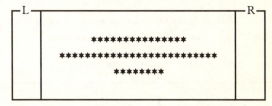

Rechtsbündige Textteile
Üblicherweise wird ein Text natürlich linksbündig geschrieben. Dennoch kann es für die graphische Gestaltung sinnvoll sein, die Textzeilen rechtsbündig zu schreiben und links „flattern" zu lassen.

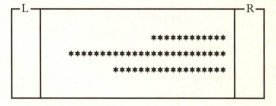

Links einrücken
Man erfaßt Texte nicht immer nur nach einer Fluchtlinie. Oft ist es notwendig, einen Absatz zur besonderen Hervorhebung links einzurücken (z.B. Zitate).
[= markiert dabei den linken Einzug in Zeilenlineal.

Rechts einrücken
Texte, die vielleicht später noch eine Zeichnung oder Vermerke bekommen sollen, können mit dem Zeichen] = auf der rechten Seite eingerückt werden.

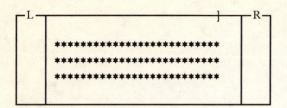

Eingerückte Fluchtlinie (negativer Erstzeileneinzug)
Bei der Formatierung eines Absatzes gibt es auch die Möglichkeit, daß die erste Zeile im Verhältnis zu den restlichen Zeilen des Absatzes weiter links steht.

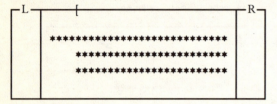

Vergrößerter Erstzeileneinzug
Mit Textverarbeitungsprogrammen kann der Einzug der ersten Zeile eines Absatzes auch vergrößert werden. =|markiert den Erstzeileneinzug im Zeilenlineal.

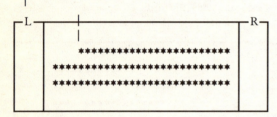

Zeichenformatierung

Bevor Markierungsstifte im Handel waren, wurden besonders wichtige Textstellen durch Unterstreichen hervorgehoben. Bei den mechanischen und elektromechanischen Schreibmaschinen wurde das Wort zuerst geschrieben, danach die Rücktaste betätigt, bis der Wortanfang erreicht war. Dann mußte man nochmals über diese Buchstaben mit der Grundstrichtaste gehen. Ein doppelter Arbeitsaufwand! Deshalb wurde das Unterstreichen auch immer mehr aus den Texten herausgenommen, heute sogar bei dem Wort „Anlagen" im Brief.
Inzwischen ist die Gestaltung oder das Design von Texten oder Textteilen leichter geworden. Bereits bei den elektronischen Schreibmaschinen kann man die Fettschrift, das einfache oder doppelte Unterstreichen, die Schriftart und Schriftgröße zu Beginn der Texterfassung ein- und am Ende wieder ausschalten.
Damit sind wir bei der Formatierung des kleinsten Elements, dem Zeichen, angelangt. Bei der Zeichenformatierung geht es immer um Hervorhebungen, wie z. B. Fettdruck, Schriftart, Unterstreichung, Hoch- oder Tiefstellung, Schriftgröße usw.

Schriftarten

Bestimmte Textteile können durch unterschiedliche Schriftarten hervorgehoben werden. Dies ist besonders bei Werbetexten eine ideale Gestaltungsform.
Welche Schriftarten der Computer ausdrucken kann, hängt von der Einstellung, der Drucksteuerdatei und der Art des Druckers ab. Typenraddrucker können durch Auswechseln des Typenrades verschiedene Schriften und auch Schrittweiten ausdrucken. Nadel- (Matrix)Drucker, Tintenstrahl-, Laser- und Thermodrucker geben fast alle Zeichen aus.

Schriftgrad

Neben den verschiedenen Schriftarten gibt es ein weiteres graphisches Gestaltungselement: die Schriftgröße (Schriftgrad). Ein Brief oder ein Werbetext kann durch unterschiedliche Schriftgrößen ansprechend gestaltet werden. In Verbindung mit den diversen Schriftarten sind die Möglichkeiten insgesamt sehr vielfältig.

4.3 Textverarbeitungsfunktionen

Ein Textverarbeitungssystem unterstützt den Anwender nicht nur bei der Gestaltung, dem Layout des Textes, sondern auch beim Laden und Sichern. Komfortable Programme gestatten per „Knopfdruck" die Veränderung eines Dokuments. Es sind grundsätzlich zwei verschiedene Betriebsarten möglich. Mit einer bestimmten Taste oder Tastenkombination wählt man die gewünschte Betriebsart:
– Text-Modus oder
– Befehls-Modus

Bei einigen Programmen tippt man die Befehle direkt ein (z. B. si für sichern, lö für löschen, st für stop usw.).

Bei anderen Textprogrammen hangelt man sich durch die einzelnen Menüs und Untermenüs. Man durchläuft vom Hauptmenü einen Baum bis zum gesuchten Befehl.

Diese Art der Befehlsauswahl ist von Vorteil beim Arbeiten mit der Maus, da hier die einzelnen Menüpunkte nur angeklickt werden müssen.

4.3.1 Trennfunktion

Textverarbeitungsprogramme können Worte am Zeilenende trennen. Sie verfügen über orthographische Algorithmen, nach denen sie Silbentrennungen durchführen können. Da jedoch die deutsche Sprache über sehr viele Sonderregeln verfügt, ist es gerade für Programme aus dem angelsächsischen Sprachraum oft recht schwierig, fehlerfrei zu arbeiten. Einige trennen z. B. das Wort „Druc-ker"; richtig getrennt wird es jedoch „Drukker".

4.3.2 Wortprüfung

Fast alle Textverarbeitungssysteme verfügen über einen umfangreichen Programmteil zur Orthographieprüfung. Mit Hilfe dieses Programms wird der Text oder ein markierter Textabschnitt auf Tipp- und Rechtschreibfehler überprüft. Während das System den Text kontrolliert, den gefundenen Fehler anzeigt und der Anwender ihn korrigiert, werden die noch nicht vorhandenen Worte in die Rechtschreib-Bibliothek übernommen und gespeichert. Ab sofort stehen sie für die weitere Fehlerkorrektur im System zur Verfügung. Auf diese Art und Weise wächst der elektronische Duden-Wortschatz ständig mit.

Natürlich ist dieser Service nicht ganz unfehlbar. Das Programm kann z. B. nicht erkennen, daß das Wort „leeren" falsch geschrieben ist, wenn es im Sinnzusammenhang „lehren" heißen müßte.

4.4 Textbausteindateien

Textbausteine sind kleine Textabschnitte oder Textelemente, die z. B. in Geschäftsbriefen häufig im selben Wortlaut verwendet werden. Der Sach-

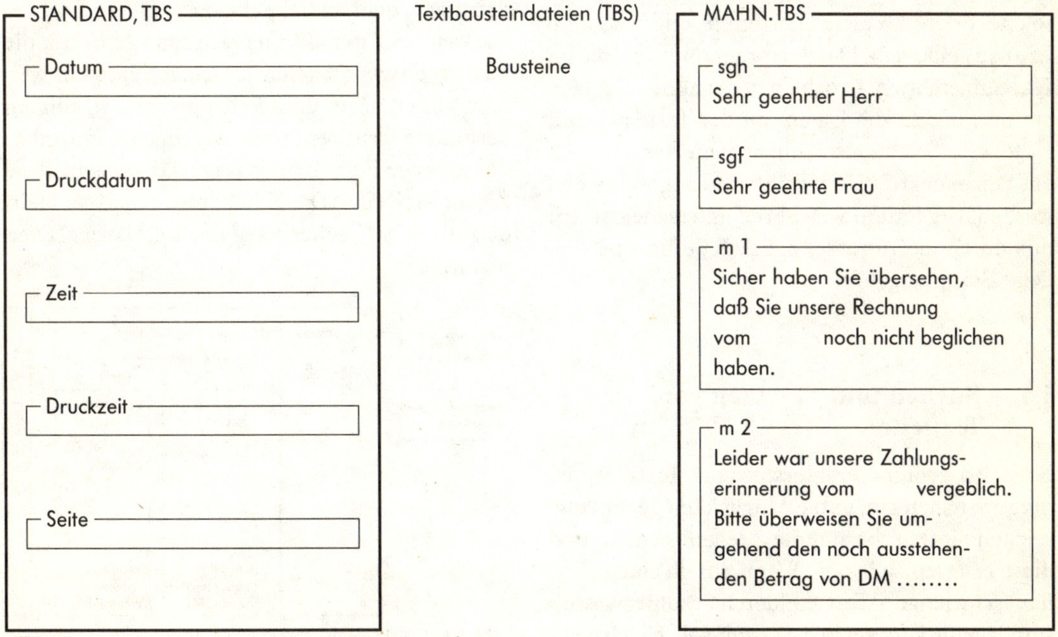

Textbausteindateien (TBS)

Bausteine

STANDARD.TBS:
- Datum
- Druckdatum
- Zeit
- Druckzeit
- Seite

MAHN.TBS:
- sgh — Sehr geehrter Herr
- sgf — Sehr geehrte Frau
- m 1 — Sicher haben Sie übersehen, daß Sie unsere Rechnung vom   noch nicht beglichen haben.
- m 2 — Leider war unsere Zahlungserinnerung vom   vergeblich. Bitte überweisen Sie umgehend den noch ausstehenden Betrag von DM ....

Bild 4.5 Zwei Textbausteindateien mit Textbausteinen

bearbeiter speichert sie in einer Textbausteindatei unter einem bestimmten Namen ab, am besten unter einer „selbstsprechenden" Abkürzung, die ihn bereits auf den Inhalt des Textes hinweist. Mit wenigen Tastenanschlägen kann er dann diese Bausteine jederzeit an einer beliebigen Stelle seines Briefes oder Textes einfügen. Das lästige Neuschreiben häufig verwendeter Redewendungen oder Adressen entfällt, man spart Zeit, Energie und unangenehme Routinearbeiten.

Bild 4.5 zeigt am Beispiel den Aufbau einer solchen Textbausteindatei.

Textbausteine werden im Textmodus erfaßt, genauso wie Individualtexte. Unter Eingabe bestimmter Befehle wandelt der Computer diese Texte automatisch in Bausteine um.

Beim Arbeiten mit vielen Textbausteinen zu unterschiedlichen Sachgebieten ist es sinnvoll, die Bausteine nach Themen geordnet in verschiedenen Textbausteindateien zu speichern. Solche Sachgebiete sind z. B. wissenschaftliche Fachausdrücke, Rechtsanwälte, Mahnwesen, Rechnungen, Reisebüro, Arztpraxen etc.

Mit Textverarbeitungsprogrammen lassen sich auch Serienbriefe erstellen. Die Grundlage für solche Briefe können Ganzbriefe oder mehrere Textbausteine sein. Das Textprogramm liest die im Text aufgeführten Variablen aus einer Datendatei ein und mischt die Daten mit der Textdatei. Mit Hilfe von Selektionsmöglichkeiten kann gezielt ein Personenkreis ausgewählt und angeschrieben werden. Der fertige Serienbrief unterscheidet sich nur durch die Adresse, die Anrede und persönliche Bezugsangaben.

4.5 Suchen und Ersetzen von Textteilen

Bei den computerunterstützten Textverarbeitungssystemen gibt es die Möglichkeit, in umfangreichen Texten bestimmte Stellen suchen und diese ersetzen zu lassen. Wenn z. B. in einem Text das schwierige Wort „Fluorchlorkohlenwasserstoff" häufig vorkommt, ist es sinnvoll, gleich beim Erfassen dieses lange Wort durch ein Kürzel – hier FCKW – zu ersetzen. Der Computer sucht hinterher alle Kürzel „FCKW" im Text und setzt an ihre Stelle den ausgeschriebenen Begriff. Könnte man mit einem PC sprechen wie mit einem Menschen, würde man sagen:

„Ersetze für das Kürzel FCKW das Wort Fluorchlorkohlenwasserstoff im ganzen Text, sooft der Suchbegriff vorkommt."

Dabei ist allerdings zu beachten, daß
1. nicht dieselbe Buchstabenkombination des Kürzels auch in anderen Wörtern vorkommt und
2. Endungen, die sich durch verschiedene Fälle ergeben, beim Erfassen eingegeben werden.

4.6 Drucken von Texten

Drucker sind selbständige Maschinen, die unabhängig vom Computer arbeiten. Sie finden sich mit allen Landessprachen zurecht und können z. B. sogar chinesische, japanische oder hebräische Schriftzeichen gestochen scharf zu Papier bringen. Deshalb muß der Anwender an seinem Drucker vor der ersten Inbetriebnahme den jeweiligen nationalen Zeichensatz einstellen. Diese Einstellung erfolgt an einem am Drucker vorhandenen Schalter, dem DIP-Schalter (**D**ual **I**n-Line **P**ackage). Er umfaßt mehrere Einzelschalter, die nur am ausgeschalteten Drucker eingestellt werden dürfen. Mit diesen Kippschaltern können bestimmte Druckerfunktionen eingestellt werden, die so lange ihre Gültigkeit behalten, bis man sie erneut einstellt. (Die Schalterchen sind so klein, daß man sie scherzhaft auch „Mäuseklavier" nennt.)

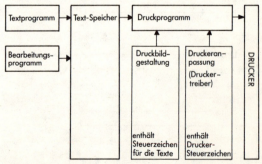

Bild 4.6 Der Weg des Textes von der Erfassung bis zum Druck

Das **Druckprogramm** im Computer steuert den Drucker an. Es muß zwei wichtige Aufgaben erledigen: die Druckbildgestaltung und die Druckeranpassung.

4.6.1 Druckbildgestaltung

Bei der Druckbildgestaltung einer Seite müssen zunächst einmal die Größe der zu bedruckenden Seite, der linke, rechte, obere und untere Rand, der Zeilenabstand, Kopf- und Fußzeile usw. angegeben werden.

Diese Formatierungsmerkmale werden über ein Druckmenü eingegeben und gespeichert (vgl. Kap. 4.2). Jedes Druckformat verleiht dem Text sein charakteristisches Aussehen. Mit Hilfe gespeicherter Druckformatvorlagen können Texte schnell und mühelos einheitlich gestaltet werden.

4.6.2 Druckeranpassung

Der auf dem Bildschirm angezeigte Text sieht oft anders aus als der gedruckte. Das Druckbild hängt davon ab, welche Formate man verwendet und welche dieser Formate der Drucker wiedergeben kann. Den Druckern muß man deshalb gleich zu Beginn eines Druckvorgangs wichtige und grundsätzliche Steuerbefehle mitteilen. Sinn dieser Aktion ist es, einen fest definierten Zustand bei Druckbeginn zu garantieren. Diese Anpassung nennt man **Druckerinitialisierung.** Sie enthält beispielsweise Sequenzen (Steuerbefehle), die den Druckkopf an den linken Rand bewegen, ehe der Druckvorgang beginnt. Auf diese Weise wird sichergestellt, daß der Druckkopf sich nicht etwa auf der Mitte des Blattes befindet und dort den Ausdruck startet. Weitere Initialisierungssequenzen sind z.B. der gewünschte Zeilenabstand (6 Zeilen/Zoll), Seitenvorschub nach 72 Zeilen, Fettschrift, Proportionalschrift, Hoch-/Tiefstellung usw.

Viele für die Textverarbeitung wichtigen Steuerzeichen sind im ASCII-Code nicht eindeutig festgelegt (genormt). Deshalb ist zwischen dem Textverarbeitungssystem und dem Drucker eine Abstimmung nötig, damit dieser die an ihn übermittelten Steuerzeichen auch richtig umsetzen kann. Das Textverarbeitungsprogramm muß aus einer entsprechenden Druckersteuerdatei über die Schnittstelle Mitteilungen an den angeschlossenen Drucker senden, welchen Druckertyp es ansprechen möchte, z.B. einen Matrix-, Typenrad-, Tintenstrahl-, Thermo- oder Laserdrucker. So kann der Drucker die vom Textverarbeitungsprogramm gesandten Steuerzeichen richtig interpretieren.

Deshalb gehören zum Lieferumfang eines Textverarbeitungssystems für jeden Druckertyp spezielle Druckersteuerdateien, die die Druckeranpassung regeln.

Beim Drucken eines Textes schickt das Druckprogramm außer dem Text auch noch die Steuerzeichen der vorgenommenen Formatierungen an den Drucker, z.B.:
- neue Zeile,
- neue Seite,
- Schriftart,
- Hervorhebung,
- Zeilenabstand.

Wie Buchstaben werden diese Informationen in Form von binären Codes an den Drucker übermittelt. Und jeder Drucker versteht sie anders. Ein und dieselbe Funktion wird bei verschiedenen Druckern durch verschiedene Codes ausgelöst.

In einem Druckprogramm muß deshalb auch ein Programmteil für die Druckersteuerung vorgesehen werden, der im wesentlichen den Code des Textverarbeitungsprogramms in den Code des Druckers umwandelt. Dieses Anpassungsprogramm nennt man **Druckertreiber.**

4.6.3 Druckertypen

Intelligente Drucker besitzen einen Datenpuffer, um verschiedene Schriftarten (Fonts) und die aus der Zentraleinheit ankommenden Daten zu speichern.

Impact-Drucker sind dem Prinzip der Schreibmaschine nachgebaut und übertragen die Farbe durch mechanischen Anschlag des Druckkopfes auf das Papier. Man verwendet ein Farbband, Kohlepapier oder selbstdruckendes Papier.

Drucktechnologie	Druckgeschwindigkeit	Druckgeräusch	Zahl der Durchschläge	Druckerspeicher
IMPACT-Drucker - Typenhebel - Typenkugel - Typenrad - Punktmatrix (Nadeldrucker)	sehr langsam langsam langsam (ca. 48 Z/s) schnell (ca. 360 Z/s, bei LQ ca. 100 Z/s)	sehr laut, Schallschluck-hauben erforderlich; die Bedienung wird dadurch erschwert	1 Original und ca. 3 Durchschläge	Pufferspeicher mit ca. 40 KB Hintergrundzeichenspeicher (Download) für eigene Fonts (Schriftarten)
NON-IMPACT-Drucker - Laserdrucker - Tintenstrahl- drucker - Thermodrucker	sehr schnell (8 Seiten/m) schnell (ca. 300 Z/s, entspricht Nadeldrucker) langsam (ca. 60 Z/s LQ)	sehr leise, leichte Bedienung	keine Durchschläge möglich bei Laserdruckern kann dies durch Mehrfachdrucke ausgeglichen werden (bessere Qualität, aber viel teurer)	Pufferspeicher im Mega-Byte-Bereich

Bild 4.7 Anforderungsmerkmale an Drucker

Non-Impact-Drucker verwenden dagegen ein beschichtetes oder lichtempfindliches Spezialpapier, das auf elektrische, chemische oder thermische Reize reagiert, um ein Bild zu erzeugen.

Anforderungsmerkmale

Für die Textverarbeitung ist die Textausgabe auf Papier von besonderer Bedeutung (vgl. Bild 4.8).

Druckqualität	Der optische Eindruck der Schreiben hängt u. a. von der Anzahl der Nadeln/Thermoelemente/Düsen ab, welche die maximale Auflösung (Punkte/Zoll) bestimmen.
Grafische Gestaltung	Die grafische Gestaltung der Texte durch waagrechte und senkrechte Linien, Einzelpunktansteuerung ermöglicht die Entwicklung eigener benutzerdefinierter Zeichen in einer Punktmatrix, z.B. zum Ausdrucken von Logos, fremdsprachlichen Sonderzeichen, wissenschaftlichen und beruflich-spezifischen Symbolen.
Geschwindigkeit	Je dichter die Punktmatrix der Buchstaben, desto besser wird das Schriftbild, desto langsamer aber auch die Druckgeschwindigkeit.

Bild 4.8 Wichtige Kriterien bei der Textausgabe auf Papier

Aufgaben

A 4.1 (zu 4.1.1)
Nennen Sie die Vorteile der computerunterstützten Textverarbeitung.

A 4.2 (zu 4.1.1)
Erklären Sie das Prinzip der computerunterstützten Texterfassung.

A 4.3 (zu 4.2.1)
Welche Möglichkeiten bietet ein Textverarbeitungsprogramm zur Gestaltung von Texten?

A 4.4 (zu 4.2.3)
Weshalb müssen Sie bei der Eingabe bzw. beim Ändern von Texten auf den Überschreib- und den Einfügemodus achten?

A 4.5 (zu 4.2.4)
Welche Möglichkeiten bietet die Bereichsformatierung?

A 4.6 (zu 4.2.4)
Texte können in unterschiedlichen Schriftarten und Schriftgraden dargestellt werden. Erklären Sie die beiden Begriffe.

A 4.7 (zu 4.3)
Textverarbeitungsprogramme unterstützen den Anwender mit verschiedenen Funktionen und erleichtern dadurch seine Arbeit. Nennen und beschreiben Sie einige Textverarbeitungsfunktionen.

A 4.8 (zu 4.4)
Was sind Textbausteine und wie können sie in der Textverarbeitung eingesetzt werden?

A 4.9 (zu 4.6.3)
Beschreiben Sie die Merkmale von Impact- und Non-Impact-Druckern.

5. Tabellenkalkulation

VOR DER SENDUNG

Kaufleute, Kostenrechner und Ingenieure stehen oft vor der schwierigen Aufgabe, mathematische Problemstellungen zu lösen oder volks- und betriebswirtschaftliche Planungen und Kontrollen durchzuführen. An modernen Arbeitsplätzen stehen ihnen Computer zur Verfügung, die mit Hilfe von komfortablen Software-Werkzeugen bei der Lösungs- und Entscheidungsfindung helfen. Dabei müssen die Anwender über keinerlei Programmierkenntnisse verfügen, sondern nur die Funktionen des eingesetzten Software-Tools kennen.

Diese Sendung zeigt den Aufbau und die Arbeitsweise eines Tabellenkalkulationsprogramms.

Tabellenkalkulationsprogramme stellen einen Set dar aus einem Blatt Papier, einem Schreibstift, einem Radiergummi und einem Taschenrechner. Mit diesen vier Hilfsmitteln, die als Software in das Programm eingebaut sind, können Texte, Zahlen, Formeln, Variablen und Bedingungen eingetragen, Ergebnisse berechnet und ausgegeben werden. Sie eignen sich daher besonders gut für Rechenaufgaben, die sich im strukturellen Aufbau des Lösungsweges wiederholen.

Lernziele

5.1   Ein Tabellenkalkulationsprogramm ist die elektronische Nachbildung einer großen Rechentabelle. Ihre Kreuzungspunkte bilden die Tabellenfelder, die durch die genaue Angabe der Zeilen- und Spaltenpositionen adressierbar sind.

5.2   Tabellenkalkulationsprogramme unterteilen den Bildschirm in zwei Bereiche: den Arbeitsbereich und den menügeführten Befehlsbereich.

5.3   Mit einem Tabellenkalkulationsprogramm kann ein Rechenschema für ein mathematisches Problem aufgestellt und gelöst werden.

5.3.1   Die Problemstellung verlangt zur Lösung den sachlogischen Aufbau der Tabellenstruktur.

5.3.2   In einer Tabelle können die Felder, auch Zellen genannt, absolut oder relativ adressiert werden. Die gewählte Form der Adressierung hängt von der Problemstellung ab.

5.4   Tabellenkalkulationsprogramme bieten zahlreiche Einsatzmöglichkeiten.

NACH DER SENDUNG

5.1   Die elektronische Rechentabelle

Mit Hilfe von Tabellenkalkulationsprogrammen können rechnerische Problemstellungen mit relativ geringem Arbeitsaufwand auf einen Mikrocomputer übertragen werden. Diese führen die Berechnungen unvergleichlich schneller durch, als dies der Taschenrechner könnte.

Mit einer elektronischen Rechentabelle erstellt man ohne Codierarbeit Übersichten und läßt mit Hilfe von Formeln Berechnungen von Zahlenwerten durchführen. Hinzu kommt, daß Planungsaufgaben – „Was wäre, wenn ..." – mit verschiedenen Kalkulationsdaten und Planzahlen durchgespielt werden können.

Somit lassen sich beispielsweise Entscheidungsalternativen bei Investitions-, Umsatz- oder Bilanzanalysen, statistische Auswertungen, Großhandels- und Industriekalkulationen, Betriebsabrechnungsbögen und Kostenträgerrechnungen, volkswirtschaftliche Modellrechnungen (z.B. Gewinnmaximum des Angebotsmonopolisten oder Verbindung zwischen Multiplikator und Akzelerator) oder betriebswirtschaftliche Modellrechnungen (z.B. Gewinnverteilung bei Personengesellschaften wie der OHG oder KG) schneller herbeiführen.

Eine Tabelle besteht aus einer endlichen Anzahl von Zeilen und Spalten. Man bezeichnet sie daher auch als zweidimensionale Tabelle. Die Schnittpunkte stellen die jeweils möglichen Arbeitsfelder dar. Jedes Tabellenfeld kann durch eine genaue Positionsangabe, d. h. durch die Angabe einer Zeilen- und Spaltennummer, eindeutig angesprochen werden. Die Positionsangabe bezeichnet man auch als **Feldadresse,** wobei immer zuerst die Zeilen- und dann die Spaltennummer genannt wird.

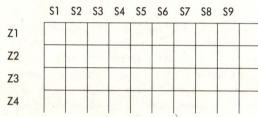

Bild 5.1 Schematischer Aufbau einer Tabelle; Z = Zeilen, S = Spalten

Wenn man sich zwischen den Zeilen und Spalten senkrechte Trennlinien vorstellt, sieht bei einem Tabellenkalkulationsprogramm der Bildschirm wie ein kariertes Blatt Papier aus. Jedes einzelne Karo bezeichnet man als **Feld** oder als Zelle.

In jedes Feld kann wahlweise ein Text, eine Planzahl, eine Formel o. ä. eingegeben werden. Das Besondere an diesen Kalkulationsprogrammen aber ist, daß man mit einer solchen Tabelle auch rechnen lassen kann, ohne zuvor ein aufwendiges Programm schreiben zu müssen. Der Rechner berechnet automatisch die Werte nach den vorgegebenen Formeln und weist das Ergebnis an einer anderen Stelle der Tabelle aus. Bei der Berechnung greift das Programm auf die Zahlenwerte anderer Felder zurück, wie es die Formel verlangt. Voraussetzung dafür ist, daß die Feldadresse (Position) innerhalb der Tabelle in der Formel angegeben ist.

Die Formel enthält demnach außer den mathematischen Verknüpfungsvorschriften für die Zahlenwerte auch die Adressen der entsprechenden Felder, auf welche die Formel Bezug nimmt.

Eine Formel enthält
- mathematische Verknüpfungen (+ − * /)
- Feldadressen (Z4S7)

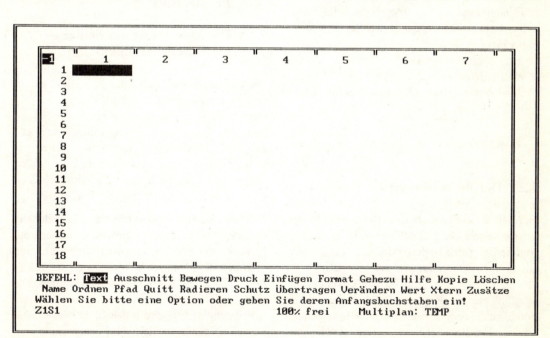

Bild 5.2 Ein Tabellenkalkulationsprogramm

5.2 Handhabung eines Tabellenkalkulationsprogramms

Nachdem der Rechner eingeschaltet und das Betriebssystem geladen sind, startet man das Tabellenkalkulationsprogramm entsprechend dem eingesetzten Programmsystem. Das Betriebssystem überträgt zunächst eine leere Tabelle in den Hauptspeicher des Rechners.

Aufgrund der Bildschirmgröße erscheint nur ein kleiner Ausschnitt der aktiven Tabelle, die ständig im Hauptspeicher für die Bearbeitung bereitgehalten wird. Der Bildschirm ist sozusagen das Fenster zur gesamten Tabelle. Die vollständige Tabelle kann mehrere tausend Zeilen und einige hundert Spalten umfassen. Das Tabellenkalkulationsprogramm MULTIPLAN besteht beispielsweise aus 4.095 Zeilen und 255 Spalten, der Tabellenframe des integrierten Software-Tools FRAMEWORK III umfaßt bis maximal 32.000 Zeilen und 32.000 Spalten. Diese Tabellengröße ist jedoch von der zur Verfügung stehenden Hauptspeicherkapazität abhängig.

Tabellenkalkulationsprogramme unterstützen den Anwender durch einen vorgegebenen Bildschirmaufbau, wobei dieser meist in zwei Bereiche unterteilt wird:
- den Arbeitsbereich als die eigentliche elektronische Rechentabelle und
- den Befehlsbereich mit seinem menügeführten Befehlsvorrat.

5.2.1 Der Befehlsbereich

Der Befehlsbereich enthält die Befehle des Hauptmenüs. Nach einer Befehlsauswahl erscheinen weitere Untermenüs, deren Befehlsfelder entsprechend den Anwendungen frei ausgefüllt oder bereits vorgegebene Antwortmöglichkeiten ausgewählt werden können. Möchte man einen Befehl ausführen, muß die Eingabe-Taste betätigt werden. Der Rechner kann hierauf wie folgt reagieren:

- Er führt den Befehl sofort aus.
- Er verlangt ausdrücklich eine Bestätigung.
- Er bringt eine Fehlermeldung auf dem Bildschirm.

5.2.2 Der Arbeitsbereich

Der Arbeitsbereich zeigt auf dem Bildschirm einen Teil der aktiven Tabelle. Dabei wird das gerade aktive Feld durch einen Feldzeiger markiert. Dies ist ein leuchtender Balken (inverse Anzeige), der sich mit Hilfe der Pfeiltasten über die Tabelle verschieben läßt. Erreicht der Feldzeiger den rechten oder unteren Bildschirmrand, erfolgt automatisch eine vertikale oder horizontale Weiterschaltung der Spalten bzw. Zeilen. Man bezeichnet diesen Vorgang auch als Rollen der Tabelle.

5.3 Von der Problemstellung zur Problemlösung

5.3.1 Die Anordnung der Felder – die Tabellenarchitektur

Die kleinste Einheit einer Tabelle ist das Feld, in dem man einen Wert speichern kann. Jedes Feld steht in der Tabelle an einer ganz bestimmten Position, sein Wert wird durch den Inhalt festgelegt. Tabellenkalkulationsprogramme arbeiten mit unterschiedlichen Typen von Werten, z.B. Zahlen, Formeln oder Texten. In einem Feld dürfen jedoch niemals verschiedene Werte gleichzeitig stehen.

Möchte man ein Problem mit einem Tabellenkalkulationsprogramm lösen, entwirft man zuerst mit Bleistift und Papier die Tabellenstruktur, d.h. man bestimmt die sachlogische Anordnung der Felder, in die später die Werte eingetragen werden. Die Planung der Tabellenarchitektur ist für die weitere Arbeit sehr wichtig und nützlich, da man für die Berechnungen einzelne Felder miteinander verknüpfen oder kopieren muß.

Eingabe von Texten

Im Befehlsmenü können beispielsweise beim Tabellenkalkulationsprogramm MULTIPLAN durch Aktivierung des Befehls TEXT alphanumerische Daten, d. h. beliebige Texte, in die Tabellenfelder eingegeben werden.

Eingabe von Zahlen

Die Eingabe von Zahlen erfolgt entweder im Eingabemodus WERT oder direkt über die Zahlentasten. (Man muß dabei auf die Umstellung der Doppelfunktionen bei den Cursor- bzw. Ziffern-Tasten achten.)

Eingabe von Formeln

Die Eingabe von Formeln erfolgt ausschließlich über den Eingabemodus WERT. Eine Formel besteht aus mindestens einer Positionsangabe (Adresse) eines Feldes, die seine Lage in der Tabelle beschreibt. Die Adressen können absolut, relativ oder auch eine Kombination von relativer und absoluter Adressierunng sein.

5.3.2 Adressierung von Zellen

Bei dem in der Sendung gezeigten Beispiel wollte die Kreditnehmerin auf der Bank wissen, wie hoch bei einem Kredit die monatliche Belastung (Zins und Tilgung) ist und wie lange der Rückzahlungsprozeß insgesamt dauert.

Der Bankangestellte schlägt der Kundin ein Annuitätendarlehen vor, bei dem gleichbleibende Zahlungen vereinbart werden. Diese enthalten sowohl den Zins als auch die Tilgung. Da der Zinsanteil durch die Verringerung der Schuld immer kleiner wird, wächst der Tilgungsanteil.

Bei einem Kredit in Höhe von K_0 = 40.000 DM vereinbarte die Kundin eine feste monatliche Rate R von 500 DM. Die Kreditzinsen der Bank betrugen 7,5 % pro Jahr, d. h. 0,625 % pro Monat. Berechnet man die Zinsen Z und zieht diese von der Rate R ab, erhält man als Differenz den Tilgungsanteil T (T = R − Z). Subtrahiert man anschließend die Tilgung T vom Kreditbetrag K_0, verbleibt eine Restschuld K_1.

Im nächsten Monat wird wieder die gleiche Rate gezahlt. Auch sie zerfällt in Zinsen und Tilgung. Die Höhe der Zinsen ist jetzt aber geringer, weil die Restschuld kleiner ist; die Zinsen betragen wieder 0,625 % von der Restschuld K_1. Verglichen mit dem ersten Monat ist die Tilgung jetzt größer. Sie wird wieder subtrahiert, und zwar von K_1, und man erhält die neue Restschuld K_2.

```
1. Monat
Zinsen      = Kredit · Zinsfuß            250       = 40.000 · 0,625 %
Tilgung     = Rate − Zinsen               250       = 500 − 250
Restschuld  = Kredit − Tilgung            39.750    = 40.000 − 250

2. Monat
Zinsen      = Restschuld · Zinsfuß        248,44    = 39.750 · 0,625 %
Tilgung     = Rate − Zinsen               251,56    = 500 − 248,44
Restschuld  = neue Restschuld − Tilgung   39.498,44 = 39.750 − 251,56

3. Monat
Zinsen      = Restschuld · Zinsfuß        246,87    = 39.498,44 · 0,625 %
Tilgung     = Rate − Zinsen               253,13    = 500 − 246,87
Restschuld  = neue Restschuld − Tilgung   39.245,31 = 39.498,44 − 253,13

4. Monat
....
```

Bild 5.3 Rechenschema für Zins und Tilgung

-1	1	2	3	4	5	6	7
1	Kredit	40000,00					
2	Rate	500,00					
3	Zinssatz p.m.	0,625					
4							
5							
6	Restschuld	Zinsen	Tilgung	Monate			
7	40000,00	250,00	250,00	1			
8	39750,00	248,44	251,56	2			
9	39498,44	246,87	253,13	3			
10	39245,30	245,28	254,72	4			
11	38990,59	243,69	256,31	5			
12	38734,28	242,09	257,91	6			
13	38476,37	240,48	259,52	7			
14	38216,84	238,86	261,14	8			
15	37955,70	237,22	262,78	9			
16	37692,92	235,58	264,42	10			
17	37428,50	233,93	266,07	11			
18	37162,43	232,27	267,73	12			

BEFEHL: Text Ausschnitt Bewegen Druck Einfügen Format Gehezu Hilfe Kopie Löschen Name Ordnen Pfad Quitt Radieren Schutz Übertragen Verändern Wert Xtern Zusätze.
Wählen Sie bitte eine Option oder geben Sie deren Anfangsbuchstaben ein!

Bild 5.4 Ausschnitt des Tilgungsplans

Da die Restschuld immer kleiner wird, nehmen auch die Zinsen von Monat zu Monat ab, und die jeweilige Tilgung steigt. In jedem Monat müssen dieselben Rechnungen durchgeführt werden: Bei solchen Problemen wird immer wieder nach demselben Schema oder nach derselben Formel gerechnet. Hier lohnt sich der Einsatz eines Tabellenkalkulationsprogramms.

Nach dem Starten überträgt man in die zunächst noch leere Tabelle das Tabellenschema ein. In die oberen Felder der ersten Spalte gibt man den vorgegebenen Text und daneben, in der zweiten Spalte, die entsprechenden variablen Zahlenwerte. Variabel deshalb, da diese Werte für weitere Kreditbeispiele beliebig geändert werden können und die Ergebnisse in der Tabelle sofort sichtbar sind. Ein Ausschnitt des Tilgungsplanes könnte etwa aussehen, wie in Bild 5.4 dargestellt.

Der eigentliche Tilgungsplan beginnt nun in der sechsten Zeile mit den Spaltenüberschriften *Restschuld*, *Zinsen*, *Tilgung* und *Monate*. Ab der Zeile sieben erfolgen die Berechnungen: Am Anfang ist die Restschuld der gesamte Kredit, also 40.000 DM. Dieser Wert kann in der Tabelle mit Hilfe einer Formel erzeugt werden, so daß bei geänderten Beispielwerten nur die Beträge in den Zeilen 1 bis 4 der 2. Spalte eingetragen werden müssen. Man gibt hierzu in die Zelle Z7S1 die Formel mit der absoluten Adresse Z1S2 ein.

Der Zins in Zelle Z7S2 berechnet sich mit der Formel:

$$\text{Restschuld} \cdot \text{Zinsfuß}/100 \text{ bzw.}$$
$$ZS\,(-1) \cdot Z3S2/100$$

Die Formel setzt sich aus der relativen Adresse ZS (–1) und der absoluten Adresse Z3S2 zusammen. Nur so kann sie problemlos in die unteren Zellen der Spalte zwei kopiert werden. Die Restschuld wird jeweils von der geänderten Zeilenposition übernommen, während für den Zinsfuß stets der Betrag in der Zelle Z3S2 verwendet wird.

Die Tilgung läßt sich mit folgender Formel berechnen:

$$\text{Rate} - \text{Zins bzw.}$$
$$Z2S2 - ZS\,(-1)$$

Der sich monatlich ändernde Zinsbetrag (daher relativ adressiert) wird stets vom Ratenbetrag in Zelle Z2S2 (daher absolut adressiert) abgezogen und ergibt die monatliche Tilgung. Die Zahlen der einzelnen Monate können in der Zelle Z8S4 durch die Formel

$$Z(-1)S + 1$$

automatisch erzeugt werden. Diese relativ adressierte Formel wird entsprechend oft nach unten kopiert.

Bei der Adressierung von Zellen gibt es eine wichtige Unterscheidung: Felder können relativ oder absolut adressiert werden. Formeln, die außer Konstanten und mathematischen Verknüpfungen auch noch Feldadressen enthalten, können gemischt (relativ und absolut) adressiert sein.

Absolute Adressierung

Bei der absoluten Adressierung werden die Feldadressen eindeutig durch die Angabe der Zeilen- und Spaltenposition definiert, z.B. Zeile 4, Spalte 6, oder in der Schreibweise eines Tabellenkalkulationsprogramms: Z4S6. Unabhängig davon, wo eine Formel steht, wird bei der Berechnung immer auf dasselbe Feld in der vierten Zeile und der sechsten Spalte zurückgegriffen.

Bei einigen Tabellenkalkulationsprogrammen werden die Spalten mit Buchstaben, die Tabellen-Zeilen mit Ziffern markiert. Die Feldadresse nennt hier die Spalte zuerst, z.B. B5. Die Spalte B entspricht der zweiten Spalte einer Tabelle. Um die Zelle als absolut zu definieren, muß jeweils ein Dollar-Zeichen vorangestellt werden, z.B. B5. Ohne Dollarzeichen wäre die Zelle relativ adressiert.

Relative Adressierung

Möchte man Formeln mehrfach an verschiedenen Stellen einer Tabelle verwenden und nicht jedesmal neu schreiben, benutzt man die relative Adressierung. Hier erfolgt die Angabe der Adresse nicht durch eine genaue Zeilen- und Spaltennummer, sondern durch einen relativen Bezug zum Ausgangspunkt, z.B. Z(-2)S3.

Die Zeilen- und Spaltenangaben enthalten demnach Informationen über die Zeilen- und Spaltenentfernungen vom Ausgangsfeld, in dem das Ergebnis stehen soll. Beispielsweise bedeutet Z(-2)S3, daß das Formelfeld auf die Zahl zugreift, die sich zwei Zeilen darüber [Z(-2)] und drei Spalten rechts [S3] vom Ergebnisfeld befindet. Stehen Z und S alleine, d.h. ohne negative oder positive Zahl, so beziehen sie sich auf dieselbe Zeile bzw. Spalte.

Die Position des adressierten Feldes hängt also von der Lage des Formelfeldes ab, wobei die relative Lage der beiden Felder zueinander gleich bleibt.

Kopiert man eine Formel, die relative Adressen enthält, in ein anderes Feld, paßt sie sich automatisch den veränderten Spalten- und Zeilenpositionen an.

5.4 Einsatzmöglichkeiten von Tabellenkalkulationsprogrammen

Tabellenkalkulationsprogramme können Daten aus Datenbanken einlesen, weiterverarbeiten und Neuberechnungen durchführen. Mit entsprechenden Schnittstellen zu Grafikprogrammen, wie z.B. CHART, oder integrierten Softwarepaketen (z.B. FRAMEWORK III) können die Zahlen anschaulich in Balken-, Kreis-, Linien-, Flächendiagrammen o.ä. dargestellt werden.

An einem weiteren Beispiel, diesmal aus dem kaufmännischen Rechnungswesen, wird nochmals die sachlogische Tabellenstruktur gezeigt und der Aufbau der Formeln veranschaulicht. Die einführende Aufgabe besteht darin, zunächst einmal die Tabellenarchitektur für eine Großhandelskalkulation zu entwickeln. Ausgehend vom Einkaufspreis soll der Verkaufspreis einer Ware ermittelt werden. Die im Kalkulationsschema eingetragenen Werte sind als Planzahlen (Variablen) zu betrachten und können vom Anwender je nach Aufgabenstellung ausgetauscht werden, ohne daß sich dabei die Tabellenstruktur ändern darf.

Das Kalkulationsschema beansprucht im Beispiel 24 Zeilen, 4 Spalten und enthält folgende Plandaten:

- den Einkaufspreis als variable Ausgangsgröße und
- die variablen Prozentsätze.

	1	2	3	4
1	Einkaufspreis			400,00 DM
2	– Lieferrabatt	25%	v.H.	Formel 1
3				
4	Zieleinkaufspreis			Formel 2
5	– Lieferskonto	3%	v.H.	Formel 3
6				
7	Bareinkaufspreis			Formel 4
8	+ Bezugskosten			50,00 DM
9				
10	Einstandspreis			Formel 5
11	+ Handlungskosten	20%	v.H.	Formel 6
12				
13	Selbstkosten			Formel 7
14	+ Gewinn	10%	v.H.	Formel 8
15				
16	Barverkaufspreis			Formel 9
17	+ Kundenskonto	2%	i.H.	Formel 10
18	+ Vertreterprovision	3%	i.H.	Formel 11
19				
20	Zielverkaufspreis			Formel 12
21	+ Kundenrabatt	10%	i.H.	Formel 13
22				
23	Verkaufspreis			Formel 14
24				

Bild 5.5 Kalkulationsschema

Formel 1:
Die Formel 1 in Z2S4 läßt sich verbal wie folgt beschreiben: Der Zahlenwert im Ergebnisfeld Z1S4 wird mit der Zahl im Feld Z2S2 multipliziert und durch 100 dividiert. Die Formel in der absoluten Adressierung lautet entsprechend:

$$Z1S4 * Z2S2 / 100$$

Formel 2:
Der Wert im Ergebnisfeld Z4S4 berechnet sich durch Addition der beiden Zahlen in den Feldern Z1S4 und Z2S4. Die Formel in der absoluten Adressierung lautet:

$$Z1S4 + Z2S4$$

Betrachtet man die beiden folgenden Formeln drei und vier genauer, dann fällt auf, daß sie dieselben Zeilen- und Spaltenentfernungen aufweisen wie die Formel eins und zwei. Würde man die Formel 1 in das Feld der Formel 3 und die Formel 2 in das Feld der Formel 4 kopieren, wäre das Ergebnis aufgrund der absoluten Adressierung falsch, da die Formeln bei der Berechnung auf die fest angegebenen Adressen zurückgreifen.

Erstellt man jedoch die Formeln mit der relativen Adressierung, werden beim Kopieren die Feldadressen automatisch vom Tabellenkalkulationsprogramm angepaßt.

Die Formeln mit der relativen Adressierung lauten:

$$\text{Formel 1: } Z(-1)S * ZS(-2) / 100$$
$$\text{Formel 2: } Z(-3)S - Z(-2)S$$

Cursor-Methode

Eine sehr einfache Methode, Formeln mit relativer Adressierung vom System generieren zu lassen, ist die sogenannte Cursor-Methode. Hierzu stellt man den Feldzeiger zunächst auf das Ergebnisfeld und aktiviert anschließend den Befehl, mit dem eine Formel in die Ergebniszelle eingegeben werden kann. (Bei MULTIPLAN ist dies z.B. der Befehl WERT.)

Man steuert dann in der sachlogischen Reihenfolge der entsprechend erforderlichen mathematischen Rechenoperation mit den vier Richtungstasten die Felder an, die mathematisch miteinander verknüpft werden müssen. Auf dem linken unteren Bildschirmrand kann man dabei die automatische Generierung der Formel mitverfolgen.

Nach Fertigstellung der Formel und der anschließenden Bestätigung mit der Eingabe-Taste wird die Berechnung sofort durchgeführt und das Resultat auf dem Ergebnisfeld angezeigt. Gibt man in der Tabelle andere Planungsdaten ein, erfolgt automatisch eine Werte-Veränderung in den betroffenen Feldern.

Die Formeln eins und zwei können nun in die Felder Z5S4 und Z7S4 kopiert werden, da sich die relative Lage der Spalten und Zeilen zum Ergebnisfeld nicht ändert.

Ferner entsprechen sich die Formeln 5, 7 und 9:

$$\text{Formel 5: } Z(-3)S + Z(-2)S$$
$$\text{Formel 7: } Z(-3)S + Z(-2)S$$
$$\text{Formel 9: } Z(-3)S + Z(-2)S$$

Ebenso sind die Formeln 6 und 8 identisch mit den Formeln 1 und 3:

Formel 7: Z(–1)S * ZS(–2) / 100
Formel 9: Z(–1)S * ZS(–2) / 100

Somit konnten aufgrund der relativen Adressierung die ursprünglich neun Formeln auf drei reduziert werden:

Formeln 1 – 3 – 6 – 8:
Z(–1)S * ZS(–2) / 100
Formeln 2 – 4: Z(–3)S – Z(–2)S
Formeln 5 – 7 – 9: Z(–3)S + Z(–2)S

Bei der Prozentrechnung im Hundert (i. H.) muß man vom verminderten Grundwert ausgehen. Dabei ist zu beachten, daß der Kundenskonto und die Vertreterprovision jeweils vom selben verminderten Grundwert zu berechnen sind. Bei der Formelerstellung zeigt sich spätestens hier der vorteilhafte Einsatz der Cursor-Methode:

Formel 10:
Z(–1)S * ZS(–2) / (100 – ZS(–2) – Z(+1)S(–2))
Formel 11:
Z(–2)S * ZS(–2) / (100 – ZS(–2) – Z(–1)S(–2))

Die restlichen Formeln lauten entsprechend:

Formel 12: Z(–4)S + Z(–3)S + Z(–2)S
Formel 13: Z(–1)S * ZS(–2) / (100 – ZS(–2))
Formel 14: Z(–3)S + Z(–2)S

Durch die Methode der relativen Adressierung konnte die Großhandelskalkulation mit ursprünglich vierzehn Formeln auf eine Tabelle mit acht Formeln reduziert werden.

Ein weiterer Vorteil kommt noch hinzu, wenn man aufgrund verschiedener Angebote das Kalkulationsschema nach rechts kopieren und damit erweitern möchte. Alle bereits erstellten Formeln können aufgrund der relativen Adressierung problemlos in die entsprechenden Zellen kopiert werden.

Aufgaben

A 5.1 (zu 5.1)
Beschreiben Sie den Aufbau einer elektronischen Rechentabelle.

A 5.2 (zu 5.1)
Für welche Aufgabenbereiche läßt sich ein Tabellenkalkulationsprogramm besonders gut einsetzen?

A 5.3 (zu 5.1)
Was versteht man unter einer Feldadresse?

A 5.4 (zu 5.1)
Beschreiben Sie den Aufbau einer Formel in einem Tabellenkalkulationsprogramm.

A 5.5 (zu 5.2)
Stellen Sie im Handbuch fest, wie Sie Ihr Tabellenkalkulationsprogramm starten und beenden. Notieren Sie sich die Befehlsfolgen und prägen Sie sich diese ein. (Anm.: Für diejenigen, die kein Handbuch besitzen, entfällt die Aufgabe)

A 5.6 (zu 5.2.1 und 5.2.2)
Erklären Sie die Begriffe Befehls- und Arbeitsbereich.

A 5.7 (zu 5.3.1)
Wie nennt man die kleinste Einheit in einer Tabelle und wie können Sie diese ansprechen?

A 5.8 (zu 5.3.1)
Welche Werte dürfen in ein Feld eingegeben werden?

A 5.9 (zu 5.3.2)
Welche Art der Adressierung paßt sich beim Kopiervorgang automatisch den veränderten Zeilen- und Spaltenpositionen an?

A 5.10 (zu 5.4)
Erstellen Sie in der Kollegstunde mit einem Tabellenkalkulationsprogramm die Großhandelskalkulation aus dem Kapitel 5.4.

5.11 (zu 5.4)
Erweitern Sie die Aufgabe 5.10 so, daß Sie drei Angebote mit unterschiedlichen Plandaten miteinander vergleichen können.

6. Datenbank I

VOR DER SENDUNG

In dieser Sendung wird ein weiteres Software-Werkzeug, ein relationales Datenbanksystem, vorgestellt. Datenbanksysteme sind leistungsfähige und flexible Datenverwaltungsprogramme, die für die unterschiedlichsten Aufgaben in Klein-, Mittel- und Großunternehmen sowie in der öffentlichen Verwaltung oder gar im privaten Bereich eingesetzt werden können.

Relationale Datenbanksysteme verwalten Informationen in gleich strukturierten Datensätzen, ordnen und speichern sie in Tabellen (Relationen). Diese Form der Datenorganisation kann sehr einfach und beliebig oft an veränderte Verknüpfungs- und Auswertungsanforderungen angepaßt werden.

Um mit einem Datenbanksystem arbeiten zu können, muß man sich nicht mit der Komplexität und Vielseitigkeit des Datenbank-Tools auseinandersetzen. Vielmehr führt der Dialog-Modus mit zahlreichen Hilfsfunktionen durch das System.

Solche Datenbanksysteme bestehen aus einer Vielzahl von einzelnen Programmen und haben die Aufgabe, Informationen zu ordnen und dem Anwender zur Verfügung zu stellen. Sie lösen damit die Probleme der Mehrfachspeicherung von Daten und differierender Dateiinhalte. Der Anwender kann mit Hilfe verschiedener Abfragefunktionen nach Belieben Auswertungskriterien erzeugen und sich eine Datei, die diese Kriterien erfüllt, auf dem Bildschirm ausgeben oder in eine neue Datei auf einem externen Speicher kopieren lassen.

Die Sendung zeigt an einem einfachen Beispiel den Aufbau und das Arbeiten mit einer relationalen Datenbank. In der Praxis finden sich vielschichtige Aufgabenbereiche, die sich durch den Einsatz eines Datenbanksystems lösen lassen: Betriebliche Daten können erfaßt, verknüpft und ausgewertet werden. Planungs- und Kalkulationsaufgaben, einschließlich einer automatisierten Angebots- und Rechnungsschreibung, erleichtern Verwaltungsaufgaben und unterstützen die Buchhaltung.

Lernziele

6.1 Datenbanksysteme stellen elektronische Karteikästen dar. Sie verwalten große Datenmengen, die jederzeit verändert, ergänzt oder gelöscht werden können.

6.1.1 Datenbanksysteme vermitteln Daten zwischen dem Anwender und dem Speicher eines Rechners.

6.1.2 Der Aufbau einer Datei erleichtert das Auffinden von Informationen.

6.2 Handhabung einer Datenbank

6.2.1 Datenbanksysteme erzeugen beim Anlegen einer Datei eine Tabelle.

6.2.2 Um mit einer Datei arbeiten zu können, muß diese zuerst geöffnet werden. Erst dann kann man Datensätze auf dem Bildschirm ausgeben.

6.2.3 Eine Datei „updaten" heißt, Daten in einer Datei zu suchen, diese zu ändern oder neue Daten zu erfassen.

6.2.4 Datensätze in einer Datei können mit einer Selektionsbedingung ausgewählt und mit Hilfe der Projektion die gewünschten Attribute ausgegeben werden.

NACH DER SENDUNG

6.1 Das Datenbanksystem als elektronischer Karteikasten

In den Anfängen der Büroorganisation wurden Informationen in Bücher übernommen und später durch das Lose-Blatt-Verfahren in Karteikästen gesammelt. Das Speichern in Karteikästen war praktisch: Es bot die Möglichkeit, aus Archiven über irgendwelche Objekte, seien es Filme, Bücher, Tonbänder, Gerichtsurteile, Waren oder auch Personen, Informationen zu finden.

Ohne Zweifel sind Karteien komfortable Werkzeuge zur Informationsverwaltung. Doch erst die Übertragung und damit die Speicherung auf Datenträger für EDV-Anlagen machte es möglich, die ständig wachsenden Informationsfluten sicherer und weitaus schneller zu bearbeiten und zu verwalten. Datenbanksysteme erlauben die Speicherung und Verwaltung großer Datenmengen, ganz gleich, ob es sich dabei um die Datenbanken der Großrechner handelt oder mit einem PC erfaßte Datenbestände.

Die großen Datenmengen, die in den Büros aller Unternehmen anfallen, können mit Hilfe eines Computers und eines Datenbanksystems erfaßt, gepflegt und ausgewertet werden. Man kann die einmal erfaßten Informationen nach bestimmten Kriterien durchsuchen, verändern, ergänzen oder löschen.

Datenbanksysteme können mehrere Dateien unterschiedlicher Aufgaben- und Sachgebiete verwalten. Dabei ist es möglich, verschiedene Informationen mit Hilfe von Befehlsschlüsseln zu verknüpfen und damit auszuwerten.

Datenbanksysteme verwenden für die Eingabe von Daten anstelle von Papierkarten Bildschirmmasken. Die Gestaltung dieser Masken kann der Anwender selbst vornehmen. Menügeführt legt er fest, welche Eingabefelder für seine Aufgabe erforderlich sind.

Die in den folgenden Kapiteln aufgeführten Befehle beziehen sich alle auf das Datenbanksystem dBASE. Bei anderen Systemen lauten die Befehle ähnlich, die Bedeutung ihrer Grundfunktionen ist jedoch in jedem Fall identisch.

6.1.1 Datenbanksysteme verwalten Informationen

Ein Datenbanksystem vermittelt Informationen zwischen dem Anwender und den Speichern des Rechners, in dem die Daten abgelegt sind. Hierzu bietet es verschiedene Dienste an, wie z. B. das Auslesen, Speichern, Sortieren, Selektieren und Kopieren von Daten. Der Anwender braucht nicht zu wissen, wie das Datenbanksystem die Daten findet, sondern nur, wie der Befehl zur Informationsgewinnung lautet.

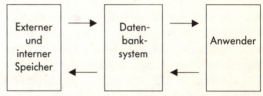

Bild 6.1 Das Datenbanksystem als Vermittler zwischen dem Anwender und den Speichern

6.1.2 Aufbau einer Datei

Die Struktur der Speicherung von Informationen beim Karteikasten und bei einer EDV-Anlage unterscheiden sich kaum. Bei beiden Systemen sind die gespeicherten Informationen so geordnet, daß sie leicht aufzufinden sind.

Am Modell einer kleinen Telefonkartei soll der Aufbau einer Datei erklärt werden. Sie enthält Daten, z. B. Name, Vorname und Telefonnummer, die auf einzelnen Karteikarten gespeichert werden. Jede davon weist dieselbe Struktur auf.

1. Karteikarte	Huber	Franz	33 44 22
2. Karteikarte	Müller	Birgit	46 19 12
3. Karteikarte	Müller	Fritz	16 25
4. Karteikarte	Weiß	Clara	20 51 43

Bild 6.2 Aufbau einer Telefonkartei

Jede Karteikarte enthält die Eigenschaften eines Objekts. Beispielsweise trägt das der ersten Karteikarte den Namen *Huber*, den Vornamen *Franz* und die Telefonnummer *33 44 22*.

Eine solche Sammlung von Eigenschaften eines bestimmten Objektes, nennt man in der Datenverarbeitung **Datensatz.** Somit kann man auch sagen, daß eine Datei eine Sammlung von Datensätzen ist.

Satzstruktur

Ein Datensatz enthält Informationen, die eindeutig definiert und strukturiert sind. Er speichert die Eigenschaften eines Gegenstandes. Dabei werden nur solche behalten, die den Anwender interessieren könnten. (In der Telefondatei sind beispielsweise nicht die Straße, die Postleitzahl oder der Wohnort enthalten.)

Diese Eigenschaftskategorien nennt man die **Attribute** des Datensatzes, wobei jedes davon verschiedene Werte annehmen kann. Die Attribute werden in je einem Datenfeld gespeichert. Damit liegt die Struktur der Datei fest.

Die vollständige Datei hat die Struktur einer Tabelle. In den einzelnen Zeilen stehen die Datensätze. Diese bestehen in unserem Beispiel jeweils aus drei Datenfeldern. Jede Spalte der Tabelle ist für ein bestimmtes Attribut vorgesehen, hier Name, Vorname und Telefonnummer. In den einzelnen Datenfeldern stehen die Werte der einzelnen Attribute.

Datenfelder	Attribute		
	Name	Vorname	Telefon
1. Datensatz	Huber	Franz	33 44 22
2. Datensatz	Müller	Birgit	46 19 12
3. Datensatz	Müller	Fritz	16 25
4. Datensatz	Weiß	Clara	20 51 43

Bild 6.3 Eigenschaftskategorien (Attribute) der Datensätze einer Datei

6.2 Handhabung einer Datenbank

6.2.1 Erstellen einer Datei

Möchte man mit einem Datenbanksystem eine neue Datei anlegen, muß man zuerst eine entsprechende Datei erzeugen und dieser einen Namen geben. Nur so kann man sie später wieder auf einem externen Datenspeicher finden.
Das Datenbanksystem konstruiert diese Tabelle selbständig. Man muß als Anwender lediglich die Attribute für die einzelnen Spalten eingeben, den Feldtyp (z. B. Buchstaben oder Zahlen) bestimmen und die maximale Länge (Anzahl) der Zeichen für die entsprechenden Datenfelder angeben. Beim Datenbanksystem dBASE lautet beispielsweise der Befehl zum Anlegen einer Datei CREATE.

Nachdem der Befehl eingegeben und der neuen Datei ein Name zugewiesen wurde (hier z.B. *Telefon*), bietet das Datenbanksystem auf dem Bildschirm eine Schablone an, in der der Reihe nach die Namen der Attribute bzw. Spalten, der Feldtyp, die Feldlänge und evtl. die Anzahl der Dezimalstellen eingegeben werden.

Nachdem die Feldlänge eingegeben wurde, bietet das System die Schablone für das nächste Attribut an. Sind alle benötigten Attribute eingegeben, so ist die Struktur der Datei angelegt und muß vom Anwender abgespeichert werden. Beim Datenbanksystem dBASE erfolgt das Speichern mit der Tastenkombination <Strg> + <Ende> bzw. <Ctrl> + <End>.

Nach dem Speichervorgang meldet sich das System mit der Frage, ob der Anwender Datensätze eingeben möchte. Beantwortet er die Frage mit „ja", erscheint auf dem Bildschirm die Eingabemaske mit den zuvor festgelegten Feldnamen. Nun sind nur noch die Werte für die einzelnen Attribute einzutragen. Sind diese komplett, bringt das System die Maske für den nächsten Datensatz.

```
                                              Restliche Bytes:    4000

   ┌─────────────────────┬─────────────────┬─────────────────┬──────────────────────┐
   │ CURSOR : <-  ->     │ Einfügen        │ Löschen         │ Feld auf     : ↑     │
   │ Zeich. :  ←   →     │ Zeich. : Ins    │ Zeich. : Del    │ Feld ab      : ↓     │
   │ Wort   : Home End   │ Feld   : ^N     │ Wort   : ^Y     │ Ende/Sichern : ^End  │
   │ Spalte : ^← ^→      │ HILFE  : F1     │ Feld   : ^U     │ Abbruch      : Esc   │
   └─────────────────────┴─────────────────┴─────────────────┴──────────────────────┘
      Feldname     Typ       Länge    Dez        Feldname     Typ       Länge    Dez

   1 ▆▆▆▆▆▆▆     Zeichen   ▆▆▆▆▆   ▆▆▆
```

Erklärung der Bezeichnungen:

Feldname
Hier muß das gewünschte Attribut eingetragen werden, z.B. der Name.

Feldtyp
Hier muß ausgewählt werden, ob es sich um alphanumerische Zeichen (Buchstaben, Ziffern und Sonderzeichen) oder um Zahlen handelt. Datenbanksysteme bieten dem Anwender mehrere Möglichkeiten für unterschiedliche Feldtypen an, z.B. Zeichenfelder, numerische Felder, logische Felder, Datumsfelder, Memo-Felder für beliebige Textlängen.

Feldlänge
Hier bestimmt man die Eingabelänge der Attribute, d.h. wie viele Zeichen man später bei der Datenerfassung eingeben kann. Bei numerischen Feldern kann zusätzlich die Anzahl der Dezimalstellen festgelegt werden.

Bild 6.4 Bildschirmschablone mit der Hilfemaske zur Bestimmung der Satzstruktur

```
                                              Restliche Bytes:    4000

   ┌─────────────────────┬─────────────────┬─────────────────┬──────────────────────┐
   │ CURSOR : <-  ->     │ Einfügen        │ Löschen         │ Feld auf     : ↑     │
   │ Zeich. :  ←   →     │ Zeich. : Ins    │ Zeich. : Del    │ Feld ab      : ↓     │
   │ Wort   : Home End   │ Feld   : ^N     │ Wort   : ^Y     │ Ende/Sichern : ^End  │
   │ Spalte : ^← ^→      │ HILFE  : F1     │ Feld   : ^U     │ Abbruch      : Esc   │
   └─────────────────────┴─────────────────┴─────────────────┴──────────────────────┘
      Feldname     Typ        Länge    Dez       Feldname     Typ       Länge    Dez

   1 NAME         Zeichen     15
   2 VORNAME      Zeichen     10
   3 TELEFON      Numerisch   10
```

Bild 6.5 Bildschirmschablone mit allen Attributen

6.2.2 Ausgabe von Dateien

Öffnen einer Datei

Um mit einer bereits vorhandenen Datei arbeiten zu können, muß diese zuvor geöffnet, d. h. aktiviert werden. Dies geschieht mit dem Befehl USE. Damit das Datenbanksystem auch weiß, mit welcher Datei es arbeiten soll, muß man hinter dem Befehl USE noch den Dateinamen (in unserem Beispiel lautet er *Telefon*) angeben.

Ausgabe von Datensätzen

Die Ausgabe von Datensätzen auf dem Bildschirm kann auf mehrere Arten erfolgen:
- in Tabellenform (ohne Korrekturmöglichkeit) durch den Befehl DISPLAY ALL,
- in Tabellenform (ohne Korrekturmöglichkeit) durch den Befehl LIST,
- in Tabellenform (mit Korrekturmöglichkeit) durch den Befehl BROWSE,
- in Form der Eingabemaske (mit Korrekturmöglichkeit) durch den Befehl EDIT.

Satz-Nr.	5
TITEL	Herrn
NAME	Geuer
VNAME	Hasso
STR NR	Sternstr. 6
PLZ ORT	7900 Ulm
TELEFON	16574
GEBURTSTAG	10.01.50

Bild 6.6 Ausgabe in Maskenform:
Die Attribute stehen untereinander

TITEL	NAME	VNAME	STR NR	PLZ	ORT
Herrn	Haarmann	Kurt	Zugweg 6	7900	Ulm
Herrn	Haffner	Ludwig	Stiftsstr. 6	7900	Ulm
Frau	Dewin	Dagmar	Sendestr. 15	7900	Ulm
Frau	Eggerth	Marta	Bergweg 6	7900	Ulm
Herrn	Geuer	Hasso	Sternstr. 6	7900	Ulm
Frau	Ewald	Eva	Herzogweg 4	7900	Ulm
Herrn	Haufe	Frank	Grafstr. 8	7900	Ulm

Bild 6.7 Ausgabe in Tabellenform:
In der ersten Zeile stehen die Namen der Attribute – genau wie in einer Tabelle.

Man kann sich die Datensätze auch einzeln mit dem Befehl EDIT in einer übersichtlichen Form auf dem Bildschirm ausgeben lassen. Jetzt stehen die Attribute als Legende vor den Feldern. Diese Darstellung hat allerdings den Nachteil, daß nicht mehrere Datensätze gleichzeitig gesehen werden können. Mit den Tasten Bild-Pfeil-oben (Page Up) oder Bild-Pfeil-unten (Page Down) kann man bequem in der Datei vor- und zurückblättern und gegebenenfalls auch noch Korrekturen vornehmen.

Unterschiede zwischen den Befehlen DISPLAY ALL und LIST

Der Befehl DISPLAY ALL hält die Bildschirmanzeige nach 20 Datensätzen solange an, bis eine Taste gedrückt wird. Dies ist vor allem bei größeren Dateien sinnvoll.
Der Befehl LIST gibt dagegen die Datensätze ohne Ausgabepause aus. Die Ausgabe kann nur mit der Tastenkombination CTRL-S angehalten und weitergeführt werden.
Längere Datensätze werden bei beiden Befehlen jeweils in der Folgezeile fortgesetzt.

6.2.3 Bearbeiten von Dateien

Suchen von Daten

Eine Datei bringt keinen Nutzen, wenn sie nicht stets aktuell, d. h. „up to date" ist. Der Anwender muß deshalb jederzeit bestehende Daten leicht ändern können, um sie auf dem neuesten Stand zu halten. Man spricht dabei auch von „Updaten".

Um jedoch Änderungen durchführen zu können, muß die Datei zuerst aktiviert, d. h. geöffnet werden. Dann erst kann nach dem betreffenden Attribut gesucht werden. Angenommen, man möchte in der Datei *Adressen* auf das Attribut *Weiß* zugreifen. Dann teilt man dem Datenbanksystem mit, daß es den Datensatz mit dem Attribut „Weiß" suchen soll. Findet das System das angegebene Attribut, soll der Datensatz in Maskenform zur Änderung ausgegeben werden.

Folgender Befehl führt beispielsweise zum gewünschten Ergebnis:

        EDIT FOR Name = „Weiß"

Ändern von Daten

Das System zeigt auf dem Bildschirm den Datensatz von Frau Clara Weiß in Maskenform zur Änderung oder Aktualisierung (z. B. der Telefonnummer) an. Mit dem Komfort eines Textverarbeitungssystems kann nun der Wert des Attributes *Telefon* editiert werden.

Möchte man die Änderungen lieber in der Tabellenform eintragen, ruft man den Befehl BROWSE auf und blättert die Datei mit den Pfeil- bzw. Bild-oben-Bild-unten-Tasten bis zum gesuchten Attribut durch.

Daten erfassen im Dialog

Mit dem Befehl APPEND können an eine zuvor mit USE geöffnete Datei neue Datensätze über die Tastatur eingegeben und erfaßt werden. Das System meldet sich mit der bereits bekannten Eingabemaske.

Mit der Funktionstaste F1 kann man wahlweise das Hilfsmenü ein- oder ausblenden. Es zeigt die wichtigsten Informationen zur Steuerung der Cursor- und einiger Kontrollfunktionen.

Schließen einer Datei

Nach dem Arbeiten mit einer Datei muß diese ordnungsgemäß wieder geschlossen werden. Dafür gibt man den Befehl USE ohne Angabe des Dateinamens ein. Nur so geht man sicher, daß bei einem unsachgemäßen Ausstieg aus dem Datenbanksystem eventuell Daten verlorengehen.

6.2.4 Arbeiten in Dateien

Nicht immer ist es erwünscht, daß auf dem Bildschirm die vollständige Datei mit allen Attributen angezeigt wird. Mit Hilfe der Selektion und der Projektion können nur die gewünschten Zeilen und/oder Spalten zur Anzeige gebracht werden. Dies ist besonders bei großen Dateien mit vielen Attributen sinnvoll.

Selektion

Mit Hilfe der Selektion ist es möglich, aus einer aktiven Datei eine Auswahl zu treffen. Damit kann der Anwender einen oder mehrere Datensätze auswählen. Voraussetzung dafür ist, daß der Ausgabebefehl mindestens eine Bedingung enthalten muß.

Aus der in der Sendung gezeigten Tennisdatei *Tclub* könnte man beispielsweise alle Mitglieder auflisten, die ihre Clubbeiträge noch nicht bezahlt haben. Die Selektionsbedingung hierzu lautet:

        DISPLAY FOR Beitrag 2 > 0

Die Selektionsbedingung beginnt mit FOR, dann kommt das Attribut und der Wert des Attributs. Diese beiden Angaben müssen durch einen relationalen Operator verknüpft werden.

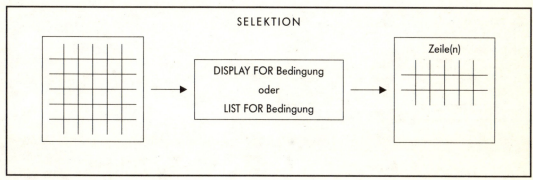

Bild 6.8 Selektion von Datensätzen

```
. DISPLAY ALL FOR Beitrag 2 > 0
Satznummer     TITEL    NAME           VNAME        STR NR                      PLZ    ORT
         TELEFON    GEBURTSTAG  EINDAT    BEITRAG 2   BEITRAG 1   BEITRAG 0   GRUPPE   RANG
    46         Frl.     Appel          Ulrike       Kurzstr. 18                 7900   Ulm
          28796         30.10.14   20.05.76       100         100         100     J       92
    60         Frau     Audehm         Nora         Rütgerweg 17                7900   Ulm
          34153         12.05.29   07.07.79       300         300         300     N       21
    69         Frau     Estel          Rosa         Uhlandweg 16                7900   Ulm
          36271         28.08.26   22.02.84       300         300         300     N       79
    76         Herrn    Overcamp       Otto         Michelsweg 21               7900   Ulm
          45007         26.04.15   22.08.22       300         300         300     N       44
    81         Herrn    Mell           Erich        Zwergstr. 34                7900   Ulm
          46345         05.11.06   15.03.23       300         300         300     N      130
    83         Frau     Kern           Nora         Ronstr. 34                  7900   Ulm
          47897         23.05.29   16.10.79       300         300         300     N       65
```

Bild 6.9 Selektierte Datei

Die relationalen Operatoren setzt man u. a. bei der Verknüpfung von Zeichen- und numerischen Komponenten ein. Es ist darauf zu achten, daß die miteinander verknüpften Teile vom gleichen Datentyp sind. Zeichenkomponenten sind dabei in doppelte Anführungszeichen zu setzen, numerische dagegen nicht (z. B. Name = „Estel", Beitrag 2 > 0).
Folgende relationalen Operatoren sind verfügbar:

=   gleich
\>   größer als
<   kleiner als
<>   ungleich
<=   kleiner gleich
\>=   größer gleich

Soll zum Beispiel aus der Datei *Tclub* eine Liste erstellt werden, die alle Clubmitglieder enthält, die ihren vorletzten Jahresbeitrag noch nicht bezahlt haben, so lautet die Selektionsbedingung:

    DISPLAY ALL FOR Beitrag 2 > 0
    oder
    LIST FOR Beitrag 2 > 0

Auf dem Bildschirm erscheint eine Liste der selektierten Clubmitglieder. Sie ist jedoch recht unübersichtlich und verwirrend, da sämtliche Attribute angezeigt werden und die Ausgabe jeweils zwei Zeilen pro Datensatz beansprucht.

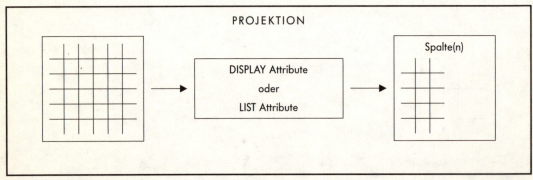

Bild 6.10 Projektion von Attributen

Projektion

Mit Hilfe der Projektion ist es möglich, die aktivierte Datei so auszubilden (zu transformieren), daß nur die vom Anwender bestimmten Attribute (Spalten, Datenfelder) ausgegeben werden.

Man gibt hierzu den Befehl DISPLAY und dann die Liste der Attribute ein. Die Reihenfolge der Attribute ist dabei unabhängig von der in der Dateistruktur. Möchte man beispielsweise in der Tennisclubdatei *Tclub* alle Datensätze anschauen, aber nur den Namen, Vornamen und die Telefonnummer, so lautet der Befehl zur Projektion:

    DISPLAY ALL Name, Vname, Telefon
    oder
    LIST Name, Vname, Telefon

Selektion und Projektion

Kombiniert man die Selektion und die Projektion, besitzt man alle Möglichkeiten, bestimmte Datensätze auszuwählen und mit den gewünschten Attributen auf dem Bildschirm abzubilden.

In der Datei *Tclub* interessiert doch zum Beispiel nur, wie die Mitglieder heißen, die den vorletzten Mitgliedsbeitrag bis heute noch nicht bezahlt haben. Der Zugriff auf die Datensätze und die benötigten Attribute geschieht durch folgenden Befehl:

    DISPLAY ALL Name, Vname, PLZ Ort,
    Beitrag 2 FOR Beitrag 2 > 0

```
. DISPLAY ALL  Name, Vname, PLZ Ort, Beitrag2 FOR Beitrag2 > 0
Satznummer    Name       Vname      PLZ Ort     Beitrag 2
    46        Appel      Ulrike     7900 Ulm      100
    60        Audehm     Nora       7900 Ulm      300
    69        Estel      Rosa       7900 Ulm      300
    76        Overcamp   Otto       7900 Ulm      300
    81        Mell       Erich      7900 Ulm      300
    83        Kern       Nora       7900 Ulm      300
    91        Pestka     Rudolf     7900 Ulm      300
   107        Ortlep     Jörg       7900 Ulm      800
   132        Nitz       Heike      7900 Ulm      300
   168        Renke      Else       7900 Ulm      100
   206        Tietze     Ingrid     7900 Ulm      300
   210        Zimmer     Gottlieb   7900 Ulm      300
```

Bild 6.11 Dateizugriff durch Selektion und Projektion

Aufgaben

A 6.1 (zu 6.1.2)
Beschreiben Sie den Aufbau einer Datei.

A 6.2 (zu 6.1.2)
Wie bezeichnet man die Sammlung von Eigenschaften eines bestimmten Objekts?

A 6.3 (zu 6.1.2)
Wie nennt man die Eigenschaftskategorien eines Datensatzes?
Worin werden diese gespeichert?

A 6.4 (zu 6.2)
Erstellen Sie in der Kollegstunde am PC mit dem an der Schule vorhandenen Datenbanksystem eine Adreßdatei mit dem Namen *Adressen*, die folgende Attribute enthält:
Name – Vorname – Straße – Postleitzahl – Ort – Telefon – Geburtsdatum.
Geben Sie fünf vollständige Adressen ein und speichern Sie die Datei.

A 6.5 (zu 6.2)
Geben Sie die Adressen auf dem Bildschirm
a) in Tabellenform ohne Korrekturmöglichkeit,
b) in Tabellenform mit Korrekturmöglichkeit,
c) in Maskenform mit Korrekturmöglichkeit aus.
Wie lauten die entsprechenden Befehle?

A 6.6 (zu 6.2.1)
Beim Anlegen einer Datei bieten Datenbanksysteme dem Anwender eine Schablone an, in der er die einzelnen Attribute der Datei bestimmen kann. Beschreiben Sie diesen Vorgang kurz.

A 6.7 (zu 6.2.3)
Welche Möglichkeiten bietet Ihnen ein Datenbanksystem, in einer Datei nach einem Datensatz zu suchen, um dort die Werte der Attribute zu ändern?

A 6.8 (zu 6.2.3)
Weshalb muß eine Datei nach der Bearbeitung wieder geschlossen werden?
Mit welchem Befehl können Sie die Datei schließen?

7. Datenbank II

VOR DER SENDUNG

Beim Arbeiten in Dateien werden häufig Operationen benötigt, die einen gezielten Zugriff auf gesuchte Informationen gestatten oder das Arbeiten mit Dateien erleichtern. Dadurch werden elektronisch gespeicherte Datenmengen für den Anwender transparent, da er sekundenschnell gezielt auf die für ihn wichtigen Informationen zugreifen kann.

Um den Bürger davor zu schützen, daß bei der Datenverarbeitung Angaben über seine Person, seine private Lebenshaltung und Konsumgewohnheiten (Kreditkarten der Kaufhäuser, Tankstellen, Gastronomie etc.) mißbraucht werden, trat am 1. Januar 1978 das Bundesdatenschutzgesetz in Kraft.
Jeder Mensch besitzt aufgrund seiner Menschenwürde und dem in Artikel 2 des Grundgesetzes gewährten Anspruch das Recht auf freie Entfaltung seiner Persönlichkeit.
Dieses Gesetz regelt u. a. die vier entscheidenden Phasen bei der Verarbeitung personenbezogener Daten, sichert dem Betroffenen Rechte zu und überträgt der speichernden Stelle die volle Verantwortung für die rechtmäßige Verarbeitung der Daten.

Um die Forderungen des Datenschutzes und der Pflege der Dateien zu erfüllen, ist es notwendig, logisch zusammengehörende Attribute in getrennten Dateien zu speichern. Eine vollständige Auswertung und Aktualisierung kann jedoch nur über gemeinsame Attribute erfolgen.

Lernziele

7.1   Es gibt verschiedene Möglichkeiten zur Bearbeitung von Daten in Dateien. Mit Hilfe der Selektion und der Projektion ist ein Zugriff zu jedem Datenelement möglich.

7.2   Der immer häufiger werdende Mißbrauch von Daten führte zur Verabschiedung des Bundesdatenschutzgesetzes. Es soll jeden Bürger davor bewahren, daß seine persönlichen Daten mißbraucht werden.

7.2.1   Schutzobjekt des BDSG sind nicht die Daten selbst, sondern die hinter ihnen stehende Person.

7.2.2   Personenbezogene Daten sind Einzelangaben zu den persönlichen oder sachlichen Verhältnissen einer natürlichen Person.

7.2.3   Die vier Phasen der Datenverarbeitung, die das BDSG regelt, sind: speichern, übermitteln, verändern und löschen.

7.2.4   Nach dem BDSG hat jeder Betroffene das Recht auf Auskunft über seine Daten, auf Wissen um die Datenspeicherung, auf Berichtigung falscher Daten, auf Sperrung und Löschung seiner Daten.

7.2.5   Die speichernde Stelle hat die Pflicht, das Datengeheimnis zu wahren und Maßnahmen zur Datensicherung zu treffen.

7.3   Operationen, die das Arbeiten mit Dateien erleichtern und unterstützen können mit verschiedenen Befehlsgruppen durchgeführt werden.

7.3.1   Aus einer Datei kann man mit ausgewählten Attributen durch Vorgabe einer Bedingung eine neue Datei erzeugen.

7.3.2   Das Ordnen einer Datei nach vorgegebenen Attributen erfolgt durch physikalisches und logisches Sortieren.

7.3.3   Durch Vorgabe einer Verknüpfungsbedingung lassen sich zwei bestehende Dateien in einer dritten zusammenfügen.

NACH DER SENDUNG

7.1 Bearbeiten von Daten in Dateien

In der Lektion 6 haben Sie folgende wichtigen Befehle zur Handhabung einer Datei kennengelernt:

Vorgang	Befehlsbeispiel
● Erstellen von Dateien	CREATE
● Ausgabe von Dateien in Tabellenform Maskenform	 LIST, BROWSE EDIT
● Bearbeiten von Dateien: Öffnen von Dateien Verändern von Daten Anfügen von Datensätzen	 USE BROWSE, EDIT APPEND
● Operationen in Dateien: Selektion Projektion	 DISPLAY FOR Bedingung LIST FOR Bedingung DISPLAY Attribute LIST Attribute

Dank der Tabellenstruktur einer Datei benötigt man für das Auffinden bestimmter Attribute nur zwei Operationen: die Selektion und die Projektion. Durch die Selektion kann man mit Hilfe einer Bedingung eine oder mehrere Zeilen, d. h. Datensätze, in einer Datei auswählen. Da diese Bedingung gewissermaßen die gewünschten Datensätze erschließt, nennt man sie auch **Schlüssel**. Wird durch einen Schlüssel höchstens ein Datensatz ausgewählt, bezeichnet man ihn als Hauptschlüssel. Durch die Projektion werden Spalten, d. h. die gewünschten Attribute eines Datensatzes, zur Ausgabe ausgewählt.

Beim Arbeiten in Dateien werden häufig beide Operationen benötigt. Dies hat zur Folge, daß man durch die Angabe der gewünschten Attribute und der geforderten Bedingung Zugriff zu jedem gewünschten Datenelement in der Datei hat.

Genau dies wollte der Lehrer in der Sendung erreichen: Der Rechner sollte ihm aus der Datei *Schueler* den Vornamen, Namen und die Klasse der Schüler anzeigen, welche die Bedingungen *Straße gleich Römerstraße, Geschlecht gleich männlich, Geburtsjahr zwischen 1976 und 1978* erfüllen.

Die folgende Kommandozeile führt die verknüpften Operationen aus:

DISPLAY ALL Vorname, Name, Klasse FOR geschlecht = „m"
    .AND.   YEAR (geburtstag) = 76
             .OR. YEAR (geburtstag) = 77
             .OR. YEAR (geburtstag) = 78
    .AND. Strasse = „Römerstr."

Als Ergebnis dieser verknüpften Operationen der Selektion und Projektion fand das Datenbanksystem in dem Fallbeispiel den Schüler *Bodo Fischer Klasse 7b*.

Speichernde Stellen, hier z. B. eine Schule, dürfen Schülerdaten zur Erfüllung ihrer Aufgaben speichern und entsprechend auswerten. Doch eine solche Auswertung wie die oben gezeigte gehört bestimmt nicht in den Aufgabenbereich einer Schule. Dieses Vorgehen wäre ein Mißbrauch und nach dem Datenschutzgesetz verboten.

7.2 Konsequenzen aus dem Umgang mit Dateien – das Bundesdatenschutzgesetz

Mehr über andere zu wissen, ist für den Menschen immer schon äußerst verlockend gewesen! Seit vielen Jahren versuchen Bürger und Politiker der totalen Transparenz des Menschen – der Schreckensvision von George Orwell – entgegenzuwirken.

Datenbanksysteme bilden oft den Schlüssel zu Daten von Personen. Spektakuläre Einbrüche in Datenbanken von Unternehmen öffnen ein neues Feld von Verbrechen: die Computerkriminalität. Auf verbotenen Pfaden gelangen Hacker in geheime Systeme vor. Selbst vor westlichen Datennetzen, wie beispielsweise den sensitiven NASA-Rechnern, machen die Datenreisenden nicht halt. Auch der persönlich adressierte, auf die jeweiligen Lebensumstände und Arbeitsbedingungen des Empfängers abgestimmte Werbebrief hat Hochkonjunktur.

Den Selektionsmöglichkeiten der maßgeschneiderten Kundendatei sind keine Grenzen gesetzt, vorausgesetzt, die Daten wurden von der betreffenden Person einmal preisgegeben und in einer Datei gespeichert. Beispielsweise können Privatadressen mit Datenbanksystemen nach folgenden Kriterien selektiert werden:

- soziodemographischen (Alter, Beruf, Geschlecht),
- geographischen (Bundesland, Ort, Ortsteil),
- Wohngebieten (gehoben, mittel, Stadtmitte, -rand, Industriegebiet),
- Gebäudetypen (Einfamilien-, Mehrfamilien-, Hochhaus).

Die moderne Technik der Datenverarbeitung enthält heute weitaus mehr technische Möglichkeiten der Informationsgewinnung und -weitergabe als früher. Der Umgang mit Dateien zieht daher Konsequenzen nach sich. Eine davon war die Forderung nach der Reglementierung des Umgangs mit personenbezogenen Daten, also der Forderung nach einem Datenschutzgesetz.
Das am 1. Januar 1978 mit seinen wesentlichen Teilen in Kraft getretene Bundesdatenschutzgesetz (BDSG) wurde notwendig, um den Bürger zusätzlich neben anderen Gesetzen davor zu schützen, daß bei der Datenverarbeitung Angaben über seine Person und seine private Lebenshaltung mißbraucht werden.

In Paragraph 5 des Bundesdatenschutzgesetzes heißt es:

(1) Den ... bei der Datenverarbeitung beschäftigten Personen ist untersagt, geschützte personenbezogene Daten unbefugt zu einem anderen als dem zur jeweiligen rechtmäßigen Aufgabenerfüllung gehörenden Zweck zu verarbeiten, bekanntzugeben, zugänglich zu machen oder sonst zu nutzen.

(2) Diese Personen sind bei der Aufnahme ihrer Tätigkeit nach Maßgabe von Absatz 1 zu verpflichten. Ihre Pflichten bestehen auch nach Beendigung ihrer Tätigkeit fort.

7.2.1 Schutzbedürftige Personen und Daten

Datenschutz ist Bürgerschutz. Schutzobjekt sind daher nicht die Daten selbst, sondern die dahinter stehende Person. Dabei ist zunächst festzustellen, welches Schutzbedürfnis überhaupt besteht. Wo hochbrisante und sensitive personenbezogene Daten verarbeitet werden – etwa bei Ehevermittlungs-Instituten, in Krankenhäusern, bei Versicherungen und Finanzverwaltungen, bei Geheimdienstbehörden und dem Bundeskriminalamt, bei der Flensburger Verkehrssünderdatei oder Versandhäusern ganz besonderer Art – sind andere Datensicherungsmaßnahmen zu treffen als dort, wo lediglich „gewöhnliche" Lieferanten-, Kunden- oder Personaldaten gespeichert sind.
Vor allem die Frage ist entscheidend, welche Gefahren für den Betroffenen bestehen, wenn die Daten vernichtet würden oder in falsche Hände kämen.

Die Feststellung, ob schutzwürdige Belange beeinträchtigt sind, kann man nicht allgemein beantworten. Dies erfordert in jedem Einzelfall das sorgfältige Abwägen zwischen dem von außen kommenden Informationsanspruch der Allgemeinheit und dem Interesse des einzelnen an der Geheimhaltung seiner Daten. Handelt es sich um Angaben zum wirtschaftlichen und sozialen Leben des einzelnen in der Gemeinschaft und seiner Beziehungen zur Umwelt, überwiegt mit großer Wahrscheinlichkeit der Anspruch auf Öffentlichkeit. Jedoch ist das Interesse des einzelnen schwerwiegender, sobald es sich um Daten zu seinem Privatleben, über seine persönlichen Eigenarten, seine Gefühle oder seine Gedanken handelt.

7.2.2 Personenbezogene Daten

Nach dem BDSG § 2(1) sind personenbezogene Daten Einzelangaben, die sich auf eine bestimmte natürliche Person beziehen und etwas über deren Verhältnisse aussagen. Diese Person ist nach der gesetzlichen Definition der sogenannte Betroffene. Geschützt sind einzelne Angaben zu einer Tatsache und zu **persönlichen oder sachlichen**

Verhältnissen der gemeinten Person.

Zu den persönlichen Verhältnissen gehören:
- Beziehungen zu Personen;
- persönliche Gegebenheiten und Kenntnisse des Betroffenen, wie z.B. Alter, Beruf, Familienstand, religiöse und politische Anschauung, Straftaten und Ordnungswidrigkeiten, Gesundheitszustand, akademischer Grad, Titel, Dienstgrad u.a.

Sachliche Verhältnisse sind:
- Beziehungen zu Sachen, wie z.B. Grundbesitz, Wertgegenstände;
- Vermögens- und Finanzlage.

Nicht geschützt ist jedes anonyme Datum, das ohne erkennbaren Bezug zu einer bestimmten Person bleibt. Dies sind vor allem
- statistische Daten;
- Werturteile, die andere für sich aus ihnen bekannten Aussagen über bestimmte Personen ziehen;
- Daten über Personengruppen, die ein gemeinsames Merkmal oder ein gemeinsames Ziel zusammenhält, z.B. Verein, Familie. Jedes einzelne Glied der Gruppe genießt aber den vollen Schutz seiner jeweiligen Privatsphäre.
- Daten über juristische Personen (Aktiengesellschaft);
- Betriebsdaten, die in Geschäftsberichten veröffentlicht werden (Publizitätsgesetz).

7.2.3 Datenverarbeitung nach dem BDSG

Das BDSG unterscheidet im § 2 (2) vier Phasen der Datenverarbeitung, unabhängig davon, ob die Daten manuell oder maschinell verarbeitet werden. Entscheidend ist die Tatsache, *daß* es personenbezogene Daten sind und nicht, *wie* diese verarbeitet werden.

Speichern

Unter Speichern versteht man die gesamte Tätigkeit vom ersten Sammeln von Daten bis zu ihrem dauerhaften Aufbewahren (Erfassen-Aufnehmen-Speichern) auf einem Datenträger bis zur weiteren Verwendung.

Übermitteln

Übermitteln bedeutet jede Tätigkeit (schriftlich, manuell oder maschinell) der Weitergabe oder Bekanntgabe von Daten an andere (natürliche oder juristische) Personen. Darunter fällt auch das Bereithalten von Daten zur Einsichtnahme an Dritte, d.h. an andere als die speichernde Stelle bzw. den Betroffenen selbst.

Verändern

Ein Verändern von Daten liegt vor, wenn bei einem Verarbeitungsschritt ein bereits vorhandenes Datum ganz oder teilweise durch ein anderes ersetzt, d.h. inhaltlich umgestaltet wird.

Löschen

Ein Löschen von Daten ist dann gegeben, wenn die gespeicherten Informationen so unkenntlich gemacht werden, daß ein Erkennen, Lesen oder Zugreifen nicht mehr möglich ist. Dies betrifft alle Vorgänge, die zur endgültigen Vernichtung des jeweiligen Datums führen.

7.2.4 Rechte des Betroffenen

Wenn der Staat ein Gesetz schafft, um Daten vor Mißbrauch zu schützen, und die Zulässigkeit der Datenverarbeitung regelt, so muß das Gesetz auch dem Bürger als Betroffenen bestimmte Rechte einräumen. Deshalb nennt das Bundesdatenschutzgesetz in § 4 die für den Bürger wesentlichen Rechte. Diese zusammenfassende Erklärung hat nur deklaratorischen Charakter, d.h. daß der Betroffene keinen tatsächlichen Anspruch für sich geltend machen kann. Die konstitutive (rechtsprechende) Wirkung dieser Bestimmungen regelt das BDSG erst in den Abschnitten zwei, drei und vier, in denen die Bedingungen und Voraussetzungen genannt sind, aufgrund derer der Betroffene seine Rechte fordern kann.

Das Recht auf Auskunft

Das Auskunftsrecht bildet den Grundpfeiler, auf dem alle weiteren Rechte des Betroffenen ruhen.

Der Bürger kennt meist die Daten, die bei öffentlichen Verwaltungen über seine Person gespeichert sind. Bei privaten Stellen ist er weit mehr auf bloße Vermutungen angewiesen. Oft erfährt er gar nicht, ob, wo, wann und welche Daten über ihn gespeichert und verarbeitet werden. Und somit kann er etwaige Rechte zur Überprüfung gar nicht nützen. Wenn aber der Betroffene weiß, wo Daten über ihn gespeichert sind, kann er darüber auch Auskunft einholen. Sein Begehren muß von der speichernden Stelle erfüllt werden.

Das BDSG regelt ferner in § 45 vorrangig die Verpflichtung zur Geheimhaltung bestimmter Amts- und Berufsgeheimnisse, z. B. über die Vorschriften zur Einsichtnahme in Personenstandsregister, Grundbücher oder über das ärztliche Berufsgeheimnis.

Das Recht auf Wissen um die Datenspeicherung

Der Betroffene muß benachrichtigt werden, wenn seine Daten erstmals gespeichert werden. Die Benachrichtigung sollte wegen der Beweiskraft schriftlich geschehen und wird zweckmäßigerweise in den allgemeinen Geschäftsbedingungen, Vertragsentwürfen, Schriftwechseln etc. fixiert.

Das Recht auf Berichtigung

Der Betroffene hat das Recht, die Berichtigung seiner Daten zu verlangen. Er hat einen grundsätzlichen Anspruch auf eine richtige Darstellung seines Lebens- und Persönlichkeitsbildes.
Den Nachweis zu einer Behauptung muß der Betroffene selbst erbringen. Kann er keinen Beweis für oder gegen die Richtigkeit des Datums liefern, kommt eine Berichtigung seitens der speichernden Stelle nicht mehr in Frage. Der Betroffene kann aber verlangen, daß das strittige Datum mit einem entsprechenden Vermerk versehen wird. Dieser Hinweis soll die speichernde Stelle für die Zukunft an jeder Weiterverarbeitung, insbesondere der Übermittlung dieses Datums hindern.

Das Recht auf Sperrung

Sperrung bedeutet, daß personenbezogene Daten von jeder weiteren Verarbeitung auszuschließen und besonders zu kennzeichnen sind. Daten mit einem Sperrvermerk dürfen nur noch beschränkt verarbeitet werden, z. B. zu wissenschaftlichen Zwecken oder bei einer Beweisnot. Den Grund für die Sperrung muß der Betroffene liefern.

Das Recht auf Löschung

Grundsätzlich hat der Betroffene das Recht auf eine vollständige Unkenntlichmachung seiner Daten, wenn für die Speicherung von vornherein keine Zulässigkeitsvoraussetzungen gegeben waren. Sind sie nachträglich weggefallen, kann er entweder die Löschung oder eine Sperrung der Daten bei der speichernden Stelle verlangen.

Der Betroffene kann seine Rechte gegebenenfalls vor dem zuständigen Verwaltungsgericht einklagen (§ 14, § 45).

7.2.5 Pflichten der speichernden Stelle

Es kommt nicht darauf an, wo Informationen gespeichert sind, sondern wer „Herr" dieser Daten ist. Der Staat oder das Unternehmen als speichernde Stelle ist im Sinne des BDSG „Herr" der zu schützenden personenbezogenen Daten. Diese Stellen tragen alleine die volle Verantwortung für die rechtmäßige Datenverarbeitung und den Schutz der Daten, also nicht die einzelne Fachabteilung oder ein einzelner Mitarbeiter.
Die speichernde Stelle ist verpflichtet, das Datengeheimnis zu wahren und muß Maßnahmen zur Datensicherung treffen, die in den „Zehn Geboten" des BDSG als Kontrollen verankert sind.

Wer bei der Verarbeitung geschützter Daten gegen die Bestimmungen des BDSG verstößt, muß mit einer Strafe oder einem Bußgeld rechnen. Deshalb stehen für Mitarbeiter, die in einem Unternehmen mit personenbezogenen Daten arbeiten, die Strafvorschriften des BDSG in engem Zusammenhang mit ihrer persönlichen Verpflichtung, geschützte Daten nur zur rechtmäßigen Erfüllung ihrer Aufgaben:

- zu verarbeiten,
- bekanntzugeben,
- zugänglich zu machen oder
- anderweitig zu nutzen.

Verstößt ein Mitarbeiter gegen diese persönlichen Verpflichtungen, kann dies arbeitsrechtliche Folgen für ihn haben.

Deshalb gelten die Strafvorschriften des BDSG für jeden (z. B. „Hacker"), der geschützte Daten unbefugt verändert oder weitergibt (übermittelt), abruft oder sich aus verschlossenen Dateien Informationen verschafft. Das Strafmaß (Freiheits- oder Geldstrafe) erhöht sich, wenn der Unbefugte gegen Entgelt oder in der Absicht, sich zu bereichern oder einen anderen zu schädigen, handelt.

7.3 Operationen mit Dateien

Datenbanksysteme bieten dem Anwender verschiedene Befehlsgruppen an, die das Arbeiten in und mit Dateien erleichtern und unterstützen. Die Befehlsgruppe *Daten in Dateien bearbeiten* lernten Sie bereits kennen, wie beispielsweise das Hinzufügen, Editieren, Löschen, Suchen und die Ausgabe von Datensätzen oder Teilen davon.

Das folgende Arbeiten mit Dateien betrifft die Befehlsgruppe *Dateien erstellen* und behandelt die Erstellung neuer Dateien aufgrund ausgewählter Attribute.

7.3.1 Kopieren von Dateien

Ein wirksamer Datenschutz erfordert auch eine umfassende Datensicherung. Das Bundesdatenschutzgesetz verwendet den Begriff Datensicherung nicht, regelt aber die entsprechenden Maßnahmen, soweit sie für den Schutz von Bedeutung sind. Solche Maßnahmen sind für jede Art von Datenverarbeitung – vor allem bei automatisierten Verfahren – unerläßlich. Jede Störung oder Verzögerung kann schwerwiegende Folgen haben.

Bereits auf der Betriebssystemebene haben Sie einen Befehl kennengelernt, mit dem Sie problemlos eine Sicherungskopie von Dateien herstellen können. Der DOS-Befehl lautet hierzu:

COPY Quelldatei Zieldatei (Woher – wohin)

Auch Datenbanksysteme bieten dem Anwender Kopierbefehle an. Nehmen wir einmal an, daß man während der Arbeit plötzlich vor die Aufgabe gestellt wird, einem Kollegen eine Kopie der kompletten Kundendatei zu geben. Mit dem Befehl COPY TO kann man von einer aktiven Datei eine exakte Kopie erstellen. Aufgerufen wird die Operation durch folgende Befehle:

USE Quelldatei   (öffnen der Quelldatei)
COPY TO Zieldatei   (kopieren auf die Zieldatei)

Die so erstellte Zieldatei enthält alle Datensätze der Quelldatei und dieselbe Satzstruktur.

Kopieren mit ausgewählten Attributen durch Vorgabe einer Bedingung

Bei umfangreichen Dateien oder bei einer partiellen (teilweisen) Datensicherung, möchte man nicht immer sämtliche Datensätze der aktiven Datei kopieren.

Will man beispielsweise dem Kollegen nur die Daten derjenigen Kunden kopieren, die ihre Rechnungen noch nicht bezahlt haben, damit er Zahlungserinnerungen oder Mahnungen verschicken kann, muß man Attribute auswählen, die während des Kopiervorgangs eine Bedingung erfüllen. (Natürlich sind für komplexere Aufgaben auch Verknüpfungen mehrerer Attribute und Bedingungen möglich.)

Die Befehlsfolge für das obige Beispiel könnte z. B. lauten:

USE kunden
COPY TO Nichtbez FOR Rueckstand $>$ 0

Durch diese Befehlsfolge wird zunächst die Datei *Kunden* geöffnet. Anschließend werden unter der Bedingung, daß das Attribut *Rueckstand* größer Null ist, alle Datensätze in die Datei *Nichtbez* kopiert.

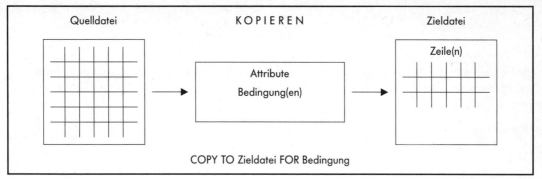

Bild 7.1 Kopieren mit ausgewählten Attributen durch Vorgabe einer Bedingung

Bei der Weitergabe personenbezogener Daten müssen natürlich die Bestimmungen der Paragraphen 10 und 11 des Bundesdatenschutzgesetzes beachtet werden. Im Paragraph 10 heißt es hier u. a.:

Die Übermittlung personenbezogener Daten an Personen und andere Stellen ... ist zulässig, wenn sie zur rechtmäßigen Erfüllung der in der Zuständigkeit der übermittelnden Stelle liegenden Aufgaben erforderlich ist oder soweit der Empfänger ein berechtigtes Interesse an der Kenntnis der zu übermittelnden Daten glaubhaft macht und dadurch schutzwürdige Belange des Betroffenen nicht beeinträchtigt werden.

7.3.2 Sortieren einer Datei

Daten werden bei der Erfassung nicht sofort in alphabetischer oder numerischer Reihenfolge auf- oder absteigend eingegeben. Der Anwender verlangt jedoch Daten in geordneter Form. Diese Operationen haben weniger mit dem Datenschutz zu tun, sie erleichtern und beschleunigen vielmehr das Suchen in Dateien.

Datenbanksysteme bieten dem Anwender zwei Möglichkeiten zum Sortieren der Datenbestände an: das physikalische und das logische Sortieren.

Das physikalische Sortieren

Beim physikalischen Sortieren wird aus der bestehenden Datei eine genauso große, sortierte Datei erstellt.

Die Datei der zunächst sequentiell (in beliebiger Reihenfolge) erfaßten Daten muß zuerst geöffnet werden. Nach Eingabe des Befehls

SORT ON Attribute TO Zieldatei

erstellt das Datenbanksystem eine zweite Datei. In diese Zieldatei kopiert es nach den vorgegebenen Attributen, den sogenannten Schlüsselfeldern, alle Datensätze aus der bestehenden Datei. Nach dem

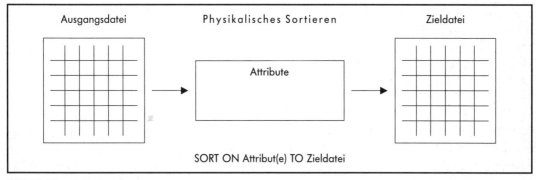

Bild 7.2 Physikalisches Sortieren

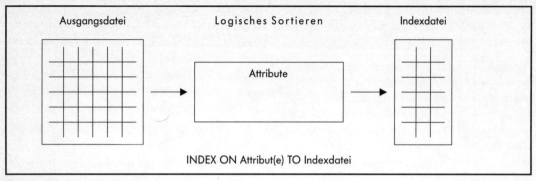

Bild 7.3 Logisches Sortieren

Sortiervorgang sind in beiden Dateien die gleichen Informationen vorhanden, nur sind die Datensätze anders geordnet.

In einem Bibliothekskatalog ist dies ebenso. Die verschiedenen Kataloge (Sachwort-, Autoren-, Titelkatalog usw.) sind zwar nach verschiedenen Attributen geordnet, enthalten aber jeweils dieselben Informationen. Der benötigte Speicherplatz vervielfacht sich dadurch erheblich.

Das logische Sortieren durch Indexbildung

Bei einem Stichwort- oder Indexregister eines Buches müssen die Informationen nicht wieder von neuem abgespeichert werden, sondern es wird lediglich im Register auf die entsprechende Information verwiesen. Das gesuchte Stichwort enthält die betreffende Seitenzahl. Diese Angaben, Stichwort und Seitenzahl, werden in einer gesonderten Datei gespeichert, die aber viel kleiner ist als die Ausgangsdatei.

Mit jedem komfortablen Datenbanksystem kann man solche Indexdateien erstellen.

Bei dem in der Sendung gezeigten Datenbanksystem erfolgt die Erstellung einer Indexdatei durch den Befehl INDEX ON Attribut(e) TO Indexdatei. Das Attribut gibt das Ordnungskriterium an und die Zieldatei den Namen der Indexdatei. Beide Dateien, die Ursprungs- und die Indexdatei, müssen immer gleichzeitig geöffnet (aktiv) sein, damit man mit dem Index arbeiten kann. Nach Eingabe des Befehls

USE Ausgangsdatei
INDEX ON Attribut 1 + Attribut 2 TO Indexdatei

erstellt das Datenbanksystem die zur Ausgangsdatei passende Indexdatei. Möchte man zum Beispiel in einer Kundendatei den Datensatz mit dem Namen *Müller* ausgeben, so sucht ein Programm des Datenbanksystems der Reihe nach im Indexregister, bis es den gewünschten Namen gefunden hat. Über die Satznummer greift das System dann direkt auf den entsprechenden Datensatz zu und gibt ihn aus. Interessant ist noch, daß alle geöffneten Indexdateien durch das Datenbanksystem automatisch auf dem neuesten Stand gehalten werden, falls man in der Ursprungsdatei irgendwelche Datensätze anhängt, löscht oder Feldinhalte ändert.

#	Name	Index	Zeiger (Pointer)	#	Name	Vorname	Strasse	PLZ	Wohnort	....
1	Abt	2		1	Huber	Heidi	Hauptstr. 4	7500	Karlsruhe	...
2	Falk	3		2	Abt	Karl	Mörikeweg 3	7000	Stuttgart	...
3	Huber	1		3	Falk	Bernd	....	....	....	...
4	Weiß	5		4	Müller	Jörg	....	....	....	...
5	Müller	4		5	Weiß	....	....	....	....	...

Bild 7.4 Indexdatei (links) und Ausgangsdatei

Die Datensatznummer ist gleichsam die Adresse für den direkten Zugriff auf einen externen Speicher, wie z. B. der Diskette oder der Magnetplatte.

Dieses Verfahren bietet einen weiteren Vorteil. Beim Suchen muß nicht immer der vollständige Satz eingegeben werden, um zu überprüfen, ob er das gewünschte Attribut enthält, sondern nur die Zeilen des Indexregisters. Das beschleunigt den Vorgang besonders bei großen Datensätzen.

Trotzdem ist das Suchen nach bestimmten Attributen in einem Indexregister immer noch recht umständlich und zeitraubend. Jeder Name der Indexdatei wird der Reihe nach vom externen in den internen Speicher eingelesen und verglichen, ob er mit dem gesuchten übereinstimmt.

Aber wenn man ein Stichwort in einem Lexikon finden will, beginnt man auch nicht von vorne, sondern schlägt das Buch bei einer beliebigen Seitenzahl auf und schaut nach, ob der gesuchte Begriff – dank der alphabetischen Ordnung – weiter vorne oder hinten liegt. Auf diese Weise kann die gewünschte Stelle immer mehr eingegrenzt und so der Begriff schneller gefunden werden.

Und genauso sucht das Programm des Datenbanksystems in der Indexdatei nach dem Begriff. Das Suchen beginnt in der Mitte. Dank der internen Verschlüsselung der Buchstaben und Zahlen kann der Rechner entscheiden, ob der Ausdruck weiter oben oder weiter unten zu finden ist. Aufgrund der alphabetischen Ordnung stellt er dann fest, daß er z. B. in der oberen Hälfte liegen muß und wählt damit aus dem verbleibenden Bereich wiederum die Mitte aus. Das Verfahren wird so lange wiederholt, bis der Begriff gefunden wurde.

Bei einer Datei mit tausend Datensätzen müssen auf diese Weise höchstens zehn Vergleiche durchgeführt werden, gegenüber tausend Vergleichen beim sequentiellen Durchsuchen der Ausgangsdatei.

7.3.3 Zusammenfügen zweier bestehender Dateien

Sie haben im vorausgehenden Kapitel gelernt, daß Dateien über Satznummern miteinander verknüpft werden können, z. B. bei der Bildung von Indexdateien. Diese Verknüpfung kann jedoch auch über frei wählbare, aber gemeinsame Attribute hergestellt werden.

Um eine der Forderungen des Datenschutzes zu erfüllen, müssen deshalb beim praktischen Einsatz von Datenbanksystemen die Informationen einer Datei getrennt in mehreren Dateien gespeichert werden.

Eine fiktive Personalstammdatei eines Betriebes enthält u. a. folgende personenbezogenen Daten der Mitarbeiter: Personalnummer, Name, Adresse, Angaben zur Versicherung, Steuerklasse und Gehalt. Die Speicherung des Gehalts ist deshalb notwendig, damit automatisch am Monatsende mit den entsprechenden Abzügen der Nettobetrag überwiesen werden kann.

Pers.-Nr.	Name	Vorname	Straße	PLZ	...	Steuerklasse	......	Gehalt

Bild 7.5 Fiktive Personalstammdatei

Die Attribute *Personalnummer, Name, Straße, PLZ, Steuerklasse* usw. ändern sich gar nicht oder recht selten. Daher bezeichnet man diese Daten auch als **Stammdaten.**

Durch die jährlich stattfindenden Tarifverhandlungen setzen die Arbeitnehmer- und -geberverbände immer wieder prozentuale Gehalts- und Lohnerhöhungen fest. Der Tarifabschluß beeinflußt demnach das Attribut *Gehalt* und muß deshalb immer upgedated, d. h. auf den neuesten Stand gebracht werden. Man bezeichnet solche Daten daher als **Bewegungsdaten.**

Bei einem mittleren Betrieb mit 5000 Mitarbeitern müßten so z. B. 5000 Werte geändert werden. Abgesehen von der vielen Arbeit könnten sich dabei zahlreiche Fehler einschleichen. Und das, obwohl

PersNr.	Name	Vorname	Straße	PLZ	...	Steuerklasse	......	Gehaltsgruppe
								5
								2
								3
								1
								6
								4
								2

Gehaltsgruppe	Gehalt
1	2500
2	2700
3	3000
4	3300
5	3500
6	4000

Bild 7.6 Personalstammdatei A (links) und Vergütungstabellendatei B

in dem in der Sendung gezeigten Beispiel nur sechs Zahlen (es existieren sechs Gehaltsgruppen) geändert werden müssen.

Die Aufgabe, diese sechs Zahlen auf den neuesten Stand zu bringen, vereinfacht sich, wenn man die Gehälter getrennt in einer Vergütungstabelle als Datei ablegt, denn sechs Zahlen sind schneller aktualisiert als 5000. Beim Ausdruck der Lohn- und Gehaltsabrechnungen muß dann diese Datei mit der Personaldatei verbunden werden.

Über gemeinsame Attribute stellt man Bezüge her. In der Personalstammdatei (A) ersetzt man das Attribut *Gehalt* durch das Attribut *Gehaltsgruppe*. Die Datei mit der Vergütungstabelle (B) erhält die Attribute *Gehaltsgruppe* und *Gehalt*.

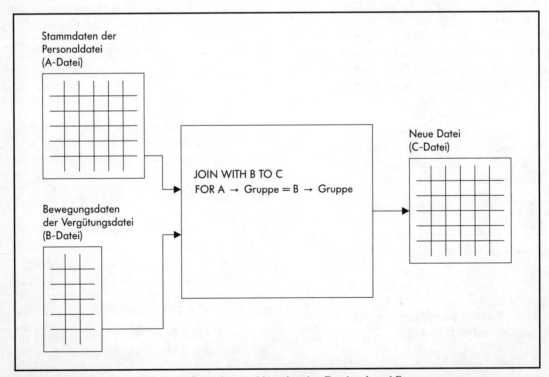

Bild 7.7 Erzeugen einer neuen Datei C aus den zwei bestehenden Dateien A und B

Diese beiden Dateien können nun zu einer neuen Datei (C) verknüpft werden. Die Verknüpfungsbedingung lautet:

Füge die Datensätze zusammen, für die gilt: Die Gehaltsgruppe des Datensatzes aus der Datei A muß gleich der Gehaltsgruppe des Datensatzes aus der Datei B sein.

Datenbanksysteme verfügen über einen Befehl, der über gemeinsame Attribute Bezüge herstellt und dadurch beide Dateien miteinander vereinigt.

Die beiden Dateien A und B verfügen über das gleiche Attribut *Gehaltsgruppe*. Nur so können sie miteinander verknüpft werden. Die verbale Verknüpfungsbedingung wurde bereits oben beschrieben. Der entsprechende Befehl des in der Sendung eingesetzten Datenbanksystems lautet:

JOIN WITH B TO C
FOR A → Gruppe = B → Gruppe

Eine solche Verknüpfung führt das Datenbanksystem mit einem Befehl durch und erstellt eine dritte Datei. Nach dem Öffnen der Stammdatei (hier der Datei A) gibt man den Befehl *JOIN* (= „vereinigen, verknüpfen") ein und vereinigt zwei Dateien oder Teile davon (hier die Dateien A und B) zu einer neuen Datei (hier die Datei C). Das Programm bildet die neuen Datensätze unter den festgelegten Bedingungen. Die Attribute setzen sich aus (beliebigen) Attributen der Stammdatei zusammen.

Das Datenbanksystem setzt zunächst den Datensatzzeiger jeweils auf die ersten Datensätze der Dateien A und B. Dann wird der erste Satz der Datei A mit dem ersten Satz der Datei B verglichen und auf die FOR-Bedingung hin abgefragt. Stimmen in dem obigen Beispiel die Gehaltsgruppen in den beiden Dateien A und B überein, wird ein neuer Datensatz aus den Datenfeldern der Datei A gebildet. Ist die FOR-Bedingung nicht erfüllt, wird kein Satz gebildet.

Wurde der erste Datensatz der Datei A mit allen Sätzen der Datei B verglichen, wiederholt sich der Vorgang für den zweiten Datensatz der Datei A. Diese Vergleichsvorgänge werden so lange wiederholt, bis jeder Datensatz der Datei A mit jedem Satz der Datei B verglichen wurde.

In der Beispieldatei mit 5000 Stammsätzen und sechs Gehaltsgruppen müssen dementsprechend 5000 x 6 = 30.000 Vergleiche durchgeführt werden. Bei zwei Dateien mit jeweils 5000 Sätzen wären dies schon 25.000.000 Vergleiche, womit aber bestimmt so manches Datenbanksystem gesprengt werden würde. Der Anwender sollte sich daher mit größter Sorgfalt eine geeignete FOR-Bedingung für die Verknüpfung zweier Dateien aussuchen.

Aufgaben

A 7.1 (zu 7.1)
Nehmen Sie einmal an, Sie arbeiten mit einem Datenbanksystem und möchten bestimmte Attribute in der Datei mit dem Namen *Freunde* finden. Welche beiden Operationen stehen Ihnen dafür zur Verfügung?
Erklären sie die beiden Operationen mit Hilfe eines selbstgewählten Beispiels.

A 7.2 (zu 7.2)
Was ist Menschen, die mit personenbezogenen Daten arbeiten, nach dem BDSG untersagt?

A 7.3 (zu 7.2.2)
Was versteht man im Sinne des BDSG unter „personenbezogenen Daten"?

A 7.4 (zu 7.2.4)
Durch welche Pflichten und Rechte wird das Recht auf Auskunft gespeicherter personenbezogener Daten wirksam ergänzt?

A 7.5 (zu 7.2.4)
Ein vor fünf Monaten aus der Firma ausgeschiedener Angestellter verlangt von seiner alten Firma eine Gehaltsnachzahlung. Er begründet seinen Anspruch damit, daß eine falsche Monatsabrechnung vorliegen würde.
Darf der frühere Arbeitgeber seine noch gespeicherten Daten für den Rechtsstreit verwenden? Nehmen Sie im Sinne des BDSG dazu Stellung.

A 7.6 (zu 7.3.1)
Mit welchen Befehlen können Sie eine Datensicherung durchführen
a) auf der Betriebssystemebene (z. B. DOS),
b) mit einem Datenbanksystem (z. B. dBASE)?

A 7.7 (zu 7.3.2)
Begründen Sie die folgende Behauptung:
„Eine Indexdatei ist eine Verzeichnisdatei und repräsentiert eine nach Schlüsselfeldern sortierte Teilkopie der Ursprungsdatei."

A 7.8 (zu 7.3.3)
Wäre es möglich, aus drei Dateien zwei Dateien zu machen, so daß die Bestimmungen des Datenschutzes und die Forderung nach der leichten Pflege der Dateien erfüllt sind?

8. Informationsdarstellung und -übertragung

VOR DER SENDUNG

Die moderne Kommunikationstechnik und die Computertechnik bzw. Informatik verarbeiten denselben Stoff – Information.
Information kann durch analoge (z. B. beim Telefon) oder durch codierte, digitale Signale (z. B. Telex, Telefax) übertragen werden. Die technische Entwicklung tendiert immer mehr zur Digitalisierung, denn damit wird es in Zukunft möglich sein, integrierte Telekommunikationsnetze aufzubauen. Werden analoge Sprachsignale digitalisiert (z. B. durch Pulscodemodulation), so besteht prinzipiell kein Unterschied mehr zwischen den digitalen Signalen von Bildern, Texten und Computerdaten.

Immer größere Bedeutung gewinnt die Kommunikation zwischen Datenverarbeitungsanlagen. Die Übertragung erfolgt über spezielle Datennetze (Datex-P, Datex-L) oder über das Telefonnetz mittels Modem und Akustikkoppler. Zur Codierung der Information werden genormte Codes verwendet. Mit Multiplexverfahren werden die Leitungskapazitäten besser ausgenutzt. Eine wesentliche Steigerung der Geschwindigkeit ist bei der Übertragung über Glasfaserkabel möglich.

Damit die Kommunikation zwischen Datenstationen richtig und geordnet ablaufen kann, sind bestimmte Datenformate und Kommunikationsprotokolle erforderlich.

Lernziele

8.1.1 Informationssysteme sind einseitig ausgerichtet; bei der Kommunikationstechnik findet ein Austausch von Information statt. Datenverarbeitungsanlagen können Daten über Leitungen austauschen.

8.1.2 Information wird mittels analoger oder digitaler Signale dargestellt.

8.1.3 Zum Codieren von Zeichenfolgen verwendet man genormte Codes.

8.1.4 Mit der Pulscodemodulation werden analoge Signale in digitale umgewandelt. Die Verfahrensschritte sind Abtasten, Digitalisieren und Quantisieren.

8.1.5 Die Leitungskapazitäten der Datennetze sind durch Multiplexverfahren optimal ausgelastet.

8.2 Daten werden auf Leitungen asynchron, synchron oder in Paketen übertragen.

8.2.1 Datensicherungsverfahren erhöhen die Sicherheit der Datenübertragung.

8.2.2 Daten werden über genormte Schnittstellen seriell oder parallel übertragen. Die Glasfaser als Übertragungsmedium bietet erhebliche Vorteile gegenüber Zweidraht- und Koaxial-Leitern.

8.3 Die Datenfernverarbeitung erfolgt entweder zwischen Datenstationen, die über Direktanschlüsse fest miteinander verbunden sind, oder über leitungsvermittelte Wählverbindungen.

8.3.1 Der Datenaustausch über das Fernsprechnetz ist mit einem Modem oder einem Akustikkoppler möglich.

8.3.2 Im paketvermittelten Datennetz (Datex-P) werden die Daten als Pakete fester Länge übertragen. Bei Datex-L werden leitungsvermittelte Verbindungen zwischen den Datenstationen hergestellt.

8.3.3 Mit ISDN sollen zukünftig die verschiedenen Netze der Telekommunikation in einem gemeinsamen Netz integriert werden.

8.4.1 Lokale Netze werden in Form von Stern, Ring oder Bus vernetzt. Über Gateways (und Bridges) ist ein Datenaustausch zwischen verschiedenen (gleichen) Netzen möglich.

8.4.2 In allen LAN-Systemen muß durch spezielle Protokolle das Zugriffsverfahren geregelt werden.

NACH DER SENDUNG

8.1 Arten der technischen Kommunikation

Kommunikationstechnik und Informatik durchdringen sich immer mehr. Sie verwenden zunehmend dieselben Technologien, Systembausteine und Netzwerkstrukturen. Beide verarbeiten denselben Stoff, Informationen. In einem noch nie dagewesenen Anwendungsspektrum kommt dieses Verschmelzen zur Verwirklichung: Bildtelefone, ISDN (weltweites integriertes Daten- und Fernsprechnetz), Satellitenfunk u.v.a. Die technischen Möglichkeiten, Raum und Zeit zu überwinden, werden in heutiger Zeit bis zur Perfektion entwickelt.

8.1.1 Information und Kommunikation

Information

Stark vereinfacht läßt sich Information als eine Folge physikalischer Signale definieren, die immer an ein Medium, ein Transportmittel gebunden ist.

Informationssysteme sind einseitig auf den Empfänger gerichtet und geben ihm keine Möglichkeit, durch eine Reaktion die Art der Information zu verändern (Hörfunk, Druckmedien, Fernsehen, Schallplatte).

Kommunikation

Kommunikation entsteht erst, wenn Sender und Empfänger ihre Rolle wechseln können, also der Austausch von Informationen zwischen Sender/Empfänger und Empfänger/Sender jederzeit möglich ist. Ein typischer Vertreter der Kommunikationsmedien ist das Telefon.

Prinzipiell sind unter Kommunikationstechnik Verfahren und Einrichtungen zur Fernübermittlung (auch Telekommunikation genannt) von Nachrichten beliebiger Art zu verstehen.

Art d. Kommunikation	einseitig	zweiseitig
Sprachkommunikation	Rundfunk	Fernsprechen Sprechfunk
Textkommunikation	Videotext	Fernschreiben Fernkopieren Bildschirmtext Teletex
Bildkommunikation	Fernsehen Kabelfernsehen	Fernkopieren Bildfernsprechen
Datenkommunikation	Fernsteuern Fernüberwachen	Datenfernverarbeitung

Bild 8.1 Formen der Kommunikation

Bisher war eine strenge Zuordnung von Nachrichtenformen zu bestimmten Geräten noch möglich. Heute verschmelzen sie immer mehr: Mikrocomputer können bereits zahlreiche bzw. alle Funktionen erfüllen. Die Realisierung ist nur noch eine

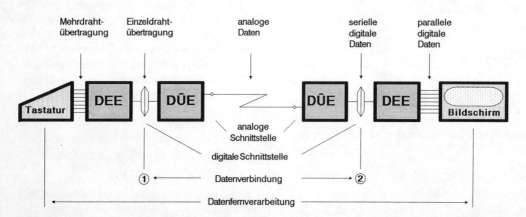

Bild 8.2 Aufbau einer Datenverbindung

Frage der Software. Insofern spielt der Aspekt der Datenübertragung eine besondere Rolle.

Die Weiterleitung von Daten einer Datenverarbeitungsanlage kann entweder durch den Transport von Datenträgern (Lochkarten, Bändern, Disketten) oder über Leitungen erfolgen. Unser weiteres Interesse gilt insbesondere der Datenfernverarbeitung über Leitungen. Die für die Übertragung verwendete Anordnung wird als Datenverbindung bezeichnet.

Eine Datenverbindung besteht zwischen zwei Datenstationen (Punkt 1 bis Punkt 2) über das Fernsprechnetz oder spezielle Datennetze bzw. bei lokalen Netzen (LANs) über interne Datennetze. Die Datenendeinrichtung (DEE) ist ein Sammelbegriff für das Datenendgerät (als Quelle oder Senke) und einer Schnittstelle. Ein Personal-Computer z.B. ist ein Datenendgerät, der über seine genormte Schnittstelle Daten an die Datenübertragungseinrichtung (DÜE) weiterleitet. Die DÜE hat die Aufgabe, die Daten durch Übertragungstechniken (Modem, Akustikkoppler) auf den Fernleitungstyp umzusetzen. Wie in Bild 8.2 zu sehen ist, erfolgt die Datenübertragung in drei Formen: als **parallele digitale Daten,** als **serielle digitale Daten** und als **analoge Daten.**

8.1.2 Darstellung der Information

Information und Kommunikation finden durch Signale statt. Signale sind die physikalische (z.B. elektrische, optische, akustische) Darstellung einer Nachricht, also ihr technisch-physikalisches Abbild.

Analoge Signale

Ein analoges Signal liegt vor, wenn ein kontinuierlicher Vorgang (beispielsweise Sprache, Musik) auf ein entsprechendes physikalisches Signal (z.B. einen elektrischen Wellenzug) abgebildet wird.

Analog kommt vom griechischen Wort „ähnlich, entsprechend". Ein Ton von 1000 Hz wird als elektrischer Wechselstrom mit 1000 Stromschwingungen pro Sekunde übertragen. Dasselbe gilt auch für ein Tongemisch mit unterschiedlichen Frequenzen, wie es die menschliche Sprache darstellt; d.h. die Stromkurve in einer herkömmlichen Telefonleitung ähnelt in allen Merkmalen der Schwingungskurve des Schalls.

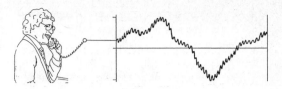

Bild 8.3 Analoges Signal beim Fernsprechen

Ferngespräche, Hörfunk und Fernsehen übertragen die Signale heute hauptsächlich analog. Die technische Entwicklung tendiert aber immer stärker zur digitalen Übertragung. Neben wirtschaftlichen Vorteilen ist sie auch qualitativ überlegen: Digitale Systeme sind unempfindlich gegenüber von außen einwirkende Störungen.

Digitale Signale

Beim digitalen Signal besteht das physikalische Abbild der Information aus einer beschränkten Anzahl von Elementen, z.B. Schriftzeichen oder Noten. Im Extremfall treten nur zwei verschiedene Signalwerte, Null und Eins, auf; es handelt sich um ein digitales **Binärsignal.**

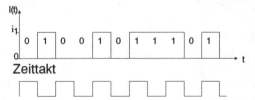

Bild 8.4 Binäres Signal mit Zeittakt

Die Informationsübertragung geschieht in Form von aneinandergereihten Bits, dem sog. Datenstrom. Alphanumerische Zeichen werden durch bestimmte Bitkombinationen abgebildet. Die Zuordnungsvorschrift der Zeichenfolge zum jeweiligen Zeichen wird Code genannt, die Umsetzung heißt Codierung. Für die verschiedenen Anwendungen existieren unterschiedliche Codes.

8.1.3 Verfahren der Codierung

Sollen die 26 Buchstaben unseres Alphabets binär codiert werden, so genügen dazu Zeichenketten aus 5 Bits. Damit sind maximal $2^5 = 32$ Zeichen darstellbar. Ein solcher Code wird beispielsweise beim Telex (Fernschreiber) verwendet.

Beim Fernschreiben wird jedes Zeichen mit einem Startschritt eingeleitet und mit einem Stopschritt beendet. Dazwischen liegen die fünf Zeichenschritte des internationalen Telegrafenalphabets.

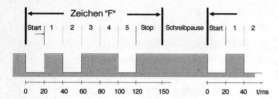

Bild 8.5 Bitfolge beim Fernschreiben

Die Zeichen werden asynchron, d. h. mit beliebig langen Schreibpausen zwischen den einzelnen Zeichen übertragen, maximal etwa 400 Zeichen pro Minute bzw. eine DIN A 4-Seite in ca. 3 Minuten. Pro Minute werden etwa 400 Zeichen (bzw. eine DIN A4-Seite in etwa 3 Min.) übertragen.

Um die Textverarbeitung und -kommunikation in den Büros schneller und komfortabler gestalten zu können, gibt es heute Endgeräte, mit denen Texte elektronisch erstellt, be- oder verarbeitet werden und über das Teletexnetz der Deutschen Bundespost zu einem anderen Teletexgerät übermittelt werden können.

Die Texte können dadurch originalgetreu mit vollem Zeichenvorrat, d. h. Groß-, Kleinbuchstaben und Sonderzeichen mit erhöhter Geschwindigkeit übertragen werden: Die Übermittlungsgeschwindigkeit mit derzeit 2400 Bit/s ist etwa 50 mal so hoch wie beim Telex (pro DIN A4-Seite ca. 10 Sekunden).

Für Teletex wurde anstelle des 5-Bit-Codes ein 8-Bit-Code gewählt, um mindestens alle Schriftzeichen codieren zu können, die in den auf dem lateinischen Alphabet beruhenden Sprachen vorkommen (vgl. Bild 8.6).

In der Datenübertragung werden am häufigsten 7-Bit-Codes eingesetzt. Der wichtigste ist der CCITT-Code Nr. 5. Der ASCII-Code ist der Standard bei den internationalen Zeichensätzen der Computertechnik (vgl. Kap. 1.2.3).

Bild 8.6 Codetabelle des Grundzeichenvorrats für Teletex mit Codierbeispiel für das Wort „Medien"

8.1.4 Von analog zu digital

Das Prinzip, Nachrichten in digitaler Form zu übertragen, ist eigentlich schon seit der Telegrafie bekannt. Man denke nur an den Morse-Code. Sprachsignale sind aber von Natur aus analog, so daß sich die digitale Darstellung und Übertragung nicht von vornherein anbietet. Mit der Erfindung des Transistors und den integrierten Digitalschaltungen stand eine geeignete Technik zur Verfügung, um auch an die Digitalisierung der Sprache und an digitales Fernsprechen zu denken.

Einige Vorteile der integrierten Digitaltechnik:
– Es werden raumsparende integrierte Bauteile für Übertragungs- und Vermittlungstechnik benutzt.
– Es ist möglich, die Kommunikationsarten Sprache, Text, Bild und Daten einheitlich zu übertragen und zu vermitteln.

Prinzipien der Pulscodemodulation (PCM)

Ein gängiges Verfahren, analoge Signale in digitale zu wandeln, ist die Pulscodemodulation, kurz PCM. Dem Verfahren liegt folgende Idee zugrunde: Zur Übertragung von Schwingungen – wie z. B. bei Sprachsignalen – ist nicht der komplette Schwingungsverlauf notwendig, sondern es genügt, in bestimmten Zeitabständen Abtastproben (Abtastwerte) zu entnehmen und nur diese zu übertragen.

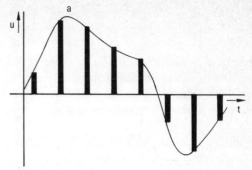

Bild 8.8 PAM-Signal, bestehend aus den Abtastwerten des analogen Fernsprechsignals von Bild 8.7

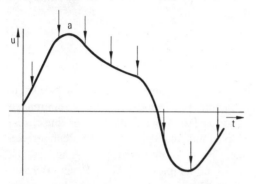

Bild 8.7 Periodisches Abtasten der Schwingung eines analogen Sprachsignals

Das Abtasttheorem von Shannon gibt an, mit welcher Mindestfrequenz ein analoges Signal abgetastet werden muß, damit aus den Werten wieder ohne Informationsverlust das ursprüngliche, analoge Signal gewonnen werden kann:
Die Abtastfrequenz (f_A) muß größer sein als das Doppelte der höchsten im analogen Signal enthaltenen Frequenz (f_s):

$$f_A > 2 \cdot f_s$$

Beispielsweise muß ein Sprachsignal 8000mal pro Sekunde abgetastet werden, um die Qualität der Übertragung beim Telefon zu erreichen.
Durch das Abtasten entsteht eine Folge kurzer Impulse, deren Amplituden den Momentanwerten der abgetasteten Schwingung entsprechen. Diese Umsetzung wird **Pulsamplitudenmodulation (PAM)** genannt.
Betrachtet man die Hüllkurve des PAM-Signals, so kann man die ursprüngliche Kurvenform wiedererkennen. Es handelt sich bei diesem Signal immer noch um eine analoge Form des Ausgangssignals. Das PAM-Signal läßt sich aber viel besser in digitale Form umwandeln.

Der erste Schritt der Umwandlung ist die Quantisierung, d. h. der gesamte Bereich möglicher Signalwerte wird in Intervalle unterteilt. In Bild 8.9 ist der positive Signalbereich unterteilt in die Intervalle +1 bis +8, der negative von –1 bis –8.

PAM-Signal	Quantisierungs-intervalle	binäre Codeworte
	+8	1111
	+7	1110
	+6	1101
	+5	1100
	+4	1011
	+3	1010
	+2	1001
	+1	1000
	–1	0000
	–2	0001
	–3	0010
	–4	0011
	–5	0100
	–6	0101
	–7	0110
	–8	0111

Abtastzeitpunkte: t_0, t_1, t_2, t_3, t_4, t_5

Bild 8.9 Quantisierung der Abtastwerte des PAM-Signals und binäre Codeworte

Das Quantisieren ist also nichts anderes, als daß jedem Amplitudenwert ein ganzzahliger Wert zugeordnet wird. In der Praxis wählt man beispielsweise $256 = 2^8$ Werte, die als ein Byte dargestellt werden können.

Doch bleiben wir bei unserem Beispiel mit 16 Quantisierungsintervallen. Diese sind durch 4 Bits darstellbar. Das höchstwertige Bit gibt dabei Auskunft über das Vorzeichen, ob die Signalamplitude im positiven oder im negativen Spannungsbereich liegt. Eine führende 1 bedeutet positive Amplitude, eine führende 0 negative Amplitude.

Bei der Quantisierung wird zunächst festgestellt, in welchem Intervall die Amplitude des Pulses liegt. Beispielsweise wird dem Puls von t_1 der Wert 1110 zugeordnet, da er im Intervall +6 liegt. Dieser Vorgang findet beim Sender statt. Beim Empfänger kommt nun das Binärsignal 1110 an und muß dort in einen Puls mit der Amplitude +6 zurückverwandelt werden. Der Empfänger regeneriert aber einen Puls, der genau bis zur Mitte des Intervalls +6 reicht.

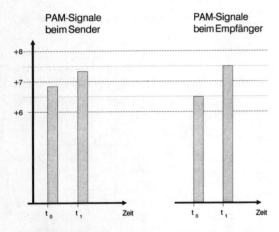

Bild 8.10 Gegenüberstellung des PAM-Signals beim Sender und beim Empfänger

Gegenüber dem ursprünglichen Signal ist beim Empfänger ein sogenannter Quantisierungsfehler entstanden. Die daraus resultierende Verzerrung kann sich als ein Geräusch bemerkbar machen, das dem Nutzsignal überlagert ist. Dieses Störgeräusch wird um so geringer, je kleiner die Quantisierungsintervalle sind, je mehr Bereiche es also gibt.

8.1.5 Mehrfachausnutzung von Übertragungskanälen – Multiplexverfahren

Wie beim Straßen- und Schienennetz ist die Anzahl der Datenübertragungswege zur Kommunikation begrenzt. Es gilt daher, die Netze optimal auszulasten – über einen Kanal gleichzeitig mehrere Informationen zu übertragen. Diese Mehrfachausnutzung erfolgt durch die sog. Multiplextechnik.

Raummultiplex

Die Ausgangssituation für die klassische Datenübertragung bei Punkt-zu-Punkt-Verbindungen sieht so aus: Jeder Teilnehmer ist über eine eigene Modemleitung mit dem zentralen Rechner verbunden. Diese Anordnung wird als Raumvielfach oder Raummultiplex (SDM = **S**pace **D**ivision **M**ultiplex) bezeichnet.

Frequenzmultiplex

Man war schon frühzeitig darum bemüht, die Leitungen des Weitverkehrs mehrfach auszunutzen. Das führte zur Frequenzmultiplextechnik (FDM = **F**requency **D**ivision **M**ultiplex). Dabei wird die Bandbreite des zur Verfügung stehenden Übertragungskanals in zumeist gleich breite Frequenzbänder aufgeteilt. Dieses Multiplexverfahren erlaubt je nach System die gleichzeitige Übertragung von bis zu 10 800 Gesprächen über eine Koaxial-Leitung.

Zeitmultiplex

Die Zeitmultiplextechnik ist ein Verfahren der digitalen Signalübertragung. Hier werden die Signale zeitlich nacheinander weitergeleitet. Wie beim Verfahren der Pulsamplitudenmodulation (Kapitel 8.1.4) bereits gezeigt wurde, entstehen zwischen den einzelnen Abtastwerten relativ große Pausen. Diese können aber zur Übertragung weiterer PAM-Signale verwendet werden.

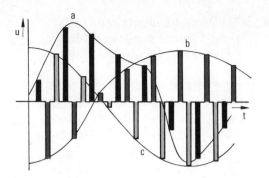

Bild 8.11 Abtastwerte von drei analogen Signalen im PAM-Zeitmultiplex

Nach der Codierung werden die Abtastwerte als Digitalworte zeitlich versetzt weitergegeben.

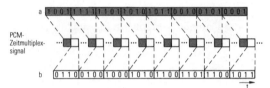

Bild 8.12 Codierte Abtastwerte als PCM-Zeitmultiplex

Den einzelnen Signalen müssen auf der Sendeseite Selektionssignale mitgegeben werden, die auf der Empfangsseite die richtige Verteilung auf die verschiedenen Empfänger ermöglichen.
Bei der Zeitmultiplextechnik ist dieses Selektionskennzeichen der Zeitpunkt, zu dem die codierten Abtastwerte übertragen werden.

Zur erfolgreichen Übertragung der Nachricht über die Datenleitung müssen sowohl Sender (Datenquelle) als auch Empfänger (Datensenke) mit derselben Geschwindigkeit arbeiten, d.h. die Drehschalter auf der Sende- und Empfangsseite müssen synchron zueinander umlaufen. (Tatsächlich werden natürlich keine Drehschalter benutzt, sondern elektronische Einrichtungen). Darüber hinaus muß die Senke noch weitere Informationen erhalten, um die empfangene Bitfolge korrekt interpretieren zu können. Die wichtigste Forderung lautet, das jeweils erste Bit eines Bytes zu erkennen. Dieser Vorgang wird **Synchronisation** genannt. Aus diesem Grund muß die sendende Station der empfangenden Beginn und Ende der Übertragung mitteilen.

8.2 Betriebsweisen der Datenübertragung – Datenformate

Besteht die Synchronisation zwischen beiden Datenstationen während der gesamten Übertragungsdauer, so ist die Betriebsweise synchron. Sie verläuft asynchron, wenn die Synchronisation nur für eine bestimmte Dauer (z. B. nur für die Übertragung eines Zeichens) besteht.

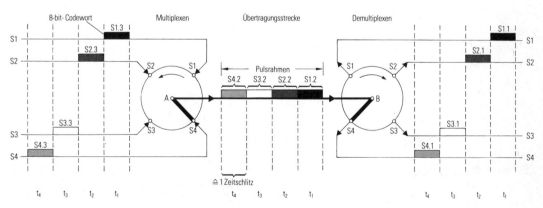

Bild 8.13 Prinzipdarstellung der Zeitmultiplexbildung und des Demultiplexens

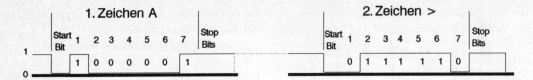

Bild 8.14 Asynchrone Datenübertragung

Asynchrone Datenübertragung

Beim asynchronen Format wird jedes Byte separat ausgesendet. Gleichlauf der beiden kommunizierenden Datenstationen wird mit einem vorangestellten Startbit und einem oder mehreren abschließenden Stopbits erreicht. Der Aufbau eines asynchronen Zeichens wird als Rahmen (frame) bezeichnet. Bild 8.14 zeigt die asynchrone Übertragung der zwei Zeichen A (10000001) und > (01111110), codiert nach dem CCITT-Code Nr. 5.

Die asynchrone Übertragungsleitung wird in den Übertragungspausen immer auf dem Zustand 1 gehalten. Das Startbit hat den Zustand 0. Seine Aufgabe besteht darin, den Anfang eines Datenbytes anzuzeigen. Zur Fehlererkennung wird meist an die Datenbits ein Paritätsbit angeschlossen. Asynchrone Übertragungsverfahren arbeiten in der Regel mit Übertragungsgeschwindigkeiten von bis zu 1200 Bit/s. Der Aufwand für die Hardware ist sehr gering, weshalb die Übertragung sehr preiswert erfolgen kann.

Synchrone Datenübertragung

Bei der synchronen Datenübertragung sind Sender und Empfänger während der gesamten Übertragung im Gleichlauf (synchron). Dabei wird eine Nachricht innerhalb eines festgelegten Zeitrasters als sog. Datenblock übertragen. Auch hier muß für den Empfänger erkennbar sein, wann jeweils ein Byte beginnt. Dies geschieht mittels eines Steuerzeichens, dem Synchronisierzeichen SYN. Bild 8.16 zeigt die synchrone Datenübertragung der Zeichen A und >, die nach dem CCITT-Code Nr. 5 codiert sind. Dabei wurde angenommen, daß die beiden Zeichen zu Beginn eines Zeichenblocks übertragen werden. Das Synchronisationszeichen SYN entspricht z. B. der Bitfolge 0010110.

Für die Datenübertragung in öffentlichen Datennetzen werden die Nachrichten in Datenpakete verpackt.

Flag 8 Bits	Paketkopf Adresse Steuerung 8 Bits 8 Bits	Informationsfeld	Blocksicherung CRC	Flag 8 Bits

Bild 8.15 Paketformat

Entsprechend den Informationen im Paketkopf werden die Datenpakete vom Absender zum Empfänger transportiert, wobei der Transportweg vom Netz ausgewählt wird.
Die Flags (Bitmuster 01111110) dienen zur Rahmenbegrenzung (Rahmensynchronisierung) und sind das einzige Steuerzeichen, das von der übrigen Bitkette zu unterscheiden ist. Das Adreßfeld wählt den Kommunikationspartner aus. Im Steuerfeld wird angezeigt, um welchen Nachrichtentyp es sich jeweils handelt: Information, Anfrage bzw. Quittung oder Aufbau und Abbau von Kommunikationsbeziehungen. Die Länge des Informa-

Bild 8.16 Synchrone Datenübertragung

tionsfeldes beträgt 128 Bytes. Das Rahmensicherungsfeld enthält ein Prüfwort, welches im allgemeinen den kompletten Rahmen (nicht nur das Informationsfeld) einschließt.

8.2.1 Methoden der Übertragungssicherung

Die Qualität von Datenübertragungssystemen äußert sich nach außen vor allem durch zwei Eigenschaften:
- der Geschwindigkeit, mit der die Übertragungen durchgeführt werden können und
- der Häufigkeit, mit der Fehler auftreten oder zu erwarten sind.

Ein absolut fehlerfreies System gibt es natürlich nicht. In jedem Systemteil können Signale verändert oder unterdrückt werden. Das Bestreben, Übertragungssysteme mit vertretbarem Aufwand so sicher wie möglich zu machen, richtet sich einerseits auf die technische Optimierung der Systembausteine. Andererseits können durch redundante Signale bei der Übertragung eventuell aufgetretene Fehler beim Empfänger bemerkt oder sogar korrigiert werden.

Die Sicherung von Nachrichten wird durch Prüfbits oder durch Prüfworte über Teile einer Nachricht oder über die gesamte Nachricht realisiert. Der Sender fügt die Prüfinformation hinzu, während sie der Empfänger benutzt, um sie mit der eigenen zu vergleichen. Die bekannteste Methode ist das sogenannte Parity-Bit am Ende eines Zeichens. Das gesamte Zeichen (einschließlich Paritätsbit) enthält immer eine gerade Anzahl von Einsen. (Es kann auch eine ungerade Parität vereinbart werden.)

Dieses Datensicherungsverfahren findet vorwiegend bei zeichenorientierten Protokollen (Bitgruppen fester Länge) Anwendung. Mit den bitorientierten Protokollen (keine feste Länge) entstanden verschiedene zyklische Sicherungscodes (CRC, **C**yclic **R**edundancy **C**heck). Das CRC-Prüfzeichen wird über den gesamten Nachrichtenblock gebildet, wobei dieser als ein langes binäres Wort gilt, das durch ein bestimmtes Polynom dividiert wird. Das Prüfwort ist der aus der Division verbleibende Rest. Bei CRC-Blocksicherung ist die Wahrscheinlichkeit extrem gering, daß Übertragungsfehler unerkannt bleiben.

8.2.2 Übertragungsverfahren und Übertragungswege

Die Darstellung von Informationen zur Verarbeitung in Rechnern erfolgt in Form paralleler Datenworte. Für die Übertragung werden parallele und serielle Datenformate benutzt. In unserem Schema einer Datenverbindung (Bild 8.2) traten ebenfalls serielle und parallele Datenverbindungen nebeneinander auf.

Serielle Übertragung

Werden die einzelnen Bits, aus denen sich ein Zeichen zusammensetzt, zeitlich nacheinander übermittelt, so spricht man von serieller Übertragung.

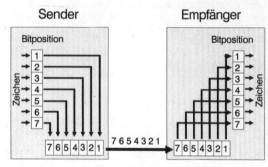

Bild 8.17 Serielle digitale Datenübertragung

Parallele Datenübertragung

Bei Parallelübertragung werden die einzelnen Bits eines Zeichens über eine entsprechende Anzahl von Kanälen gleichzeitig, also parallel, übermittelt.

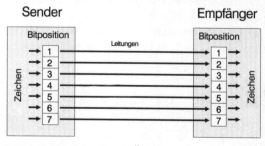

Bild 8.18 Parallele digitale Übertragung

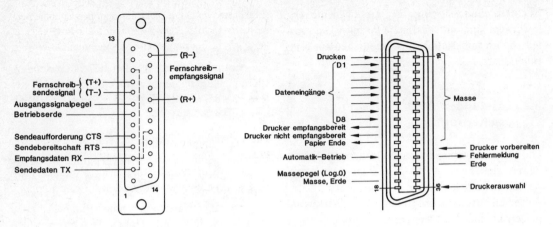

Bild 8.19 Serielle (V 24; links) und parallele Schnittstelle (Centronics)

Schnittstellen

Die Datenübertragung zwischen verschiedenen Computer-Systemen oder zwischen Computern und Peripheriegeräten, wie z. B. Drucker und Plotter, erfolgt über Schnittstellen. In der Computertechnik haben sich einige Standard-Schnittstellen etabliert. Weit verbreitet sind die serielle und die parallele Schnittstelle.

Serielle Schnittstelle

Typischer Vertreter ist die V 24-Schnittstelle (europäische Norm). In Amerika wird sie RS 232 C-Schnittstelle genannt. Leider verfügt sie über keine einheitliche Normung. Sie wird lediglich mit einem Buchstaben gekennzeichnet, wobei Schnittstellen für die Datenübertragung in Fernsprechnetzen mit „V" und solche für die Datenübertragung in Datennetzen mit „X" bezeichnet werden (z. B. V.24, X.20 usw.)

Serielle Schnittstellen haben den Nachteil, daß der Datenaustausch relativ langsam vor sich geht. Deshalb findet man in vielen Geräten der Kommunikationstechnik Parallelschnittstellen.

Parallele Schnittstelle

Von den Parallelschnittstellen hat sich die nach einem Druckerhersteller benannte Centronics-Schnittstelle als weltweit verbreiteter Standard durchgesetzt.

Übertragungsmedien

Je mehr Information übertragen werden muß und je schneller das geschehen soll, desto leistungsfähiger muß das Übertragungsmedium selbst sein. Die drei häufigsten sind heute:

- die Zweidraht-Leitung
- das Koaxial-Kabel und
- der Lichtwellen-Leiter.

Die Zweidraht-Leitung (bekannt vom Telefon) ist die preisgünstigste Lösung, sie hat aber eine relativ niedrige Übertragungsgeschwindigkeit (bis 50 kBit/s). Die Koaxial-Leitung schafft zweihundert mal soviel und hat außerdem den Vorteil, daß sie gleichzeitig mehrere Nachrichten übermitteln kann. Die Übertragungsrate reicht bis 10 MBit/s.

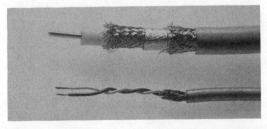

Bild 8.20 Koaxial-Leiter (oben) und Zweidraht-Kabel

Nochmals um den Faktor 5 höher liegt die Übertragungskapazität beim Lichtwellenleiter. Vor allem in Fernnetzen bietet die elektro-optische

Nachrichtenübertragung in Lichtwellenleitern technische und wirtschaftliche Vorteile. Die haarfeinen Fasern bestehen im wesentlichen aus reinstem Quarzglas.

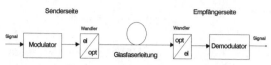

Bild 8.21 Prinzip der optischen Nachrichtenübertragung

Auf der Sendeseite werden mit Hilfe eines elektro-optischen Wandlers die ankommenden Stromimpulse von einer Laser- oder Lumineszenzdiode in entsprechende Lichtimpulse einer ganz bestimmten Wellenlänge umgesetzt.

Von den verschiedenen Typen der Lichtwellenleiter hat sich inzwischen mehr und mehr die sog. Monomode-Faser (Lichtwelle = Mode) durchgesetzt. Sie besteht aus einem dünnen, optisch hochreinen Glaskern von 3–5 Mikrometern, der von einem Glasmantel mit einem niedrigen Brechungsindex umgeben ist.

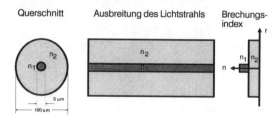

Bild 8.22 Monomode-Faser

Das Licht wird im Kern der Faser wie in einem Lichttunnel geführt, weil sich wegen des extrem geringen Kerndurchmessers nur ein einziger Lichtwellentyp ausbreiten kann und dieser vom umgebenden Glasmantel immer wieder in den Kern zurückreflektiert wird. Die gesamte Lichtenergie bleibt erhalten und wird lediglich durch Unreinheiten im Quarzglas gedämpft.

Die optischen Verluste werden durch hochwertige technische Herstellungsverfahren der Glasfaser so gering gehalten, daß das optische Signal nur alle 30 km wieder verstärkt werden muß, gegenüber 1,3 km Verstärkerabstand vergleichbarer Systeme mit Koaxial-Leitern. Die Reinheit des Glases verdeutlicht folgendes Beispiel:

Ein Fenster von 3 km Dicke aus dem besten heute herstellbaren Lichtleiterglas ließe mehr Licht durch als eine gewöhnliche Fensterglasscheibe von 3 mm Dicke.

Auf der Empfangsseite werden die ankommenden Lichtquellen von einem opto-elektrischen Wandler (Photodiode) in elektrische Signale rückverwandelt.

Die Vorteile der Glasfaser gegenüber herkömmlichen Übertragungsmedien sind bedeutend:
- Bandbreite und Übertragungskapazität sind allgemein höher als mit herkömmlichen Koaxial- und Mehrdrahtleitungen.
- Besonders kleiner Durchmesser und große Flexibilität bei sehr geringem Gewicht.
- Energiebedarf niedriger als bei anderen Übertragungssystemen.

Die Glasfaser ist das Übertragungsmedium mit den größten Zukunftsaussichten. Technisch ist es möglich, alle heute bekannten und zukünftigen Fernmeldedienste von Sprache, Text und Daten sowie Hörfunk und Fernsehen mit höchsten Geschwindigkeiten und höchster Qualität über ein und dieselbe Glasfaser zu übertragen.

8.3 Die Datenübertragungsdienste der Bundespost

Mit Ausnahme von Gesprächen über eine Fernsprechverbindung basieren alle anderen Medien der Telekommunikation auf der Übertragung von digitalen Informationen. Für jede Nachrichtenform gibt es mehr oder weniger leistungsfähige Kommunikationssysteme.

Für die Datenfernverarbeitung stellt die Deutsche Bundespost eine Reihe von Fernmeldediensten zur Verfügung. Die Übertragung erfolgt entweder über Fest- oder Wählverbindungen mit Leitungs- oder Paketvermittlung.

Festverbindungen oder Standleitungen heißen bei der Deutschen Bundespost im Inland „Direktrufnetz" oder für den Auslandsverkehr „Internationale Mietleitungen". Zwischen zwei Direktrufanschlüssen werden Verbindungen, die permanent zur Verfügung stehen, hergestellt. Diese Datenverbindungen sind – im Gegensatz zum Wählnetz –

nur zwischen bestimmten Partnern möglich. Typisch ist diese Form zwischen Zentralen, Zweigwerken u. ä.

Bei den leitungsvermittelten Wählverbindungen wird, wie beim Telefonieren, eine Leitung zwischen zwei Datenstationen hergestellt. Im Gegensatz zum Telefonieren müssen jedoch die Art der Verbindung und die Übertragungsgeschwindigkeit festgelegt sein.

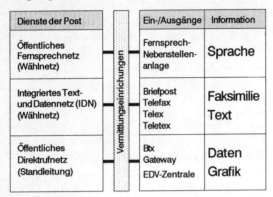

Bild 8.23 Telekommunikationssysteme, nach Nachrichtenformen gegliedert

Zur Zeit werden die verschiedenen Fernmeldedienste von zwei Netzen, dem Fernsprechnetz und dem integrierten Text- und Datennetz (IDN) durchgeführt. In späteren Jahren soll es dann nur noch ein „integriertes digitales Netz" (ISDN) geben.

8.3.1 Datenübermittlung über das Fernsprechnetz

Das Fernsprechnetz dient, wie der Name schon sagt, in erster Linie der Weiterleitung von Sprache. Für das Übertragen von Rechteckimpulsen über große Entfernungen ist es ungeeignet. Mit Zusatzeinrichtungen besteht jedoch die Möglichkeit, von jedem Fernsprechanschluß aus Datenübertragung zu betreiben.

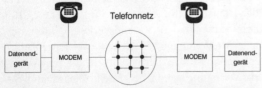

Bild 8.24 Datenübertragung im öffentlichen Telefonnetz

Diese Anpassungseinrichtungen haben die Aufgabe, die digitalen Signale der Datenverarbeitungsanlage so aufzubereiten, daß sie als analoge Signale über das Fernsprechnetz übertragen werden können.

Modems

Der dazu notwendige **MO**dulator und **DEM**odulator heißt umgangssprachlich Modem. Der Modulator wandelt die Rechteckimpulse mit Hilfe von Modulationstechniken im Sender in sinusförmige Signalanteile um. Den Signalen „1" und „0" wird jeweils eine eigene Frequenz zugeordnet.

Mit einem Demodulator wird am Empfänger die Information wieder in die ursprünglichen Rechteckimpulse rückverwandelt.

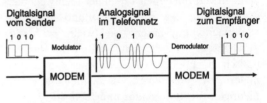

Bild 8.25 Analoge Übertragung von digitalen Daten mittels Frequenzmodulation

Die Post stellt verschiedene Modems zur Verfügung, mit denen Daten parallel mit Geschwindigkeiten von 10, 20 und 40 Zeichen/s und seriell mit 50...4800 Bits/s übertragen werden können. Eines der Hauptmerkmale eines Modems ist die maximale Geschwindigkeit der Übertragung.

So dauert beispielsweise das Übertragen einer 100 kByte großen Datei bei einer Transferrate von 300 Bit/s ungefähr 50 Minuten. Die gleiche Datei geht bei 1200 Bit/s schon in 15 Minuten und bei 2400 Bit/s in knapp 8 Minuten über die Leitung. Technisch ist es inzwischen möglich, mit sogenannten High-Speed-Modems Daten mit Transferraten von 9600 Bit/s zu übertragen. Für die zuvor genannte Datenmenge wären dann nur noch zwei Minuten erforderlich. Dies entspricht einer Geschwindigkeitssteigerung um den Faktor 25.

Akustikkoppler

Der Akustikkoppler ist ein tragbares Modem, bei dem die Datenübertragung akustisch über das Telefon verläuft. Dieses Gerät ermöglicht es, Daten von jedem Ort mit einem Telefon auszusenden und zu empfangen. Beim Sendegerät werden die digitalen Signale des Computers moduliert und als akustische Signale in einen Telefonhörer bzw. in deren Sprechmuschel eingegeben. Das Signal „1" wird als Ton mit 980 Hz, das Signal „0" als Ton mit 1180 Hz gesendet. Empfangen wird die „1" mit 1650 Hz und die „0" mit 1850 Hz; dies gilt für eine Geschwindigkeit von 300 Bit/s.

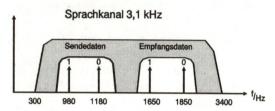

Bild 8.26 Signaldarstellung mit dem Akustikkoppler

Der große Vorteil der Wählverbindungen ist ihre Flexibilität. Mit dem Akustikkoppler ist der Anwender in der Lage, von jedem Teilnehmeranschluß des öffentlichen Fernsprechnetzes aus Daten mit einer Geschwindigkeit von bis zu 1200 Bit/s zu übertragen.

8.3.2 Datenübertragung über Datennetze

Fest verdrahtete Modems und Akustikkoppler ermöglichen die Kommunikation zwischen Terminals und Computern sowie den Zugang zu Datenbanken und Mailboxen (elektronischen Briefkästen). Darüber hinaus bieten sie auch die Möglichkeit zur professionellen Datenübertragung und zur Kommunikation mit Großrechnern über das Datex-P-Netz.

Das Datex-P-Netz

Die Datenübertragung im paketvermittelten Datennetz (kurz: Datex-P) kommt vornehmlich für Rechnerverbundnetze und Dialoganwendungen in Frage. Wie der Name schon vermuten läßt, werden bei der Paketvermittlung die zu übertragenden Nachrichten der Benutzer zu Datenpaketen fester Länge zusammengefaßt, mit einer Adresse versehen und zu dem vom Teilnehmer bestimmten Ziel übertragen.

Bevor jedoch ein Datenpaket auf den elektronischen Weg zum gerufenen Teilnehmer gehen kann, wird mit Hilfe der Zieladresse eine Verbindung zwischen den kommunizierenden Datenanschlüssen aufgebaut. Diese Verbindung ist allerdings nicht fest geschaltet, sondern setzt sich aus mehreren Teilstrecken zusammen, die über logische Zuordnungen miteinander verknüpft werden. Die einzelnen Teilstrecken haben im allgemeinen unterschiedliche Übertragungsgeschwindigkeiten.

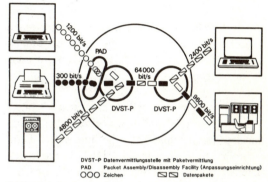

Bild 8.27 Vermittlungsprinzip Datex-P

Im Gegensatz zur leitungsvermittelten Verbindung ist es auch möglich, daß eine Datenstation mit 4800 Bit/s senden und eine andere mit 9600 Bit/s empfangen kann.

Datenendeinrichtungen, die ihre Daten nicht paketorientiert senden bzw. empfangen, müssen über eine sog. PAD-Einrichtung (Paketier-/Depaketier-Einrichtung) in der Datenpaketvermittlungsstelle angepaßt werden. Diese Umpackprogramme stellen Verbindungen zu Datenstationen im Fernsprechnetz und im Datex-L-Netz her. Datex-P kann somit als offenes Kommunikationssystem bezeichnet werden.

Das Datex-L-Netz

Große und kleine Computer können ohne Modems an den Datex-L-Dienst der Bundespost angeschlossen werden. Dazu ist ein eigener betrieblicher Netzanschluß erforderlich. Die Verbindung erfolgt leitungsvermittelt, d. h. für die Dauer einer Wählverbindung sind die beiden Hauptanschlüsse direkt miteinander verbunden.

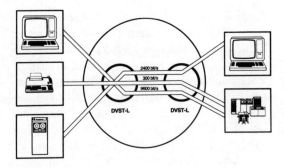

Bild 8.28 Datenübertragung im Datex-L-Netz

3.3.3 Fortschritt im Zeichen von ISDN

ISDN steht für **I**ntegrated **S**ervices **D**igital **N**etwork, was übersetzt „dienstintegrierendes digitales Netzwerk" bedeutet. Basis für das ISDN ist das digitalisierte Fernsprechnetz, welches ja bereits flächendeckend besteht. Somit müssen keine zusätzlichen Kabel verlegt werden.

Dem Benutzer sollen mit ISDN eine Vielfalt von verbesserten und neuen Leistungen zur Verfügung stehen:
- ein gemeinsames Netz für Sprach-, Text-, Bild- und Datenkommunikation;
- alle Dienste unter einer Rufnummer über die vom Telefonnetz her vorhandenen Kupfer-Doppeladern;
- bei Non-Voice-Diensten (Text, Daten, Bild) mit 64000 Bit/s wesentlich höhere Geschwindigkeiten und günstigere Tarife;
- Mischkommunikation (Sprache, Text, Bild, Daten);
- neue Telefonleistungsmerkmale wie bessere Sprachqualität ohne Störgeräusche, optische und akustische Anzeigen;

Auch der Datex-L-Dienst wird in verschiedenen Geschwindigkeitsklassen angeboten. Es können aber nur Datenstationen derselben Geschwindigkeitsklasse verbunden werden.

Für die Zukunft ist geplant, das Fernsprechnetz schrittweise auf Digitalbetrieb umzustellen, so daß auf ihm letztlich alle bisher im integrierten Fernschreib- und Datennetz (IDN) angebotenen Dienste mit verbesserten technischen Leistungsmerkmalen realisiert werden können.

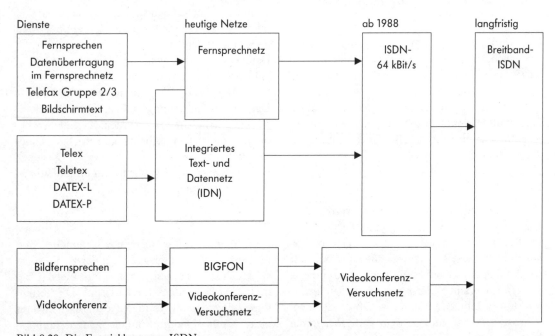

Bild 8.29 Die Entwicklung zum ISDN

– im Breitband-ISDN mit Glasfaserleitung zusätzlich Bewegtbild und sehr schnelle Datenübertragung.

Da das ISDN-Konzept mehrere Dienste in einem Universalnetz integriert, ist es naheliegend, in einem Endgerät mehrere Kommunikationsformen zu vereinen. Es gibt bereits Mehrdienst-Endgeräte, mit den vielfältigsten Kombinationen, z. B. Telefon und Btx als „Multitel". Die Skala der Möglichkeiten reicht bis zum „Multifunktionalen Terminal".

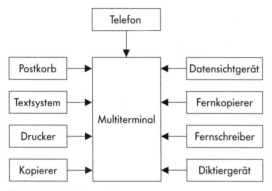

Bild 8.30 Multiterminal

8.4 Lokale Netze und Netzstrukturen

Vor allem im Bereich der Bürokommunikation entstand durch die kontinuierliche Ausweitung der elektronischen Text- und Datenverarbeitungssysteme das Bedürfnis, über ein gemeinsames Übertragungsmedium auf einem räumlich begrenzten Bereich eine Vielzahl von Verbindungsmöglichkeiten herzustellen. Dasselbe gilt auch für verschiedene Bereiche von Forschung und Entwicklung, aber auch für Produktionsstätten und -anlagen.

Die Vernetzung von Datenverarbeitungsanlagen innerhalb eines Büro- oder Fabrikgeländes wird **L**ocal **A**rea **N**etwork (LAN) genannt. Die Übertragung erfolgt über Koaxialkabel oder Glasfaser.

Lokale Netze werden nach mehreren Merkmalen differenziert. Die wichtigsten sind die Übertragungsmedien, die Zugriffsverfahren und die Netzwerktopologie.

8.4.1 Netzwerktopologie

Die Art der Verbindung zwischen den Stationen im Rechnernetz bezeichnet man als Topologie des Netzes. Die wichtigsten Netzwerkstrukturen sind Stern, Schleife, Ring und Bus.

Sterntopologie

Alle Teilnehmer sind durch eine eigene Übertragungsleitung mit der zentralen Einheit verbunden. Je nach Art der zentralen Einheit können die Teilnehmer gleichzeitig an diese übertragen oder erhalten nacheinander die Übertragungsberechtigung zugeteilt.

Ringtopologie

Die Teilnehmer sind ringförmig zusammengeschlossen und können jeweils zu ihrem Nachbarn übertragen. Nachrichten an weiter entfernte Teilnehmer müssen von Nachbar zu Nachbar weitergereicht werden.

Bustopologie

Alle Teilnehmer sind durch einen gemeinsamen Übertragungsweg (Sammelschiene) miteinander verbunden. Zu einem Zeitpunkt kann nur eine Nachricht auf dem Bus transportiert werden.

Diese Verbindungsformen treten in der Praxis auch gemischt auf. Beim Zusammenschluß mehrerer Netze entstehen Probleme. Deshalb wurden zur Realisierung solcher Netzübergänge sog. Gateways und Bridges eingeführt.

Gateway

Ein Gateway ist ein Kommunikationsrechner zwischen verschiedenen Rechnernetzen, der die Aufgabe hat, Nachrichten von einem Netz in das andere zu übermitteln. Ein wichtiger Punkt ist dabei die Umsetzung der Kommunikationsprotokolle.

Bridge

Zwei oder mehrere LAN's derselben Art werden über eine Bridge miteinander verbunden, wodurch in der Regel die Protokollumsetzung wegfällt bzw. erleichtert wird. Es bleiben dann aber immer noch genügend Aufgaben, die in der Bridge realisiert werden müssen.

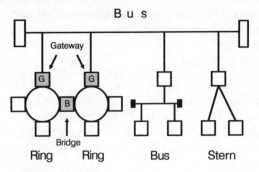

Bild 8.31 Verschiedene Rechnernetze, gekoppelt über Gateways und Bridges

8.4.2 Zugriffsverfahren in Lokalen Netzwerken

In allen LAN-Systemen muß durch spezielle Protokolle geregelt werden, wie die einzelnen Stationen auf den Übertragungskanal zugreifen können und wie sie sich im Konfliktfall verhalten. Prinzipiell gibt es zwei verschiedene Möglichkeiten, den Zugriff zu regeln: zentral oder dezentral.
Bei zentralen Zugriffsverfahren teilt eine Masterstation jeweils einem der übrigen Teilnehmer das Senderecht zu. Wenn dieser Master allerdings ausfällt, ist die Kommunikation sämtlicher Netzteilnehmer gestört.
Deshalb haben sich dezentrale Verfahren durchgesetzt, bei denen die Sendeberechtigung schneller und nicht mehr nur von einem Netzteilnehmer erteilt werden kann. Zwei dieser dezentralen Zugriffsverfahren sind inzwischen auf breiter Basis anerkannt und werden weltweit eingesetzt: das CSMA/CD (ETHERNET) und das Token-Passing-Verfahren.

Das CSMA/CD-Verfahren

Bei den CSMA/CD-Protokollen (**C**arrier-**S**ense-**M**ultiple-**A**ccess; Mehrfachzugriff durch Abhören des Trägers und Kollisionsüberprüfung) gibt es keine feste Reihenfolge. Sendewillige Stationen hören zunächst das Übertragungsmedium ab. Eine Station hat Zugang zum Kanal, sobald das Medium frei ist. Konflikte entstehen nur dann, wenn Stationen den Kanal als frei empfunden haben und gleichzeitig eine Übertragung beginnen.

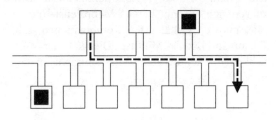

Ein Teilnehmer benutzt die gemeinsame Datenleitung für eine Übertragung. Möchten in der Zwischenzeit andere Teilnehmer senden, so müssen sie warten, bis die Leitung wieder frei ist.

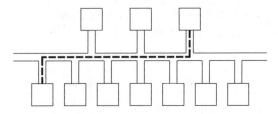

Ist die Leitung wieder frei und möchten zwei Teilnehmer gleichzeitig senden, kommt es zur Datenüberlagerung.

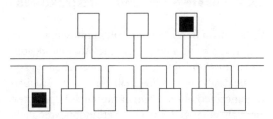

Die Datenüberlagerung wird dadurch aufgelöst, daß beide Teilnehmer ihre Übertragung abbrechen.

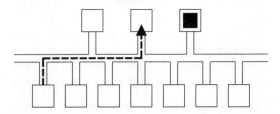

Nach Ablauf der unterschiedlich zugeteilten Wartezeiten können dann die Teilnehmer ihre Sendung wiederholen – natürlich nacheinander.

Das Token-Passing-Verfahren

Beim Token-Passing-Verfahren läuft die Sendeberechtigung, die auch Token genannt wird, zirkular von Station zu Station. Hier darf nur senden, wer die Sendeberechtigung hat. Der Token wird in festgelegter Reihenfolge jedem Netzteilnehmer angeboten. Dadurch kann eine maximale Wartezeit für jeden Teilnehmer garantiert werden, wobei auch Nachrichtenprioritäten möglich sind.

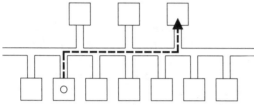

Der Teilnehmer, der gerade den Token (Kreis) hat, sendet.

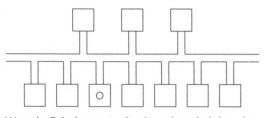

Wenn der Teilnehmer seine Sendung abgeschickt hat, übergibt er den Token an den nächsten Netzteilnehmer. Dieser will z. B. nicht senden.

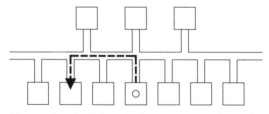

Also wandert der Token gleich weiter zum nächsten, der eine Nachricht sendet...

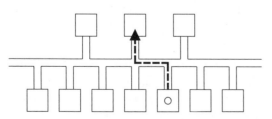

...und so fort in festgelegter Reihenfolge, so daß jeder Teilnehmer die Sendeberechtigung in einer bestimmten Mindestzeit erhält.

Aufgaben

A 8.1 (zu 8.1.1)
Skizzieren Sie ein Systembild zur Datenfernverarbeitung.

A 8.2 (zu 8.1.3)
Codieren Sie mit Hilfe der Codiertabelle von Bild 8.6 den Begriff „Information".

A 8.3 (zu 8.1.4)
Erklären Sie, warum für die Bildung eines PCM-Codewortes zunächst ein Pulsamplituden-Impuls notwendig ist.

A 8.4 (zu 8.1.5)
Welchen praktischen Nutzen haben Multiplexverfahren? Erläutern Sie dies am Beispiel des Zeitmultiplexverfahrens.

A 8.5 (zu 8.2)
Woran erkennt die Datenstation des Empfängers den Anfang der Datenübertragung bei der asynchronen und bei der synchronen Datenübertragung?

A 8.6 (zu 8.2.1)
Welche Vorteile hat die Glasfaser gegenüber herkömmlichen Übertragungsmedien?

A 8.7 (zu 8.3)
Welche Fernmeldedienste der Bundespost stehen dem Benutzer zur Datenübertragung zur Verfügung?

A 8.8 (zu 8.3.3)
Welche technische Neuerung im Bereich der Fernmeldedienste ist mit ISDN geplant?

A 8.9 (zu 8.4)
Welche Netzwerktopologien sind bei lokalen Netzen (LANs) häufig anzutreffen?

A 8.10 (zu 8.4.2)
Wie erkennt eine sendewillige Datenstation beim CSMA/CD- und beim Token-Passing-Verfahren, ob der Kanal frei ist, damit sie senden kann?

9. Prozeßdatenverarbeitung

VOR DER SENDUNG

Der Einsatz von Computern hat viele verschiedene Anwendungsgebiete. Benutzt man sie, um damit technische Prozesse zu erfassen, zu steuern oder zu regeln, so bezeichnet man diese Anwendung als Prozeßdatenverarbeitung (PDV). Das folgende Kapitel wird sich näher mit dieser Art von Datenverarbeitung beschäftigen.

Lernziele

9.1 Prozesse, insbesondere technische Prozesse, haben bestimmte Grundeigenschaften, von denen die Beachtung der Rechtzeitigkeit und der Gleichzeitigkeit die wichtigsten sind.

9.2 Ein technischer Prozeß ist ein Vorgang, der mit technischen Mitteln Materie, Energie oder Information umformt, transportiert oder speichert.

9.3 Technische Prozesse lassen sich graphisch mit Hilfe von Weg-Zeit- und Aktions-Zeit-Diagrammen beschreiben.

9.4 Wenn Computer in technischen Prozessen eingesetzt werden, bezeichnet man dies als Prozeßdatenverarbeitung (PDV). Die Prozeßrechner können je nach Anforderung einen Prozeß überwachen, steuern, regeln oder optimieren.

9.5 Prozeßrechner können mit Hilfe von Sensoren Meßdaten aus ihrem Prozeß entnehmen und über Aktoren verstellend in ihren Prozeß eingreifen.

NACH DER SENDUNG

9.1 Grundeigenschaften von Prozessen

Joe hatte die Bank mit der Routine eines Profis ausgenommen. Der Sack mit den Scheinen lag auf dem Rücksitz seines Fluchtautos. Mit hoher Geschwindigkeit ging er in die weite Kurve vor der Autobahnauffahrt und schaltete zurück in den dritten Gang. Lässig griff er zu einer Zigarette und schob sie in seinen Mundwinkel. „Wie haben wir das mal wieder gemacht?" sagte er gerade über die Schultern zu Ede, als er die ersten Blaulichter vor sich entdeckte.

Bevor Sie nun denken, Sie haben das falsche Buch aufgeschlagen, soll geklärt werden, was *Joe kurz vor der Verhaftung* denn wohl mit dem Begriff „Prozeß" zu tun haben könnte.
Nun, die Szene ist ein (mehr oder weniger) alltägliches Beispiel eines Prozesses:

Der Gangster, der
- in eine Kurve fährt,
- rechtzeitig zurückschaltet,
- sich dabei eine Zigarette anzündet und
- gleichzeitig zu seinem Beifahrer spricht,

beherrscht ein komplexes System von

- Eindrücken, die auf ihn einwirken (z. B. Kurve),
- aufgrund derer er im richtigen Moment dank seiner Erfahrung die richtigen Entscheidungen trifft (z. B. Richtung ändern)
- und diese Entscheidungen in die Tat umsetzt (z. B. am Lenkrad drehen).

Wir wollen für diesen schon recht komplizierten Prozeß zunächst einige wichtige und markante Grundsätze zusammentragen, die helfen sollen, das folgende besser zu verstehen:

1. Ein Prozeß besteht oft aus mehreren gleichzeitig ablaufenden und logisch miteinander ver-

bundenen Vorgängen. (Die Kurve zwingt gleichzeitig zum Lenken und zum Zurückschalten).

2. Ein Prozeß hat einen optimalen Zustand, der oft die Eigenschaft besitzt, sich zu verschlechtern, wenn niemand eingreift. Der Eingriff muß außerdem rechtzeitig geschehen. (Wenn bei einer Kurve nicht gelenkt wird, kann Schlimmes passieren. Ebenso, wenn zu spät gelenkt wird.)

3. Die gleichzeitig ablaufenden Vorgänge haben oft verschiedene Wichtigkeit. Die Wichtigkeit eines Vorgangs kann von der augenblicklichen Situation abhängen. (Die Zigarette beim Autofahren ist nicht wichtig – eher schädlich! Aber wenn das Streichholz einmal an ist, muß Joe es in einer bestimmten Zeit wieder ausblasen, sonst verbrennt er sich die Finger.)

4. Um einen Prozeß beurteilen zu können, muß man ständig seinen Zustand messen. Will man auch eingreifen, so benötigt man weiterhin Stellglieder. (Joes Augen erkennen die Kurve und die Blaulichter. Über das Lenkrad, die Schaltung und das Gaspedal greift er ein).

5. Es gibt eine mehr oder weniger intelligente Einheit, der der optimale Prozeßzustand bekannt ist und die auf die Meß- und Stellmöglichkeiten zugreifen kann. (Diese intelligente Einheit ist in unserem Beispiel das menschliche Gehirn, das bis heute die Leistungsfähigkeit künstlicher Systeme, wie Computer, bei weitem übertrifft; selbst das von Joe!)

Die wichtigsten Grundeigenschaften eines Prozesses sind damit im wesentlichen beschrieben. Im folgenden soll nun der Begriff Prozeß selbst definiert werden. Die Betrachtungen beschränken sich dabei auf technische Prozesse, da sie Gegenstand der hier behandelten Prozeßdatenverarbeitung sind.

9.2 Technische Prozesse

Eine exakte Beschreibung des Begriffs technischer Prozeß wird in DIN 66201 Teil 1, Nr. 1.2/1.3 gegeben:

Ein Prozeß ist die *Gesamtheit von aufeinander einwirkenden Vorgängen in einem System, durch das Materie, Energie oder Information umgeformt, transportiert oder gespeichert wird.*

Ein technischer Prozeß ist ein *Prozeß, dessen physikalische Größen mit technischen Mitteln erfaßt und beeinflußt werden können.* Technische Prozesse lassen sich einteilen in **Erzeugungs-, Verteilungs- und Aufbewahrungsprozesse.**

Bild 9.1 zeigt den technischen Prozeß in seiner allgemeinen Form: Eingangsprodukte werden zu Ausgangsprodukten verarbeitet. Zu jedem Zeitpunkt ist der Zustand des Prozesses über Meßglieder erfaßbar. Über Stellglieder kann auf den Prozeßablauf eingewirkt werden.

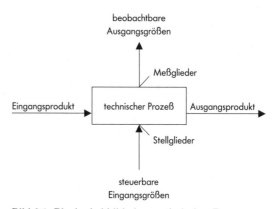

Bild 9.1 Blockschaltbild eines technischen Prozesses

Anhand dieses Prinzipbilds läßt sich nun ein erster, sehr einfacher technischer Prozeß beschreiben, eine Toilettenspülung.

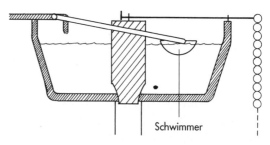

Bild 9.2 Toilettenspülung als technischer Prozeß

Der Ablauf ist folgender:

1. Ruhezustand. Der Wasserbehälter ist voll.
2. Wasseranforderung. Jemand zieht am Zugseil und öffnet damit den Abfluß. Das gespeicherte Wasser läuft als Schwall ab. Der Behälter ist leer, der Abfluß wird geschlossen.
3. Füllung. Der Schwimmer hat das Einlaßventil geöffnet, Wasser läuft langsam ein. Durch das steigende Wasser im Behälter wird der Schwimmer angehoben und versperrt mehr und mehr den Zufluß. Wenn der maximale Füllstand erreicht ist, ist der Zufluß wieder vollständig geschlossen.

Verglichen mit der allgemeinen Definition stellt in diesem Fall langsam fließendes Wasser das Eingangsprodukt, Schwallwasser das Ausgangsprodukt dar. Der Prozeß ist ein Aufbewahrungsprozeß.

Es gibt zwei Stellglieder, den über das Zugseil zu aktivierenden Abfluß und das Wassereinlaßventil. Als Meßglied dient der Schwimmer, der den Wasserstand ermittelt.

Ein zweites Beispiel: Die meisten Automotoren sind heutzutage Verbrennungsmotoren nach dem Otto-Prinzip. Bild 9.3 zeigt einen für uns interessanten Ausschnitt eines solchen Motors.

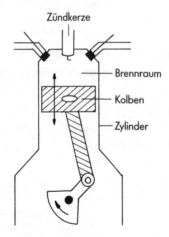

Bild 9.3 Ottomotor (Ausschnitt)

In einem Zylinder bewegt sich ein Kolben aufwärts und abwärts. Hat er seine obere Stellung (seinen OT) erreicht, so sorgt die Zündkerze durch einen Funken für die Entzündung des zuvor eingeströmten Benzin-Luft-Gemischs. Diese kleine Explosion treibt den Kolben wieder abwärts.

Je nach Art des Motors gibt es 4, 5, 6 oder gar 12 Zylinder, deren Kolben über die Kurbelwelle die Kraft weitergeben.

Ein Problem dabei ist, daß der Zündkerzenfunke rechtzeitig erzeugt werden muß. Kommt er zu spät, so wird die Explosion schlecht ausgenutzt, der Wirkungsgrad sinkt, der Motor braucht viel Benzin. Kommt der Funke gar zu früh, so trifft die Explosion den sich noch aufwärts bewegenden Kolben und versucht, ihn in die falsche Richtung zurückzutreiben. Fachleute sagen dann, der Motor „klopft", doch das tut er nicht lange, weil er sich auf diese Weise selbst zerstört.

Zu allem Überfluß ist der richtige Zeitpunkt für den Zündfunken abhängig von der Motordrehzahl, vom Belastungszustand und, wenn man es genau nimmt, auch von der Benzinsorte.

Man löst das Problem der Motorzündung heute meist mit einem elektrischen Kontakt, dem „Verteiler", der – angetrieben über eine Mechanik – drehzahlabhängig die Zündfunken auslöst. Jedoch wäre es sehr viel eleganter, für die Funkenerzeugung auch die anderen oben genannten Punkte zu berücksichtigen, denn man könnte so den Motorwirkungsgrad und seine Lebensdauer spürbar verbessern.

Wie eine derartige „Klopfregelung" mit einem Computer gemacht wird, soll in Abschnitt 9.4 näher beschrieben werden.

Auch unser Zündfunkenprozeß läßt sich anhand der allgemeinen Prozeßdefinition einordnen: Das Eingangsprodukt Benzin-Luft-Gemisch wird in mechanische Kraft und Abgas umgesetzt. Unser Prozeß ist also ein (Kraft-) Erzeugungsprozeß. Beobachtet wird im einfachsten Fall vom Verteiler die Motordrehzahl, gesteuert wird natürlich der Zündfunke der Zündkerzen.

9.3 Beschreibung technischer Prozesse

Wie kann man nun die Abläufe technischer Prozesse genauer beschreiben? Kehren wir dazu zurück zum ersten Beispiel. Die einfachste in diesem

Prozeß beobachtbare Größe ist der Wasserfüllstand. Er kann sich zwischen Null (leer) und 100 % (voll) bewegen. Der tatsächliche Verlauf ist in Bild 9.4 dargestellt. Die X-Achse des entsprechenden Diagramms ist die Zeit, die Y-Achse der zugehörige Füllstand.

Lange Zeit steht der Füllstand auf 100 %, es herrscht Ruhe, keine Aktion findet statt. Zum Zeitpunkt T_1 wird der Ablauf geöffnet, der Füllstand sinkt schnell und linear auf 0. Der Ablauf schließt sich, Wasser läuft nach. Wesentlich langsamer steigt nun der Füllstand wieder an, je mehr er sich den 100 % nähert, um so flacher wird die Kurve, da sich ja durch den Schwimmer das Einlaufventil immer weiter schließt. Nach der Zeit $T_1 + T$ ist der gesamte Vorgang abgeschlossen, es herrscht wieder Ruhe.

Die Y-Achse des Diagramms beschreibt den Füllstand, d. h. den Weg des Wassers auf einem gedachten Markierlineal im Inneren des Wasservorratsbehälters. Das Diagramm ist also ein **Weg-Zeit-Diagramm.** Es gibt den zurückgelegten Weg einer Prozeßgröße im Bezug zur Zeit an und ist damit ein geeignetes Mittel, um Teile eines Prozesses anschaulich darzustellen.

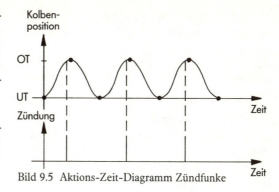

Bild 9.5 Aktions-Zeit-Diagramm Zündfunke

9.4 Prozeßrechner

Jeder Prozeß ist unter anderem dadurch charakterisiert, daß eine mehr oder weniger intelligente Einheit für seinen ordnungsgemäßen Ablauf sorgt. Das ist im einfachsten Fall die Stange, die bei der Toilettenspülung den Schwimmer mit dem Wassereinlaufventil verbindet oder beim Zündvorgang im Ottomotor standardmäßig der Verteiler.

Wird nun eine solche intelligente Einheit durch einen Computer realisiert, so nennt man das verwendete Verfahren Prozeßdatenverarbeitung (PDV).

Unter Prozeßdatenverarbeitung versteht man also den Einsatz einer Datenverarbeitungsanlage zur Überwachung, Steuerung, Regelung oder Optimierung eines Prozesses. Die Datenverarbeitungsanlage heißt dann Prozeßrechner. Meist handelt es sich dabei um technische Prozesse, aber auch andere können in Frage kommen, wie z. B. bei Ampelanlagen.

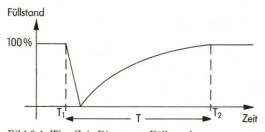

Bild 9.4 Weg-Zeit-Diagramm Füllstand

Ein ähnliches Diagramm beschreibt die Vorgänge bei der Zündung des Ottomotors. Bild 9.5 zeigt in seinem oberen Teil den Verlauf des beobachteten Kolbens im Zylinder. Im unteren Teil sieht man die Wirkungsweise des Verteilers: Immer wenn der Kolben kurz vor seinem höchsten Punkt, dem oberen Totpunkt, steht, löst er die Zündung aus. Dies ist im Diagramm dargestellt durch einen Pfeil, der stellvertretend für die kurze Aktion *Zündfunke* steht. Damit ist ein **Aktions-Zeit-Diagramm** ein weiteres einfaches Mittel, Teile eines Prozesses zu beschreiben.

Die PDV gewinnt in unserer industrialisierten Gesellschaft aufgrund der zunehmenden Automatisierung immer mehr an Bedeutung. Ein gutes Maß für diese Tendenz ist die stark zunehmende Verwendung von Prozeßrechnern.

Ein diese Entwicklung unterstützender Aspekt ist die mit der Mikroelektronik, der Hochintegration von Computerchips und dem Preisverfall der elektronischen Systeme verbundene Möglichkeit, auch Anwendungen, für die bislang ein Prozeßrechner zu teuer war, jetzt mit einem solchen zu automatisieren. Typische Beispiele für diese Tendenz finden sich etwa bei Haushaltsgeräten

(Waschmaschinen usw.) oder der Unterhaltungselektronik (Video-Recorder). In diesen Bereichen gibt es kaum noch Neugeräte, die nicht mit einem Mikrochip, also einem Prozeßrechner, ausgestattet sind.

Es gibt kein einheitliches Maß für die Größe eines Prozeßrechners. Aufgrund seiner vielfältigen Einsatzmöglichkeiten findet man Geräte von der Größe eines Schrankes (z. B. zur Regelung von Kraftwerken) und im Scheckkarten-Format (wie für das Zündungsproblem des Ottomotors). Allen gemeinsam ist jedoch ihr kostengünstiger Einsatz bei hohem Leistungsangebot.

Auch technische Prozesse, deren Betrieb aufgrund ihrer Komplexität, ihres menschenunwürdigen Umfeldes oder ihrer schnellen Reaktionsanforderungen früher unmöglich war, können heute vielfach unter Zuhilfenahme von Prozeßrechnern realisiert werden.

Prozeßrechner haben in aller Regel ein völlig anderes äußeres Aussehen, als die allgemein übliche Vorstellung von einem Computer ist. Wenn sie überhaupt nach außen in Erscheinung treten, dann nur über optimal an ihre Umgebung angepaßte Meß- und Stellglieder. Ein Rechner zur Automatisierung einer Waschmaschine z. B. hat kein Sichtgerät, keine große Tastatur und schon gar kein Plattenlaufwerk. Aber er hat die Möglichkeit, die Stellung der Bedientasten zu erkennen, den Waschablauf über Lämpchen anzuzeigen und – genauso wichtig – den Wasserstand und die Wassertemperatur zu messen sowie den Trommelmotor in Bewegung zu setzen.

Doch nun zurück zum Beispiel des Ottomotors. Wird anstelle des üblichen Verteilers zur Bestimmung des Zündfunken-Zeitpunkts ein Computer eingesetzt, so sind zunächst noch einige weitere Voraussetzungen zu erfüllen. Der Computer muß in der Lage sein,

- den Zündfunken auszulösen,
- die Motordrehzahl zu messen und
- im Optimalfall zu hören, ob der Motor klopft.

Sind diese Voraussetzungen erfüllt (und dies ist heute technisch der Fall), so kann der Computer individuell für jede Motorumdrehung den Zündzeitpunkt festlegen und die Zündung auslösen. Anschließend stellt er fest, ob der Motor bei der letzten Zündung geklopft hat. Wenn ja, zündet er bei der nächsten Motorumdrehung etwas später. Hat der Motor andererseits längere Zeit nicht mehr geklopft, so legt der Computer den Zündzeitpunkt versuchsweise wieder etwas vor.

Auf diese Weise wird unabhängig von Drehzahl, Belastung und Benzinqualität der Motor immer im optimalen Arbeitspunkt, also mit bestmöglichem Wirkungsgrad gefahren. Das bedeutet weniger Benzinverbrauch, größte Leistungsreserve des Motors, optimaler Motorschutz und Wartungsfreiheit der Zündungsanlage.

Es gibt – unabhängig vom jeweiligen Prozeß – vier grundsätzlich unterschiedliche Betriebsarten, mit denen ein Prozeßrechner betraut werden kann: die Prozeßüberwachung, Prozeßsteuerung, Prozeßregelung und die Prozeßoptimierung.

9.4.1 Die Prozeßüberwachung

Bei der Prozeßüberwachung werden die Prozeßzustände erfaßt und verarbeitet. Störungen werden erkannt und angezeigt. Der Prozeßrechner greift jedoch nicht in den Ablauf ein.

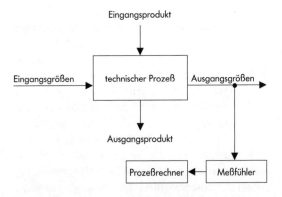

Bild 9.6 Prinzip der Prozeßüberwachung

9.4.2 Prozeßsteuerung

Der Prozeßablauf ist genau so vorhersagbar, daß ihn der Computer durch Abarbeitung festgelegter Steuerschritte erreichen kann, ohne den Prozeßzustand zu messen.

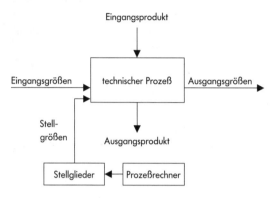

Bild 9.7 Prinzip der Prozeßsteuerung

9.4.3 Prozeßregelung

Der Prozeßrechner mißt den Prozeßzustand, vergleicht diesen mit den Idealwerten (Sollwerten), trifft Entscheidungen, ob und wie auf den Prozeßablauf einzuwirken ist und führt diese aus. Kennzeichen der Regelung ist deshalb der geschlossene Wirkkreis.

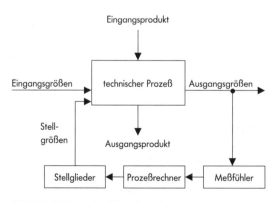

Bild 9.8 Prinzip der Prozeßregelung

9.4.4 Prozeßoptimierung

Neben den Voraussetzungen der Prozeßregelung ist dem Computer der Prozeß so genau bekannt, daß er für jeden geplanten Eingriff zunächst theoretisch die Prozeßreaktionen berechnen kann. Bei mehreren Eingriffsmöglichkeiten kann er also zunächst durch Vorausberechnung das Richtige bestimmen.

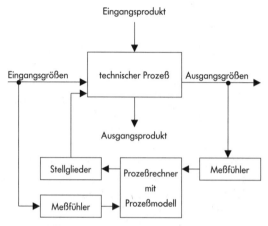

Bild 9.9 Prinzip der Prozeßoptimierung

Einige der in Abschnitt 9.1 beschriebenen Grundeigenschaften für Prozesse stellen hohe Anforderungen an die Programmierung eines Prozeßrechners. Besonders die Erfüllung der Gleichzeitigkeit und der Rechtzeitigkeit ist oft schwierig.

Dazu wieder ein Beispiel: Ein Prozeßrechner verwalte eine Spülmaschine. Unter anderem gibt es dort einen Türkontakt, der dem Computer mitteilt, ob die Tür der Spülmaschine gerade aufsteht oder zu ist. Die Meldung dieses Kontakts bekommt dann eine sehr wichtige Bedeutung, wenn die Maschine gerade spült und jemand (vielleicht versehentlich) die Tür öffnet. In diesem Fall muß der Prozeßrechner augenblicklich mit dem Abschalten von Pumpen und Heizung reagieren. Er darf also sein altes Programm *Spülen* nicht etwa noch eine Weile weiterrechnen, sondern das fremde Ereignis *Tür auf* muß ihn zwingen, augenblicklich auf das jetzt wichtigere Notprogramm umzuschalten, um kein Wasser zu verspritzen.

Nun ist der beschriebene Türkontakt der Spülmaschine programmtechnisch noch recht leicht handhabbar. Man kann sich aber vorstellen, daß bei großen Prozessen, etwa bei einem Kraftwerk, sehr viele derartige Betriebssituationen existieren, für die man nicht genau voraussagen kann, wann und in welchen Kombinationen sie auftreten werden. In diesem Fall ist die Programmierung der richtigen Reaktion unter Berücksichtigung der Rechtzeitigkeit ungleich schwieriger.

Man unterscheidet darum allgemein zwischen drei Betriebsarten für Computer:

- **Batch-Betrieb** (typisch für Rechner ohne direkten Prozeß- oder Benutzeranschluß; kommt nur noch selten vor). Bei ihm rechnet der Computer ein einmal angefangenes Programm unter allen Umständen zu Ende, bevor er mit dem nächsten beginnt.
- **On-line-Betrieb** (typisch für Rechner ohne Prozeßanschluß; wird oft von mehreren Personen gleichzeitig benutzt). Der Computer ordnet jedem Benutzer gleich viel Rechenzeit zu, diese wird scheibchenweise gleich verteilt. Innerhalb der Scheiben ist eine Umschaltung unmöglich. Für menschliche Anwender ist die Reaktion jedoch schnell genug.
- **Real-Zeit-Betrieb** (typisch für regelnde Prozeßrechner). Hierbei hat der Computer die Möglichkeit, beim Auftreten wichtiger externer Ereignisse mit minimaler Verzögerung auf ein Reaktionsprogramm umzuschalten. Dieses erhält durch das Ereignis plötzlich eine so deutliche Priorität, daß es sofort zum Ablauf kommen muß. Die Entwicklung derart reagierender Programme ist besonders schwierig.

9.5 Sensoren und Aktoren

Mag der Prozeßrechner noch so leistungsfähig, noch so klein, noch so billig sein, mag er andere gute Eigenschaften haben, sein Einsatz steht und fällt mit der Möglichkeit, ihn an den technischen Prozeß anzuschließen.

Erinnern wir uns zurück an das Schaubild des technischen Prozesses in Bild 9.1 und an den Grundsatz 4 aus Kapitel 9.1. Die den Prozeß verwaltende Einheit (in unserem Fall also der Prozeßrechner) muß in der Lage sein, ständig den Prozeßzustand zu messen und eventuell auch in den Ablauf einzugreifen.

Man bezeichnet in der modernen Elektronik Einheiten, die einen Prozeßzustand messen können, als Sensoren, d.h. als Elemente, die sensibel, empfindlich sind. Umgekehrt heißen solche Einheiten, mit denen der Prozeßrechner in den Prozeß eingreifen kann, Aktoren, denn man kann mit ihnen Aktionen auslösen.

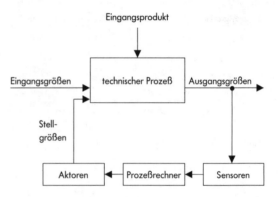

Bild 9.10 Prinzip des technischen Prozesses mit Sensoren und Aktoren

9.5.1 Sensoren

Tatsächlich ist heute für einen Einsatz der Prozeßdatenverarbeitung oft die Frage wichtiger, ob und wenn ja wie der Prozeß gemessen und gesteuert werden kann, als die Frage, ob ein Computer für den Einsatz existiert. Man denke etwa an das Beispiel der Klopfregelung beim Ottomotor. Gäbe es keinen Sensor, der das Klopfen des Motors feststellen könnte, so wäre die ganze Anwendung hinfällig.

Die Zahl der unterschiedlichen Sensoren ist wegen der vielen verschiedenen Meßgrößen sehr hoch. Bezogen auf die Prozeßdatenverarbeitung haben jedoch alle Sensoren eine gemeinsame Eigenschaft: Ein Sensor muß eine physikalische Meßgröße ermitteln, sie in ein elektrisches Signal umformen und so dem Prozeßrechner zur Verfügung stellen.

Beispiel: Ein Temperatursensor mißt die Wassertemperatur in der Waschmaschine. Überschreitet die Temperatur 95°C, so schaltet er einen elektrischen Kontakt ein. Der Prozeßrechner erkennt durch diesen Kontakt (Spannung liegt an) eine kritische Situation. Der Sensor arbeitet somit als Temperaturwächter. Er liefert ein digitales Signal. Das ist leicht erkennbar: Über 95°C ist der elektrische Kontakt eingeschaltet, das Signal ist „1"; unter 95°C ist der Kontakt abgefallen, das logische Signal lautet „0".

Nun ist es aber durchaus vorstellbar, daß der Prozeßrechner nicht nur den Temperaturgrenzwert, sondern auch die genaue Wassertemperatur zu jedem Zeitpunkt wissen möchte. (Schließlich soll mal Wolle, mal Buntes und mal Kochwäsche gewaschen werden). Dazu ist ein analoger Temperatursensor nötig. Dieser arbeitet nach dem Prinzip eines veränderlichen Widerstands. Bei 0°C beträgt der zu messende Widerstand genau 100 Ohm. Mit steigender Temperatur steigt auch der Widerstand, bei 100°C sind es z.B. 138,5 Ohm. Eine Kennlinie gibt den Zusammenhang zwischen Temperatur und elektrischem Widerstand an.

Dieser weit verbreitete Sensortyp heißt PT100.

Wie viele verschiedenartige Sensoren zum Beispiel allein in eine moderne Waschmaschine eingebaut sind, zeigt die folgende (sicher unvollständige) Tabelle:

physikalische Größe	Arbeitsweise	Einsatz
Drehzahl	analog	Trommelmotor
Position	digital	Trommeltür
Niveau	analog	Wasserfüllstand
Durchfluß	digital	zu-/abfließendes Wasser
Temperatur	analog	Waschwasser

Die Anforderungen an Zuverlässigkeit, die an Sensoren gestellt werden, sind höher als diejenigen an Prozeßrechner. Denn zunächst ist es für einen an sich funktionsfähigen Computer natürlich unbefriedigend, wenn seine Sensoren ausfallen und er damit vom Prozeß abgeschnitten wird. Daneben sind Sensoren aber oft auch härteren Umweltbedingungen ausgesetzt als Prozeßrechner, denn sie sind immer direkt am Ort des Geschehens. Man denke nur an den Temperatursensor in der Waschmaschine, der ständig in der aggressiven Waschlauge „mitgewaschen" wird und sich doch nicht auflösen darf.

Aus diesem Grund geht man heute, wo immer dies möglich ist, dazu über, Sensoren ebenso wie Computerchips als Halbleiter zu integrieren. Neben ihren günstigen Kosten haben diese Halbleitersensoren den großen Vorteil der Verschleißlosigkeit und damit der Wartungsfreiheit.

9.5.2 Aktoren

Neben den Sensoren spielen Aktoren die zweite wichtige Rolle beim Prozeßanschluß eines Computers. Üblicherweise sind sie als elektrische oder elektronische Schalter ausgeführt, die Antriebe aller Art schalten können. Typische Antriebe wiederum sind Motoren, aber auch Ventile oder Klappen, die mit einem Elektromagneten betätigt werden, sind weit verbreitet.

Aktoren arbeiten fast ausnahmslos digital; ein Motor steht oder fährt, ein Magnetventil ist offen oder zu. Selten kommen analoge Aktoren vor; eine mögliche Anwendung ist etwa die Einstellung einer beliebigen Motordrehzahl.

Auch bei Aktoren gibt es die Tendenz, die elektromechanischen Schalter (Relais und Schütze) durch Halbleiterschalter zu ersetzen. Sogenannte Thyristoren können heutzutage fast beliebig hohe Spannungen und Ströme schalten, sie sind wartungsfrei und arbeiten praktisch ohne Schaltverluste.

Aufgaben

A 9.1 (zu 9.2)
Definieren Sie anhand von Bild 9.1 den technischen Prozeß *Waschmaschine*.

A 9.2 (zu 9.2)
Nennen Sie Anwendungen für den Einsatz kleinster Prozeßrechner in Haushaltsgeräten.

A 9.3 (zu 9.3)
Beschreiben Sie den Hauptwaschgang einer Waschmaschine durch Weg-Zeit-Diagramme für Wasserfüllstand und Laugentemperatur. Es soll Buntwäsche (60°C) gewaschen werden. Benutzen Sie dazu das vorbereitete Diagramm (Bild 9.11). Zum Zeitpunkt T_1 öffne sich das Wasserzulaufventil und schließe sich bei T_2. Bei T_3 beginnt die Ablaufpumpe zu arbeiten, bei T_4 schaltet sie wieder ab, der Hauptwaschgang ist zu Ende.

A 9.4 (zu 9.4)
Ist es möglich, den Prozeß *Toilettenspülung* mit einem Prozeßrechner zu automatisieren? Wenn ja, wie wäre er aufgebaut?

A 9.5 (zu 9.5)
Gegeben seien Sensoren zur Erfassung von Drehzahl, Füllstand, Druck, Durchfluß und Temperatur. Nennen Sie für jeden Sensor mindestens eine Anwendung im Auto.

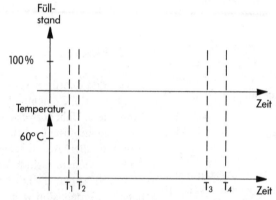

Bild 9.11 Weg-Zeit-Diagramm Hauptwaschgang (unvollständig)

10. Automatisierungstechnik

VOR DER SENDUNG

Die Automation technischer Systeme und Prozesse erfolgt nach festgelegten Programmen. Steuereinrichtungen erfassen den Zustand des Prozesses über Sensoren, führen die erforderlichen logischen Verknüpfungen durch und steuern den Prozeß über Aktoren.

Das Programm kann durch fest verdrahtete Logikbausteine oder eine speicherprogrammierbare Steuerung (SPS) realisiert werden. Es gibt verschiedene Programmdarstellungen für die SPS: die Anweisungsliste, den Kontaktplan und den Funktionsplan.

Wenn in einem Prozeß das Weiterschalten von einem Schritt zum nächsten von Bedingungen abhängt, muß die Verknüpfungssteuerung durch eine Ablaufsteuerung ersetzt werden. Über zusätzliche Wandlerbaugruppen kann eine SPS auch analoge Signale verarbeiten.

Darüber hinaus verfügen leistungsfähige Steuerungen über Kommunikationsmöglichkeiten mit anderen dezentralen Automatisierungssystemen und Rechnern übergeordneter Ebenen. Über dieses Netzwerk kann ein Prozeßrechner Prozeßzustände abfragen, Störmeldungen erfassen und protokollieren. In der Leitstelle eines solchen Prozeßleitsystems werden Meßwerte und Prozeßgrößen auf Bildschirmen über graphische Symbole dargestellt. Von dort kann auch zentral in den Prozeß eingegriffen werden.

Lernziele

10.1 Automaten verarbeiten selbständig Daten nach einem festgelegten Programm.

10.2 Kern jeder Steuereinrichtung ist die Steuereinheit. Sie kann über Sensoren und Aktoren mit dem Prozeß kommunizieren.

10.2.1 Sensoren wandeln Prozeßgrößen (physikalische Größen) in elektrische um.

10.2.2 Aktoren verändern die Stoff- und Energieströme eines Prozesses.

10.2.3 Binäre Signale haben zwei Signalzustände (0 und 1).

10.2.4 Mit den logischen Grundverknüpfungen UND, ODER und NICHT werden Funktionsgleichungen technischer Prozesse formuliert.

10.3 Bei Steuerungen unterscheidet man zwischen verbindungsprogrammierten und speicherprogrammierten.

10.3.1 Die Bausteine der Steuereinheit von verbindungsprogrammierten Steuerungen (VPS) sind Relais oder integrierte Schaltungen (IC). Die Logik ist fest verdrahtet.

10.3.2 Bei speicherprogrammierbaren Steuerungen (SPS) ist die Steuereinheit ein Mikrocomputer. Die Logik ist ein Rechnerprogramm (Software).

10.3.3 Die SPS wird über die Anweisungsliste (AWL), den Funktionsplan (FUP) oder den Kontaktplan (KOP) programmiert.

10.4 Bei der Ablaufsteuerung kann der folgende Prozeßschritt erst eingeleitet werden, wenn der vorausgegangene abgeschlossen ist.

10.5 Eine SPS kann analoge Signale verarbeiten, wenn die Steuereinrichtung Analog-Digital-Umsetzer (zur Eingabe) und Digital-Analog-Umsetzer (zur Ausgabe) enthält.

10.6 Werden einzelne, in sich selbständige SPS-gesteuerte Prozeßsysteme von einem übergeordneten Computer koordiniert, spricht man von einem Prozeßleitsystem.

NACH DER SENDUNG

10.1 Notwendige Funktionen eines Automaten

Industrie und Handwerk können heute nur wirtschaftlich arbeiten, wenn die neuesten Maschinen und Technologien eingesetzt werden. Im Wettbewerb ist der Grad der Mechanisierung und Automatisierung maßgebend. Die Elektrotechnik, insbesondere die Elektronik, gibt hier entscheidende Impulse. Wenn die einzelnen Vorgänge in einem System selbständig ablaufen, dann spricht man von einem automatischen Geschehen. Bevor wir uns näher damit befassen, sollen zunächst die Begriffe Mechanisierung und Automation näher erklärt werden.

Wird eine manuelle Tätigkeit durch von Menschen bediente Maschinen übernommen, bezeichnet man diese Entwicklung als **Mechanisierung**. Bei der **Automation** übernimmt die Maschine auch die Steuerung oder Regelung des Arbeitsablaufes. Die Aufgabe des Menschen besteht also nur darin, den Fertigungsprozeß zu überwachen oder zu optimieren.

Bei der einfachsten Form eines Automaten wird dieser durch Einschalten in Gang gesetzt, läuft entsprechend seiner Konstruktion ab und zeigt so ein genau vorherbestimmtes Verhalten. Das Einschalten kann z.B. durch das Einwerfen einer Münze in einen Warenautomaten oder, wie bei einer Rolltreppe, durch das Unterbrechen des Lichtstrahles einer Lichtschranke geschehen. Solche Automaten sind starr, doch besitzen z.B. Münzautomaten insofern eine gewisse Selbständigkeit, als sie auf „falsche" Münzen nicht reagieren, also das eingeworfene Geld „prüfen".

Der **programmgesteuerte Automat** ist ein künstliches System, das selbsttätig ein Programm befolgt. Die Umwelt liefert ihm die Daten, die er verarbeiten soll. Damit hat er verschiedene Möglichkeiten eines „inneren Verhaltens", wie speichern, abrufen, transportieren, vergleichen, verknüpfen usw. Welche dieser Verhaltensformen und in welcher Reihenfolge sie in Gang gesetzt werden, bestimmen die im Programm zusammengefaßten Befehle.

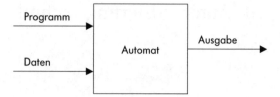

Bild 10.1 Schema eines programmgesteuerten Automaten

Programmgesteuerte Automaten werden nach ihrem Zweck benannt, z.B. Getränkeautomaten, Waschautomaten, Bremsautomaten bei Fahrzeugen usw. Ein wesentliches Merkmal ist das Vorhandensein von mindestens einer Verzweigung im Programm mit verschiedenen Ablaufmöglichkeiten, zwischen denen aufgrund der äußeren Eingabe und des inneren Zustandes entschieden wird. Der Automat kann fest oder frei programmiert sein.

Automatisierung im Bereich der Produktionstechnik bedeutet, daß Prozesse selbsttätig ablaufen ohne Eingriff des Menschen mit wiederkehrenden Routinearbeiten. Maschinen haben die Abwicklung übernommen, die menschliche Muskelkraft wird ersetzt durch Motoren und Antriebe. Selbst steuernde menschliche Eingriffe sind in hohem Maße überflüssig geworden. Elektrische oder elektronische Steuerungen können, nachdem sie einmal für ihre Aufgabe vorbereitet wurden, zuverlässig die Produktionsabläufe übernehmen und abwickeln.

Die Entwicklung und der Einsatz derartiger Steuerungen ist Aufgabe der Automatisierungstechnik.

10.2 Steuerungstechnische Grundlagen

Kern jeder Prozeßautomatisierung ist die **Steuereinrichtung**, in der über die funktionellen Abläufe des Prozesses entschieden wird. Steuereinrichtungen werden unterteilt in die Funktionsblöcke Eingabe, Steuereinheit und Ausgabe (s. Bild 10.2).

Über die Eingabeschnittstelle empfängt die Steuereinheit von Fühlern und Sensoren Rückmeldesignale des zu steuernden Prozesses. Die Steuer-

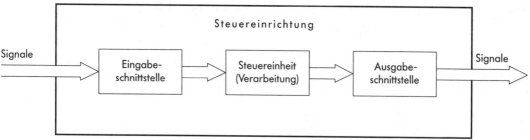

Bild 10.2 Steuereinrichtung im Blockbild

einheit ertastet damit den Prozeßzustand. In ihr werden die Eingangssignale dann im Sinne des zu steuernden Prozesses logisch verknüpft. Über die Ausgabeschnittstelle kann die Steuereinheit schließlich Aktoren, z. B. Motoren, ansteuern und so in das Prozeßgeschehen eingreifen.

Nur bei geschlossenem Wirkungskreis Sensoren → Steuereinheit → Aktoren ist eine Automatisierung möglich. Dieser Wirkungskreis soll nun am Beispiel eines automatischen Transportbandsystems dargestellt werden (Bild 10.3).

Über ein Transportsystem und einen Lastenaufzug werden Waren vom Erdgeschoß und ersten Stockwerk ins zweite Stockwerk befördert. Kommt auf einem der unteren Förderbänder ein Paket an, so wird es durch eine Lichtschranke erkannt. Die Steuerung hält das Förderband an und ruft den Aufzug. Nach dessen Ankunft wird das Paket automatisch in den Aufzug eingeladen und von diesem in die zweite Etage transportiert. Oben angekommen, schiebt ein Stößel das Paket aus dem Fahrstuhl. Mit dem Abtransport des Pakets ist der Vorgang beendet.

10.2.1 Sensoren in technischen Prozessen

In technischen Prozessen werden Sensoren zum Erfassen von Prozeßzuständen benötigt. Sie setzen physikalische Größen wie Druck, Temperatur, Strahlung, Kraft in elektrische Größen um. Prinzipiell können die menschlichen Sinnesorgane auch als Sensoren angesehen werden.

Die zunehmende Automatisierung der Produktionstechnik erfordert immer leistungsfähigere und bessere Sensoren. Das Bemühen geht dahin, die menschlichen Sinne über Sensoren nachzubilden, um dadurch die Umwelt besser zu erfassen. Beispielsweise werden in der Automobilindustrie zunehmend Montageoperationen auf Roboter übertragen. Bild 10.4 zeigt das Schema eines Industrieroboters mit Kennzeichnung der Stellen, an denen Sensoren eingesetzt werden können.

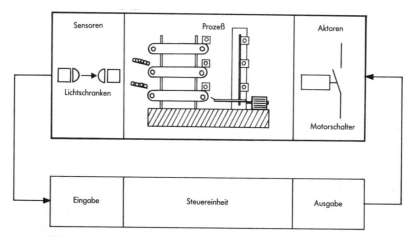

Bild 10.3 Funktionsbild eines automatischen Transportbandsystems

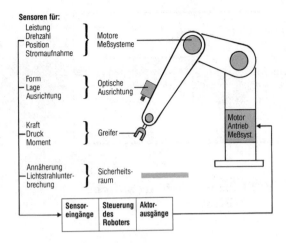

Bild 10.4 Sensorik am Beispiel eines Industrieroboters

10.2.2 Aktoren in technischen Prozessen

Aktoren haben in technischen Prozessen meist die Aufgabe, Stoff- und Energieströme einzustellen. Unter der Vielzahl elektrischer, pneumatischer (Kraftübertragung durch Luft) und hydraulischer (Kraftübertragung durch Flüssigkeiten) Aktoren seien hier nur die elektrischen Schalter **Relais** (bzw. Schütz) und **Transistor** erwähnt. Mit diesen lassen sich Signallampen und Beleuchtungen ein/ausschalten, Schieber öffnen/schließen, Heizungen, Fördermotoren ein-/ausschalten u. a.

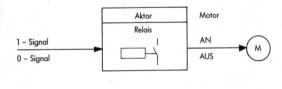

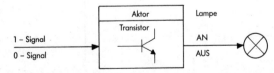

Bild 10.5 Blockbilddarstellung der Aktoren Relais und Transistor

Wie Bild 10.5 zeigt, werden abhängig vom Eingangssignal des Aktors eindeutige Reaktionen am Ausgang hervorgerufen. Entweder der Motor läuft oder er steht still. Die Anzeigelampe kann leuchten oder sie ist erloschen. Es handelt sich hier ausnahmslos um binäre Informationen.

10.2.3 Binäre Signale

Wie bereits gezeigt, werden bei Aktoren durch binäre Signale Prozeßaktionen ausgelöst. Sensoren wiederum können binäre Signale aus Prozeßzuständen erzeugen: Die Lichtschranken in unserem Transportsystem liefern die Signale Lichtstrahl unterbrochen oder nicht unterbrochen.

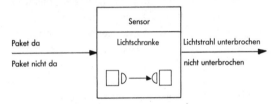

Bild 10.6 Binäre Signalverarbeitung einer Lichtschranke

In Bild 10.7 ist das automatische System vollständig dargestellt.

Nachdem in unserem Transportbandsystem Sensoren wie auch Aktoren binäre Signale verarbeiten, muß die Steuereinheit intern ebenfalls binär arbeiten. Durch logisches Verknüpfen (boolesche Funktionen) der Eingangssignale erzeugt sie die für den Prozeß erforderlichen Ausgangssignale an die Aktoren.

10.2.4 Grundelemente logischer Verknüpfungen

In unserem täglichen Leben treffen wir ständig eine Vielzahl logischer Entscheidungen, ohne daß wir uns dessen unmittelbar bewußt sind. Auch in anderen Bereichen wie in der Kybernetik, der Mathematik, der Technik und insbesondere in der EDV haben die Gesetzmäßigkeiten der Logikfunktionen elementare Bedeutung.

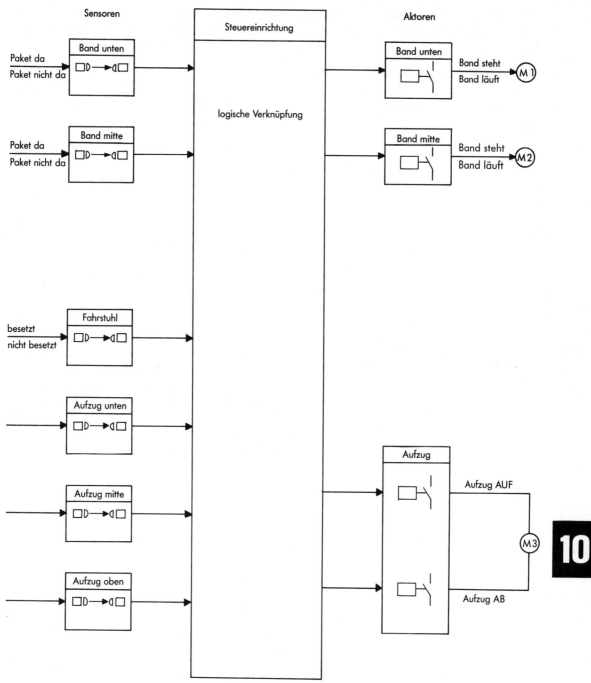

Bild 10.7 Systemdarstellung eines Transportbandsystems mit Sensorik und Aktorik

Grundsätzlich können alle logischen Verknüpfungen auf drei Grundfunktionen zurückgeführt werden:

- UND-Funktion (Konjunktion)
- ODER-Funktion (Disjunktion)
- NICHT-Funktion (Negation)

Die UND-Funktion

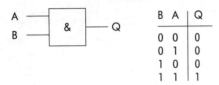

Bild 10.8 Schaltungssymbol und Wahrheitstabelle des UND-Gatters (engl. AND)

Damit der Ausgang Q den 1-Zustand annimmt, muß an allen Eingängen gleichzeitig ein 1-Signal anliegen. Sprachliche Formulierung der UND-Funktion: A UND B gleich Q.

Die ODER-Funktion

Bild 10.9 Schaltungssymbol und Wahrheitstabelle des ODER-Gatters (engl. OR)

Am Ausgang Q befindet sich ein 1-Signal, wenn an mindestens einem Eingang ein 1-Signal anliegt. Sprachliche Formulierung der ODER-Funktion: A ODER B gleich Q.

Die NICHT-Funktion

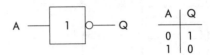

Bild 10.10 Schaltungssymbol und Wahrheitstabelle des NICHT-Gatters (engl. NOT)

Das NICHT-Gatter invertiert das Signal am Eingang. Es bewirkt eine Signalumkehr.
Sprachliche Formulierung: A NICHT gleich Q.

Doch nun zurück zu unserem Beispiel Transportbandsystem. In der Steuereinheit werden logische Verknüpfungen nach den Regeln der Schaltalgebra durchgeführt. Dies soll exemplarisch am Teilprozeß „Förderband unten" erläutert werden: Es ist im Prozeß festgelegt, daß das Förderband im Erdgeschoß ständig läuft. Ein ankommendes Paket wird also umgehend in Richtung Fahrstuhl bewegt (Bild 10.11).
Das Förderband muß sofort anhalten, wenn das Paket in den Erfassungsbereich der Erdgeschoßlichtschranke kommt und der Fahrstuhl noch nicht im Erdgeschoß steht.

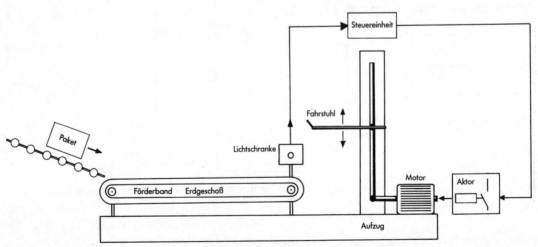

Bild 10.11 Förderband unten mit Aufzug als Teilprozeß des Transportbandsystems

Damit heißt die Bedingung für „Förderband Erdgeschoß HALT":

Gleichung 1:
HALT:= „Lichtschranke Erdgeschoß" UND NICHT „Fahrstuhl Erdgeschoß"

Das Ergebnis der logischen Verknüpfung bewirkt, daß der Motor „Förderband Erdgeschoß" angehalten wird. Genau betrachtet werden in der Bedingung für „Förderband Erdgeschoß HALT" die logischen Grundfunktionen UND und NICHT verwendet. Gleichung 1, mit Logiksymbolen dargestellt, ist ein UND-Gatter mit einem invertierten Eingang.

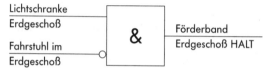

Bild 10.12 Symbolische Darstellung des Teilprozesses Förderband Erdgeschoß

Beachten Sie, daß der kleine Kreis am Eingang des UND-Gatters „Fahrstuhl im Erdgeschoß" die Invertierung des Eingangs, d.h. die Bedingung UND NICHT darstellt. Solange sich der Fahrstuhl NICHT im Erdgeschoß befindet, die Lichtschranke des Förderbandes aber bereits ein Paket signalisiert, soll das Förderband angehalten werden. Die Steuereinrichtung muß dazu über den Aktor Motorschalter den Antriebsmotor des Förderbandes anhalten.

Die Funktionsgleichung für diesen Prozeßschritt lautet:

Gleichung 2:
„Motorschalter Förderband Erdgeschoß" := NICHT „Förderband Erdgeschoß HALT"

Gleichung 2 wird im Logikbild mit einem NICHT-Gatter realisiert:

Bild 10.13 Symbolische Darstellung von Gleichung 2

Die restlichen Funktionsgleichungen des Prozesses lauten somit:

Gleichung 3:
HALT:= „Lichtschranke 1. Stock" UND NICHT „Fahrstuhl 1. Stock"

Gleichung 4:
„Motorschalter Förderband 1. Stock" := NICHT „Förderband 1. Stock HALT"

Gleichung 5:
„Motorschalter Fahrstuhl aufwärts" := NICHT „Fahrstuhl zweiter Stock" UND „Paket im Fahrstuhl"

Gleichung 6:
„Motorschalter Fahrstuhl abwärts" := „Förderband Erdgeschoß HALT" ODER „Förderband 1. Stock HALT"

Gleichung 7:
„Ausschieber zweiter Stock ausfahren" := „Paket im Fahrstuhl" UND „Fahrstuhl zweiter Stock"

In welcher Form diese logischen Funktionen nun technisch realisiert werden, war für unsere Betrachtungen bislang bedeutungslos. Alle nachfolgend aufgeführten Steuerungssysteme, von der einfachen bis hin zur technisch komplexen Lösung, müssen jedoch in der Lage sein, die in den Funktionsgleichungen formulierten logischen Zuordnungen zu realisieren.

10.3 Verbindungsprogrammierte und speicherprogrammierte Steuerungen

Die Steuereinheit muß die Eingabesignale nach den Gesetzmäßigkeiten der zu steuernden Anlage verknüpfen und daraus Ausgabesignale ableiten. Die Gesamtheit aller Anweisungen und Vereinbarungen für die Signalverarbeitung heißt **Programm der Steuerung** (s. Bild 10.14).

10.3.1 Verbindungsprogrammierte Steuerungen

Bei den verbindungsprogrammierten Steuerungen ist das Programm in Form von elektromechanischen Schaltgliedern (Relais) oder elektronischen Schaltern (Transistoren) unveränderbar festgelegt.

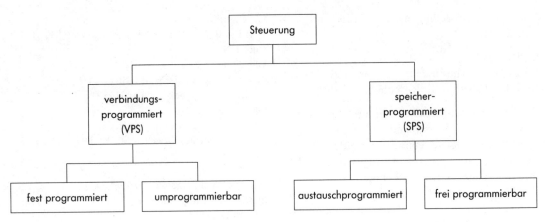

Bild 10.14 Einteilung der Steuerungen in die verschiedenen Ausführungsformen

Die digital arbeitenden elektromechanischen Schaltelemente im klassischen Sinne sind die Relais. Sie wurden in der Vergangenheit nicht nur zum Steuern technischer Prozesse verwendet, sondern auch komplette Rechenanlagen wurden aus Relais-Schaltungen aufgebaut.

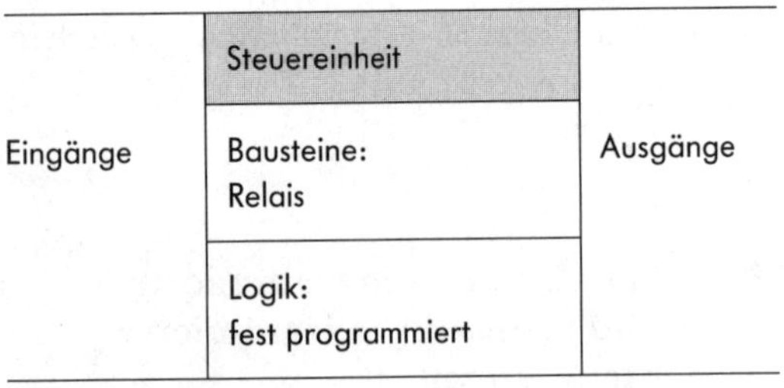

Bild 10.15 Bausteine und Logik der VPS

Am 12. 5. 1941 stellte der deutsche Wissenschaftler Konrad Zuse der Öffentlichkeit das Gerät „Zuse Z3" vor. Die Maschine bestand aus einem Rechenwerk mit etwa 600 Relais. Zuse Z3 war der erste funktionsfähige *programmgesteuerte Rechenautomat* der Welt.

Die Nachteile der Relais-Schaltung sind offensichtlich:
– hoher Platzbedarf der Schaltung,
– großer Stromverbrauch und die damit verbundene
– große Wärmeentwicklung.

Wegen dieser Nachteile werden neue Automatisierungen schon lange nicht mehr mit Relais-Technik realisiert. Mit dem Aufkommen des Transistors und der integrierten Schaltung (IC) gelang es, den Platzbedarf und den Stromverbrauch der gleichen Logikschaltungen um ein Vielfaches zu reduzieren.

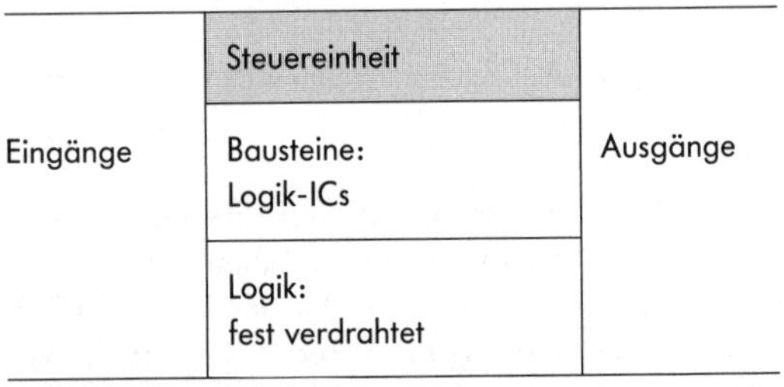

Bild 10.16 Bausteine und Logik der VPS

Wird die Steuerung des Förderbandsystems durch integrierte Schaltkreise ersetzt, reduzieren sich der Platzbedarf um den Faktor 10 und der Stromverbrauch um den Faktor 500.
Sowohl bei der Realisierung der Steuerung in Relais-Technik als auch bei der Verwendung von Logik-ICs bleibt das Problem der verdrahteten Logik erhalten. Alle bisher gefundenen Nachteile werden vermieden, wenn anstatt der VPS ein Digitalrechner verwendet wird.

10.3.2 Speicherprogrammierte Steuerungen

Wird bei einer Automatisierung die Steuereinheit durch einen programmierbaren Rechner (Mikrocomputer) ersetzt, so kommt anstelle der festen Verdrahtung der Relais oder ICs ein Rechnerprogramm, also Software.

Bild 10.17 Bausteine und Logik der SPS

Das Programm enthält alle logischen Bedingungen der Automatisierung und wird durch den Rechner ständig in großer Geschwindigkeit abgearbeitet. Ist der Rechner einmal an den Prozeß angeschlossen, so entfällt jede weitere Verdrahtung. Diese wird durch die Software ersetzt.

Für die Bedürfnisse der Automatisierungstechnik gibt es speziell ausgestattete Digitalrechner, die speicherprogrammierbaren Steuerungen, kurz SPS.

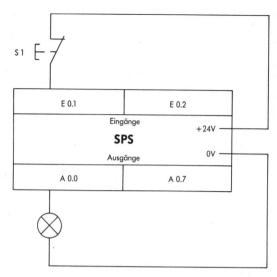

Bild 10.19 Beschaltung einer SPS im Klemmenanschlußplan

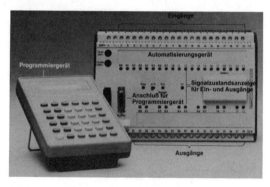

Bild 10.18 Eine modular aufgebaute SPS

Bei einer SPS sind der Aufbau des Automatisierungsgerätes und die Verdrahtung unabhängig vom gewünschten Programm, so daß Standardgeräte verwendet werden können. Besonders vorteilhaft ist ein modularer Aufbau der SPS, der durch weitere Einschübe flexibel erweiterbar ist.

Eine Verdrahtung der Peripherie ist lediglich in der Form vorzunehmen, daß die von den Sensoren und Signalgebern kommenden und die an die Aktoren abgehenden Leitungen an den entsprechenden Anschlußklemmen der SPS angeschlossen werden.

10.3.3 Arten der Programmierung von SPS

Die meisten speicherprogrammierbaren Steuerungen werden über Programmiergeräte mit Funktionstasten programmiert. Die Symbole und Anweisungen im Programm werden auf einem Bildschirm (Display) solange editiert, bis der Programmbaustein fertig ist. Anschließend wird er in das RAM des Automatisierungsgerätes über eine Datenleitung übertragen.

Für Automatisierungsgeräte existieren verschiedene Kunstsprachen mit besonderen Programmiermerkmalen (nach DIN 19239):
- **An**weisungs**l**iste (AWL; entspricht der Funktionsgleichung)
- **Fu**nktions**p**lan (FUP; entspricht dem Logikplan)
- **Ko**ntakt**p**lan (KOP; entspricht dem Stromlaufplan)

Die Anweisungsliste AWL

Nr.	Befehl	Adresse
001 :	U	E 4.0
002 :	UN	E 4.2
003 :	=	A 0.0

Operation	Zeichen	Darstellung als Funktionsplan	Darstellung als Kontaktplan	Anweisungsliste	Erklärung
UND	U	E 0.1, E 0.2 → & → A 0.3	E 0.1 ─┤├─ E 0.2 ─┤├─ A 0.3 ─( )─	U E 0.1 U E 0.2 = A 0.3 PE	Abfrage auf Signalzustand 1 Verknüpfung nach UND Zuweisung für A 0.3 Programmende
ODER	O	E 0.1, E 0.2 → ≥1 → A 0.3	E 0.1 ─┤├─ A 0.3 ─( )─ E 0.2 ─┤├─	O E 0.1 O E 0.2 = A 0.3 PE	Abfrage auf Signalzustand 1 Verknüpfung nach ODER Zuweisung für A 0.3 Programmende
NICHT	N	E 0.1 → 1 ○ → A 0.3	E 0.1 ─┤/├─ A 0.3 ─( )─	U N E 0.1 = A 0.3 PE	Abfrage auf Signalzustand 0 Zuweisung für A 0.3 Programmende

Bild 10.20 Die Grundfunktionen UND, ODER und NICHT dargestellt in den verschiedenen Programmierverfahren von SPS

Die Programmierung in der AWL ähnelt der bei Mikrocomputern üblichen Programmdarstellung. Die AWL enthält der Reihe nach alle Anweisungen, die das Automatisierungsgerät für die Bearbeitung der einzelnen Funktionen benötigt. Jede Anweisung besteht aus einem Befehl und einer Adresse.

Der Vorteil dieser Darstellung ist, daß sie unmittelbar von der Funktionsgleichung (Logikbedingung) abgeleitet wird. Auch lassen sich Befehle in dieser Form mit einfachen Programmiergeräten eingeben. Allerdings ist diese Darstellung weniger übersichtlich als Symboldarstellungen.

In dem Beispiel des Transportbandsystems lautete die Logikbedingung für „Förderband Erdgeschoß HALT" in Gleichung 1:

HALT:= „Lichtschranke Erdgeschoß" UND NICHT „Fahrstuhl Erdgeschoß"

In Form der Anweisungsliste heißen diese Funktionen nun:

Gleichung AWL-1:

U E 4.0 ; Abfrage auf Signalzustand 1 von
         ; Lichtschranke (an Eingang E 4.0)

UN E 4.2 ; Verknüpfung nach UND NICHT von
         ; Fahrstuhl Erdgeschoß (an Eingang
         ; E 4.2)

= A 0.0 ; Zuweisung für Förderband
         ; Erdgeschoß HALT (Motor
         ; A 0.0)

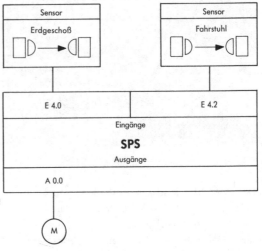

Bild 10.21 Beschaltung der SPS

Der Funktionsplan FUP

Der Funktionsplan (Logikplan) dient zur schnellen Übersicht über die Funktion einer Steuerung. Funktionspläne können mittels Drucker aufgezeichnet oder auf Bildschirmgeräten dargestellt werden.

Die Funktionsgleichung 1 für das Transportbandsystem wurde bereits in Bild 10.12 und Bild 10.13 in der allgemeinen Logikdarstellung formuliert.

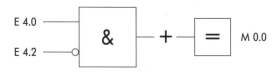

Bild 10.22 FUP für „Förderband Erdgeschoß HALT" und „Motorschalter Förderband Erdgeschoß"

Der Kontaktplan KOP

Bild 10.23 Kontaktplan zu AWL-1

Der Kontaktplan hat sehr große Ähnlichkeit mit dem Stromlaufplan der Relaisschaltung und bietet daher den mit dieser Technik vertrauten Anwendern einen leichten Zugang zum Programm einer Steuerung mit SPS.

Aus einem vorhandenen Kontaktplan kann ohne Schwierigkeiten die Anweisungsliste AWL erstellt und in die SPS eingegeben werden.

Es werden im wesentlichen drei Symbole verwendet:

─┤ ├─ Kontaktsymbol für einen Eingang, der das Eingangssignal **nicht umkehrt,** d.h. ein vorhandenes 1-Signal wird als 1-Signal verknüpft. Ein 0-Signal wird als 0-Signal verknüpft.

─┤/├─ Kontaktsymbol für einen Eingang, der das Eingangssignal **umkehrt,** d.h. ein vorhandenes 1-Signal wird als 0-Signal, ein 0-Signal als 1-Signal verknüpft.

─( )─ Kontaktsignal für einen Signalausgang. Bei Ansteuerung mit einem 1-Signal gibt der Signalausgang ein 1-Signal ab.

Im Prinzip spielt es keine Rolle, ob das Programm für eine Steuerung mit SPS in der Anweisungsliste AWL, mit dem Kontaktplan KOP oder dem Funktionsplan FUP erstellt wird. Im Arbeitsspeicher der SPS stehen lediglich Binärworte für die jeweiligen Befehle des Programms, die der Mikroprozessor ausführt.

Bei den bislang besprochenen Verknüpfungsbeispielen handelte es sich ausschließlich um **binäre Verknüpfungssteuerungen.** In diesen erfolgt die Signalverarbeitung vorwiegend in Verknüpfungsfunktionen, d.h., daß zu jedem beliebigen Zeitpunkt bestimmten Kombinationen der Eingangssignale bestimmte Kombinationen der Ausgangssignale zugeordnet werden. Zwischen den Ausgangsbefehlen besteht unmittelbar keine Abhängigkeit. Es findet eine in ihrem Wesen statische Signalverarbeitung statt.

Bei vielen Steuerungsaufgaben dominiert jedoch nicht die statische Zuordnung der Ein- und Ausgangssignale, sondern deren zeitliche Folge. Beispielsweise kann bei der Steuerung von Bewegungsvorgängen einer Maschine, die in einer bestimmten zeitlichen Reihenfolge ablaufen sollen, der nächste Bewegungsvorgang nur dann eingeleitet werden, wenn der vorausgegangene zu Ende geführt wurde. Derartige Aufgaben lassen sich mit einer Ablaufsteuerung lösen.

10.4 Die Ablaufsteuerung

Die Ablaufsteuerung steuert einen Vorgang mit zwangsweise schrittweisem Ablauf. Das Weiterschalten von einem Schritt auf den programmgemäß folgenden geschieht abhängig von Weiterschaltbedingungen. Diese sind entweder vom Prozeß (d.h. von Rückmeldungen) oder nur von der Zeit abhängig.

Bei unserem Transportbandsystem tritt die Problematik, daß ein Schritt zu Ende geführt werden sollte, bevor der nächste eingeleitet werden kann, ebenfalls auf: Sobald der Fahrstuhl zu einer Etage unterwegs ist, um ein Paket abzuholen, und gleichzeitig ein Ruf von der anderen Etage erfolgt, weil dort ebenfalls ein Paket eingetroffen ist, weiß die Logik nicht zu entscheiden, welches Paket zuerst abgeholt werden soll. Die Aktoren „Fahrstuhlmotor aufwärts" und „Fahrstuhlmotor abwärts" gehen gleichzeitig an, das System blockiert sich selbst.

Bei einer Ablaufsteuerung kann nur ein Schritt aktiv sein. Jedem Schritt zugeordnet sind Eingangsbedingungen, die ständig überprüft werden. Sind alle erfüllt, so werden vordefinierte Ausgangsaktionen ausgelöst und der Folgeschritt betreten. Ablaufsteuerungen werden ebenfalls im Funktionsplan dargestellt:

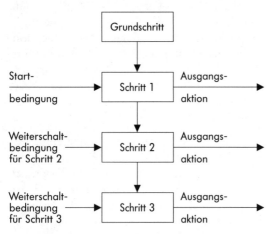

Bild 10.24 Funktionsplan einer Ablaufsteuerung

Am konkreten Beispiel des Transportbandsystems stellt sich der Funktionsplan nach Bild 10.25 dar.

Schritt 1 in unserem Beispiel entspricht „Warten auf Auftrag". Eingangsbedingungen sind die Paketlichtschranken im Erdgeschoß und im 1. Stock. Meldet die Lichtschranke Erdgeschoß nun ein Paket, so werden die Aktionen „Förderband Erdgeschoß HALT" UND „Fahrstuhlmotor abwärts" ausgelöst und der
Schritt 2 „Erdgeschoß anfahren" betreten. Dessen Eingangsbedingung „Fahrstuhllichtschranke Erdgeschoß" löst die Aktionen „Fahrstuhlmotor HALT" UND „Förderband Erdgeschoß an" aus und betritt
Schritt 3 „Erdgeschoß einladen".
Wie man erkennen kann, wird ab Schritt 2 die Paketlichtschranke im 1. Stock nicht mehr ausgewertet, bis der Fahrstuhl den Erdgeschoßauftrag abgewickelt hat.

Durch die Umsetzung der Verknüpfungssteuerung in eine Ablaufsteuerung wurde bereits eine beträchtliche Optimierung des Prozesses erreicht. Besonders gut geeignet für die Praxis ist das System aber immer noch nicht. Optimaler wäre die Steuerung, wenn der Fahrstuhl sanft anfahren und sanft anhalten würde. Er könnte auch, um die Fahrzeit zu verkürzen, zwischen den Stockwerken beschleunigt werden. Zur Realisierung dieser Idee sind aber Veränderungen am Transportsystem und an der SPS erforderlich.

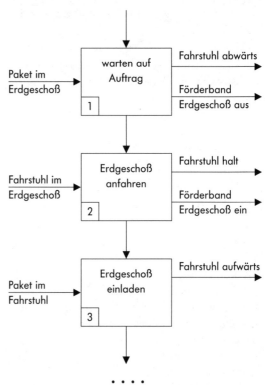

Bild 10.25 Funktionsplan zum Transportbandsystem

10.5 Verarbeitung analoger Signale mit einer SPS

Wie bereits erwähnt, hatte die speicherprogrammierbare Steuerung bislang ausschließlich binäre Signale zu verknüpfen. Soll eine SPS auch analoge Signale verarbeiten, muß das Automatisierungsgerät auf der Eingabeseite um einen Analog-Digital-Umsetzer (kurz: A/D-Wandler) und auf der Ausgabeseite um einen sogenannten Digital-Analog-Umsetzer (kurz D/A-Wandler) erweitert werden.

Wie in Bild 10.26 angedeutet, kann die SPS-Steuerung jetzt die Position des Aufzugs zu jedem beliebigen Zeitpunkt abfragen und den Aufzugmotor unmittelbar mit einer veränderbaren Spannung ansteuern. Damit dies möglich wird, mußten im Aufzug zuvor die Stockwerklichtschranken durch ein Seil ersetzt werden, das über eine Umlenkrolle einen einstellbaren Widerstand dreht. Je nach Standort des Fahrstuhls stellt sich nun am Widerstand eine andere Spannung ein.

Um die Geschwindigkeit des Fahrstuhlkorbs zu verändern, benutzen wir ebenfalls eine veränderbare Spannung. Je nach Größe dieser Spannung ändert sich die Drehzahl des Antriebsmotors; der Fahrstuhl fährt langsamer oder schneller.

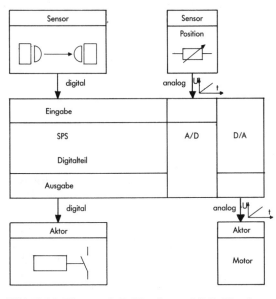

Bild 10.26 Eine um A/D-Wandler und D/A-Wandler erweiterte SPS

Natürlich müssen die Steueranweisungen in unserem Programm an die veränderte Hardware angepaßt werden. Überlegen wir zunächst die Aufwärtsfahrt. Wenn der Fahrstuhl auf dem Weg nach oben ist, so gilt:

WENN „Fahrstuhlposition" KLEINER „halber Stockwerkabstand"
DANN „Geschwindigkeit erhöhen"
SONST „Geschwindigkeit erniedrigen"

Diese Form des Programms erinnert an die Struktur einer Zweifachauswahl einer höheren Programmiersprache. In der Bedingung (hinter WENN) können mathematische Berechnungen und Vergleiche durchgeführt werden. Diese Eigenschaft eröffnet viele Automatisierungsmöglichkeiten, die man mit Relaistechnik oder Logik-ICs nicht hat.

10.6 Prozeßleitsysteme

Technische Prozesse wie unser Transportbandsystem sind innerhalb einer Produktionsanlage meist nur ein Teil eines Gesamtablaufs. Bei der Herstellung eines Produktes etwa ergeben sich von der Fertigungsmaschine über die Verpackung, die Lagerung und den Versand eine Vielzahl von zu automatisierenden Teilbereichen, die aber alle miteinander zu tun haben und zusammenarbeiten müssen.

Durch die zunehmende Leistungsfähigkeit der SPS wird immer häufiger von einer zentralen Lösung mit einem großen Prozeßrechner zur dezentralen Lösung mit mehreren selbständigen Automatisierungen übergegangen (s. Bild 10.27).

Zur Weitergabe von Informationen sind die Einzelsteuerungen miteinander über eine gemeinsame Datenleitung verbunden, an die jeder Teilnehmer gleichberechtigt angeschlossen ist und mit jedem anderen Teilnehmer eine Verbindung schaffen kann. Diese Technik nennt man **LAN** (**L**ocal **A**rea **N**etworks).

Bei großen Fertigungsstraßen wie z. B. in der Automobilindustrie sind die Teilautomatisierung und die Vernetzung inzwischen zum Standard geworden. Jeder Fertigungsplatz ist ausgestattet mit seiner eigenen Automatisierungssteuerung, die unabhängig von ihrer Umgebung ihren Fertigungsschritt steuert. Information über das LAN wird nur dann gesendet, wenn ein Produkt an den nächsten Teilschritt weitergegeben wird oder ein Produktionsfehler auftritt.

Fertigungsstraßen nach diesem System sind so flexibel, daß während des Herstellungsprozesses über das Netz den einzelnen Fertigungsplätzen Produktionsdetails mitgeteilt werden können, etwa, ob das nächste Auto einen rechten Außenspiegel erhalten soll oder nicht.

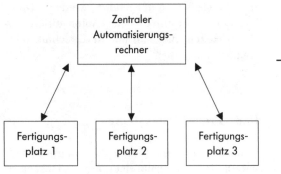 

Bild 10.27 Zentrales und dezentrales Prozeßleitsystem

Aber nicht nur das Bedienen von automatisierten Prozessen, sondern auch das Beobachten und die Möglichkeit des ständig aufrufbaren Gesamtüberblicks gewinnen bei großen Prozeßsystemen immer mehr an Bedeutung.

Zusätzliche mögliche Leistungsmerkmale des Prozeßleitsystems:

- **Prozeßzustände** können in Form veränderbarer Fließbilder dargestellt werden. Dazu werden die unterschiedlichen Zustände durch Austausch von Teilbildern am Bildschirm gezeigt.

- **Prozeßwerte** lassen sich als Digitalwerte und Balken in das angewählte Anlagenbild einblenden.

- **Prozeßstörmeldungen** werden entsprechend dem individuell festgelegten Meldekonzept und je nach Bearbeitung oder Quittierung innerhalb des Anlagenbilds angezeigt (Bild 10.28).

Jeder steuernde menschliche Eingriff in den Prozeß wird auf Plausibilität geprüft und ebenso wie der Prozeßablauf selbst archiviert (Bild 10.29).

Jede Eingabe in das Programm wird durch Bedienerführung am Bildschirm unterstützt. Standardeingabemedium ist die Maus, mit deren Hilfe sich beliebige Prozeßsymbole erreichen und auswählen lassen.

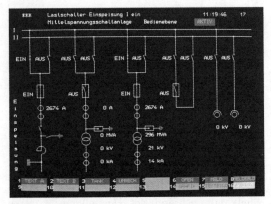 

Bild 10.28 Darstellung von Prozeßzuständen, Prozeßdaten und Prozeßstörmeldungen auf dem Monitor.

Bild 10.29 Darstellung eines Prozeßprotokolls auf dem Monitor

Aufgaben

A 10.1 (zu 10.1.1)
Welche Aufgaben hat der Mensch in automatisierten Fertigungsprozessen?

A 10.2 (10.2)
Aus welchen Funktionsblöcken besteht eine Steuereinrichtung? Zeichnen Sie das Blockbild.

A 10.3 (zu 10.2)
Zeichnen Sie das allgemeine Blockbild eines automatischen Systems.

A 10.4 (zu 10.2.1)
Welche Aufgaben haben Sensoren und Aktoren in technischen Prozessen?

A 10.5 (zu 10.2.3)
Das Schaltsystem eines logischen Gatters ist unleserlich. Welche logische Grundverknüpfung liegt vor, wenn der Zustand von Eingang A=1, von Eingang B = 0 und der Ausgang Q = 0 ist?

A 10.6 (zu 10.2.3)
Wie lautet die Wahrheitstabelle zur abgebildeten logischen Verknüpfung?

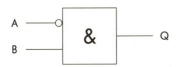

A 10.7 (zu 10.3)
Nennen Sie die Merkmale verbindungsprogrammierter und speicherprogrammierter Steuerungen hinsichtlich der Bausteine und der Logik.

A 10.8 (10.3.3)
Welche Arten der Programmierung sind bei der SPS üblich?

A 10.9 (zu 10.3.3)
Folgende Anweisungsliste ist gegeben:
```
U    E 0.0
UN   E 0.1
=    A 0.2
PE
```
Zeichnen Sie dazu den Funktionsplan und den Kontaktplan.

A 10.10 (zu 10.4)
Worin unterscheidet sich die Ablaufsteuerung von der Verknüpfungssteuerung?

A 10.11 (zu 10.5)
Welche Funktionseinheiten muß eine SPS enthalten, damit sie auch analoge Signale verarbeiten kann?

A 10.12 (zu 10.6)
Erklären Sie anhand einer Skizze den Unterschied zwischen einem zentralen und dezentralen Prozeßleitsystem.

11. CNC-Technik – Robotertechnik

VOR DER SENDUNG

Durch den Einsatz von CNC-Maschinen haben sich die Anforderungen an einen Facharbeiter wesentlich verändert. War früher sein handwerkliches Können gefragt, so muß er heute fähig sein, die Bearbeitungsschritte für ein Werkstück in einem CNC-Programm zusammenzufassen.

Jeder Satz im Programm enthält die erforderlichen Weginformationen (Formangaben) und Schaltinformationen (technologische Angaben) für die Steuerung der CNC-Maschine.

Die Koordinaten der Bahnpunkte werden anhand der Werkstückzeichnung mit Hilfe eines Koordinatensystems ermittelt. Absolute Maßangaben erleichtern das Verfolgen der einzelnen Programmschritte, da sie immer die Entfernung zum Werkstück-Nullpunkt angeben.

Während der Bearbeitung kontrollieren Regelkreise Position und Geschwindigkeit der Maschinenbewegungen.

Roboter sind universell einsetzbare Bewegungsautomaten mit mehreren Achsen. Die Robotersteuerung ist ähnlich aufgebaut wie eine numerische Steuerung für eine Werkzeugmaschine. Übliche Programmierverfahren sind das Play-back-Verfahren, das Teach-in-Verfahren und die textuelle Programmierung.

Lernziele

11.1 Die Qualifikation des Facharbeiters wandelt sich von der handwerklichen zur geistigen Fähigkeit, Bearbeitungsprogramme für CNC-Maschinen zu erstellen.

11.2.1 Koordinatensysteme dienen dazu, die Bewegungen des Werkzeugs im Arbeitsraum der CNC-Maschine eindeutig beschreiben zu können.

11.2.2 Für jede CNC-Maschine ist ein Koordinatensystem definiert. Bei Drehmaschinen wird ein zweidimensionales Koordinatensystem verwendet, bei Fräsmaschinen ein dreidimensionales.

11.2.3 Eine günstige Positionierung des Werkstück-Nullpunktes erleichtert die spätere Programmierung.

11.3.1 Die Bewegung des Werkzeugs wird im Programm über die Weginformation (G-Funktion und Koordinaten) angegeben. Die absolute Bemaßung in der Zeichnung erleichtert das Codieren der Weginformationen.

11.3.2 Ein vollständiges CNC-Programm besteht aus Satznummern, geometrischen und technologischen Informationen.

11.4 Sensoren und Aktoren stehen in ständigem Informationsaustausch mit der CNC-Steuerung.

11.4.1 Jede Bewegung der Maschinenteile wird über Wegmeßsysteme erfaßt. Diese arbeiten absolut oder inkremental.

11.4.2 Eine CNC-Maschine besitzt Regelkreise zur Kontrolle der Verfahrwege und -geschwindigkeiten.

11.4.3 Programme können über Tastaturen oder externe Datenträger in die Steuerung eingegeben werden.

11.5.1 Die Flexibilität des Industrieroboters hängt ab von der Art, der Anzahl und der Anordnung der Bewegungsachsen. Die Beweglichkeit wird über Freiheitsgrade ausgedrückt.

11.5.2 Die Robotersteuerung kontrolliert über Regelkreise die Bewegungen des Roboters. Sensoren erweitern seine Flexibilität.

11.5.3 Die Programmierung des Industrieroboters wird je nach Einsatzzweck des Systems als Teach-in-, Play-back- oder textuelle Programmierung vorgenommen.

NACH DER SENDUNG

11.1 Von der handbedienten zur programmgesteuerten Werkzeugmaschine

Der Mikrocomputer hat in der automatischen Fertigung Möglichkeiten erschlossen, die auf rein mechanischem Wege nicht vorstellbar sind.

Mußte der Arbeiter an der einfachen Drehbank den Drehmeißel von Hand an das Werkstück drücken und diesen auch noch mit gleichbleibender Schnittgeschwindigkeit am Werkstück entlang bewegen, so wurde durch die Erfindung des Kreuzsupports dieser anstrengende und ermüdende Arbeitsgang wesentlich erleichtert. Der Dreher konnte seine Drehmeißel auf dem Support einspannen und durch Kurbeln oder maschinell bewegen lassen.

Bei der weiteren Entwicklung zur modernen Spitzendrehbank traten die menschliche Kraft und Geschicklichkeit gegenüber der Fähigkeit, die Maschine zu bedienen, mehr und mehr in den Hintergrund.

Durch die zunehmende Automatisierung in der Produktionstechnik mußte der Mensch die Maschine nicht mehr von Hand steuern. Die Bewegungen der Werkzeuge übernahmen Motoren, die auf Knopfdruck der Arbeiter reagierten. Bei den Drehautomaten erfolgte die Steuerung der Bewegungen von Werkzeug und Werkstück auf mechanischem Weg durch Kurvenscheiben, Nocken, Anschläge usw. Die erforderlichen Einstellungen für die Bewegungsabläufe wurden von einem Einrichter vorgenommen. Wegen der langen Rüstzeiten lohnten sich diese Automaten nur für große Stückzahlen.

Bei der NC-Maschine (NC = **N**umerical **C**ontrol) wurde die mechanische Steuerung zur elektromechanischen, wobei die Daten für die erforderlichen Arbeitsschritte auf einem Lochstreifen gespeichert und abgerufen werden konnten. Dadurch war die Umstellung auf andere Werkstücke rasch möglich.

Moderne CNC-Maschinen (CNC = **C**omputerized **N**umerical **C**ontrol) werden heute von einem frei programmierbaren Mikrocomputer gesteuert. Der Rechner hat die Aufgabe, aus den eingegebenen Werkstückdaten die Bahnkurven für die Maschinenbewegungen zu berechnen und gleichsam anstelle des Menschen die Knöpfe für die Steuerung der Maschine zu drücken.

Die CNC-Maschine hat gegenüber handbedienten, konventionellen Maschinen folgende Vorteile:

– Die Werkstücke werden mit größerer Wiederholgenauigkeit bei gleichbleibender Qualität gefertigt,
– die Produktionszeiten und
– die Rüstzeiten bei neu zu fertigenden Werkstücken sind wesentlich kürzer.

Die Aufgabe des Facharbeiters hat sich nun dahingehend gewandelt, daß er die Arbeitsgänge der Maschine als eine Folge von Steuerbefehlen (Programm) entwickelt und in die Steuerung (Computer) eingibt. Selbst bei dieser Arbeit wird er vom Computer unterstützt: das Programm kann auf einem Bildschirm editiert (programmiert) wer-

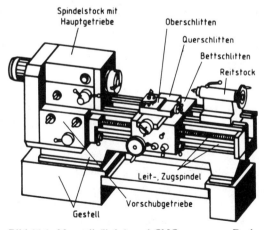
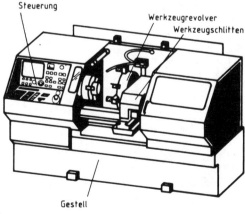

Bild 11.1 Manuell (links) und CNC-gesteuerte Drehmaschine

den. Es ist sogar möglich, eine visuelle Simulation des Bearbeitungsprozesses auf dem Bildschirm in drei gebräuchlichen Ansichten durchzuführen. Damit können z. B. Kollisionen zwischen Werkstück und Werkzeug aufgezeigt werden.

Damit der Verfahrweg des Drehmeißels (bei der Drehmaschine) oder des Fräsers (bei der Fräsmaschine) für die Steuerung zahlenmäßig beschrieben werden kann, müssen die jeweiligen Bewegungsrichtungen festgelegt werden. Dies geschieht mit Hilfe eines Koordinatensystems.

11.2 Koordinatenachsen und Bewegungsrichtungen

11.2.1 Das Koordinatensystem

Die geometrischen Verhältnisse im Arbeitsraum der Maschine und am zu bearbeitenden Werkstück werden durch ein Koordinatensystem festgelegt. Anordnung und Richtung der Koordinatenachsen sind nach DIN 66217 genormt. Verwendet wird ein dreidimensionales, rechtwinkliges Koordinatensystem mit den Achsen X, Y und Z. Damit kann jeder beliebige Raumpunkt eines Werkstückes eindeutig beschrieben und festgelegt werden.

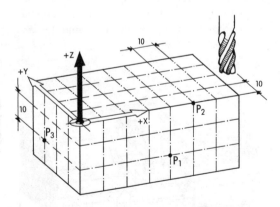

Bild 11.2 Punkte des Werkstückes im Koordinatensystem

Für die Punkte P1, P2 und P3 ergeben sich somit folgende Koordinaten:

Punkt	X	Y	Z
P1	+ 40	0	− 20
P2	+ 50	0	0
P3	0	+ 30	− 20

Rechte-Hand-Regel

Diese aus der Physik bekannte Regel ist eine einfache Hilfestellung zur Darstellung der Achslage. Die Richtungen der Koordinatenachsen entsprechen den Bewegungsrichtungen der Schlittenführungen. Die Finger zeigen in die positive Richtung der Achsen.

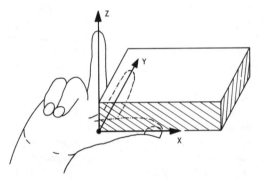

Bild 11.3 Anordnung der Raumachsen nach der Rechte-Hand-Regel

Das Koordinatensystem bezieht sich grundsätzlich auf das aufgespannte Werkstück.

Merke: Man geht beim Programmieren immer davon aus, daß sich das Werkzeug bewegt, unabhängig davon, wie die wirklichen Bewegungsverhältnisse sind.

11.2.2 Die Koordinatensysteme der verschiedenen Werkzeugmaschinen

Bei der Zuordnung der Koordinatenachsen zur Dreh- und Fräsmaschine gelten folgende Vereinbarungen:
– Die Z-Achse liegt grundsätzlich parallel zur Achse der Arbeitsspindel bzw. fällt mit ihr zusammen.

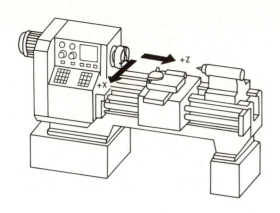
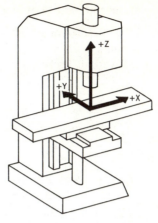

Bild 11.4 Koordinatenachsen bei einer Drehmaschine (links) und bei einer Senkrechtfräsmaschine

- Die X-Achse ist die Hauptachse in der Positionierebene. Sie liegt grundsätzlich parallel zur Werkstück-Aufspannfläche und verläuft horizontal.
- Durch die Lage und Richtung der Z- und der X-Achse ergeben sich Lage und Richtung der Y-Achse aus dem Koordinatensystem.

Zur eindeutigen Kennzeichnung der Bewegungsrichtungen werden also die Kennbuchstaben der X-, Y- oder Z-Achse angegeben. Diese Kennzeichnung allein reicht aber nicht aus, da sich das Werkzeug auf das Werkstück zu- oder von ihm wegbewegen kann. Zur Unterscheidung werden zusätzlich die Vorzeichen Plus (+) und Minus (–) verwendet.

Merke: Bewegt sich das Werkzeug vom Werkstück weg, so bewegt es sich in positiver Richtung.

Mit der Bezeichnung der Bewegungsrichtungen in einem Koordinatensystem sind bereits die ersten Voraussetzungen zur Programmierung der Weginformationen gegeben. Es fehlt aber noch ein Bezugspunkt, von dem aus die Abstände des Drehmeißels (oder Fräsers) in Z-, X- (und Y-) Richtung angegeben werden können.

11.2.3 Der Werkstück-Nullpunkt W

Neben dem Nullpunkt des Koordinatensystems muß man im Arbeitsraum der CNC-Maschine noch weitere Bezugspunkte unterscheiden: So sind einerseits vom Hersteller bestimmte Nullpunkte für die Einrichtung der Maschine festgelegt, andererseits muß der Programmierer Bezugspunkte für das Programm bestimmen.

Für das Programmieren hat der Werkstück-Nullpunkt W größte Bedeutung, weil er der Punkt ist, auf den sich die programmierten Werte bei der Absolutmaß-Programmierung beziehen. Man kann ihn grundsätzlich frei wählen, er sollte jedoch so angeordnet werden, daß sich die Maße der Werkstückzeichnung unmittelbar als Koordinatenwerte angeben lassen.

Werkstück-Nullpunkt bei Drehteilen

Bei Drehteilen liegt der Werkstück-Nullpunkt W grundsätzlich auf der Spindelachse (Drehachse des Werkstücks). Es ist sinnvoll, ihn an die Seite der Planfläche zu plazieren.

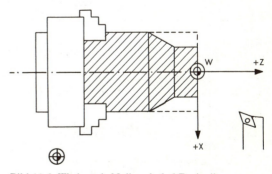

Bild 11.6 Werkstück-Nullpunkt bei Drehteilen

Werkstück-Nullpunkt bei Frästeilen

Bei der Senkrechtfräsmaschine legt man den Werkstück-Nullpunkt W in der Regel in die vordere linke obere Werkstückecke.

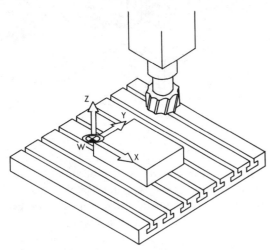

Bild 11.6 Werkstück-Nullpunkt bei Frästeilen

11.3 Programmierung von CNC-Werkzeugmaschinen

Wie schon erwähnt, wird durch die geschickte Lage des Werkstück-Nullpunktes bereits entscheidende Vorarbeit zur Programmerstellung geleistet. Besonders günstig ist es, wenn die Weginformationen direkt als Koordinatenangaben aus den Maßeintragungen der Fertigteilzeichnung übernommen werden können.

11.3.1 Maßeintragungen in die Zeichnung und Weginformationen im Programm

Werkstattzeichnungen konventioneller Art sind für die Programmierung von CNC-Maschinen meist ungeeignet. Mit einer CNC-geeigneten Bemaßung wird dem Programmierer die Umsetzung der Zeichnungsmaße in die Weginformation (Programm) wesentlich erleichtert.

In DIN 406 werden folgende drei Bemaßungen empfohlen:
– Absolutbemaßung
– Inkrementalbemaßung
– Bemaßung mit Hilfe von Tabellen

In der Praxis bevorzugt man die Absolutbemaßung, da sich alle Maße auf den Koordinaten-Nullpunkt oder auf Bezugslinien beziehen und sich direkt als Koordinaten in das Programm (Absolutmaß-Programmierung) übertragen lassen (Bild 11.7).

Die Inkrementalbemaßung wird dann eingesetzt, wenn bestimmte Bearbeitungsvorgänge mehrmals als Programmteile wiederholt werden sollen.

Im Programm ist aus den Koordinaten der Bahnpunkte (P1...PN) direkt ersichtlich, welcher Punkt des Werkstücks gerade bearbeitet wird.

	X	Z		X	Y
P1	50	0	P1	13	8
P2	50	-120	P2	42,5	12
P3	55	-150	P3	66	18,5

Tabelle zum Drehteil (links) und zum Frästeil

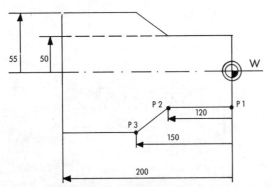
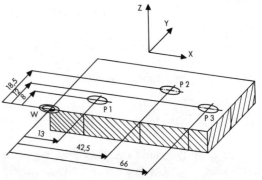

Bild 11.7 Drehteil (links) und Frästeil in Absolutbemaßung

Für eine vollständige Weginformation sind in einem Programm aber weitere Angaben erforderlich. Die Steuerung muß wissen, ob sie das Werkzeug im Eilgang positionieren soll, ob der nächste Zielpunkt entlang einer Geraden angefahren werden soll oder ob der Verfahrweg entlang einer Kreisbahn verlaufen soll. Diese Wegbedingungen werden der Steuerung mit dem Kennbuchstaben G (engl. go = „gehen") und einer zweistelligen Schlüsselzahl angegeben.

Vertiefen wir die bisherigen Ausführungen an folgendem Beispiel:

Aus einem Rundstahl (Durchmesser = 110 mm) soll ein Kegel mit Zapfen (Durchmesser = 100 mm) gedreht werden. Ausgangspunkt für die Fertigung des Werkstücks ist die technische Zeichnung. Der Programmierer muß den gesamten Arbeitsablauf theoretisch vorvollziehen und für jede Tätigkeit der Maschine einen entsprechenden Befehl (Information) geben.

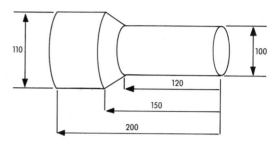

Bild 11.8 Kegel mit Zapfen

Zunächst definiert man das Koordinatensystem und legt den Werkstück-Nullpunkt W fest. Mit Hilfe des Koordinatensystems ist man jetzt in der Lage, aus der Zeichnung die Daten (Koordinaten) für das Bearbeitungsprogramm zu ermitteln. Die

Wegbedingung		CNC-Fräsen	CNC-Drehen
G 00	Positionieren im Eilgang		
G 01	Gerade: Vorschub		
G 02	Kreisbahn: Vorschub im Uhrzeigersinn		
G 03	Kreisbahn: Vorschub im Gegen-Uhrzeigersinn		
G 90	Absolute Maßangabe		
G 91	Relative Maßangabe		

Die aufgeführten G-Funktionen sind für alle nachfolgenden Sätze (Bearbeitungsschritte) wirksam und müssen nicht für jeden Satz neu geschrieben werden.

Bild 11.9 Einige Wegbedingungen im einzelnen

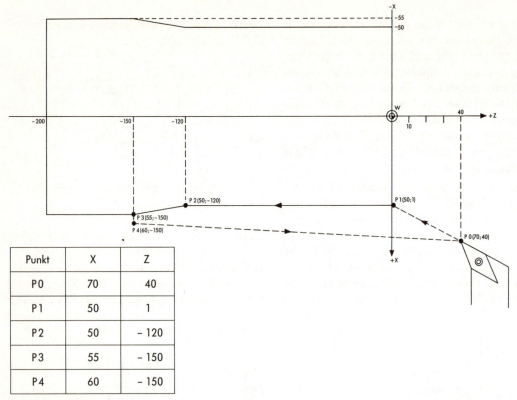

Bild 11.10 Schritte zur Bearbeitung eines Rundstahls

anzusteuernden Zielpunkte erhält man, indem man sich gedanklich den Weg der Schneidspitze des Werkzeugs vorstellt.

Im Programm müssen neben den Koordinaten als geometrische Informationen auch noch die Wegbedingungen (G-Funktionen) enthalten sein (s. Bild 11.10).

Beschreibung der einzelnen Bearbeitungsschritte:

Der Bearbeitungsvorgang startet von der Werkzeugruhelage P0 (X 70; Z 40). Von dort soll der Drehmeißel im Eilgang (Wegbedingung G 00) an den Zustellpunkt P1 (X 50; Z 1) heranfahren. Da alle im Bearbeitungsprogramm formulierten Anweisungen in absoluten Maßangaben erfolgen, muß dies der Steuerung zuvor über die Wegbedingung G 90 mitgeteilt werden.

Die ersten beiden Programmanweisungen lauten also:

G 90
G 00   X 100   Z 1

Wegen der Festlegung auf absolute Maßangaben könnte die Anweisung lauten:

G 00   X 50   Z 1

Bei Drehmaschinen hat sich aber bei der Maßangabe für die X-Koordinate eingebürgert, den Durchmesser anzugeben. Die meisten Hersteller von Dreh- und Schleifmaschinen tun dies, da sich bei der Umrechnung auf den Halbdurchmesser häufig Fehler einschleichen.

Man muß beachten, daß der Drehmeißel zunächst 1 mm vor dem Werkstück steht, das Werkstück also noch nicht berührt.

Im nächsten Programmschritt soll das Schneidwerkzeug mit linearem Vorschub (G 01: Vorschub auf einer Geraden) vom Zustellpunkt P1 zum Zielpunkt für den Zapfen P2 bewegt werden.

Somit lautet die nächste Weginformation:

G 01   X 100   Z −120

Der nächste Zielpunkt P3 wird mit derselben Wegbedingung G 01 angefahren. Es ist nicht erforderlich, die Wegbedingung erneut anzugeben, da sie so lange wirksam ist, bis sie durch eine andere aufgehoben wird. Es genügt für die Angabe der Weginformation, die Koordinaten des Zielpunktes P3 anzugeben:

X 110   Z -150

Bevor der Drehmeißel in seine Ausgangslage zurückkehren soll, wird in unserem Beispiel ein Zwischenpunkt P4, ebenfalls mit Wegbedingung G 01, angefahren. Die Koordinate von P4 in Z-Richtung bleibt unverändert und braucht deshalb auch nicht angegeben werden. Als nächste Weginformation genügt

X 120

Der Drehmeißel kehrt mit folgender Anweisung im Eilgang (G 00) wieder in seine Ausgangsposition P0 zurück:

G 00   X 140   Z 40

Es gibt noch eine weitere Möglichkeit, den Weg des Werkzeugs zu beschreiben: die Koordinatenwerte des Zielpunktes werden auf die vorangegangene Werkzeugposition eingestellt. Die Abstände beschreiben dann den zurückzulegenden Weg zwischen Start- und Zielpunkt.

Da die Koordinaten hier nicht mehr auf den Koordinaten-Nullpunkt, sondern auf die Lage des Startpunktes bezogen werden, wird diese Art der Maßangaben als **relative Koordinaten** bezeichnet.

Die bisherigen Programmanweisungen befehlen der CNC-Steuerung, wie der Drehmeißel entlang der Kontur des Werkstücks zu bewegen ist. Für ein vollständiges Bearbeitungsprogamm benötigt die Steuerung aber noch zusätzliche technologische Anweisungen. Beispielsweise muß festgelegt werden, mit welcher Spindeldrehzahl oder mit welcher Vorschubgeschwindigkeit der Arbeitsgang ausgeführt werden soll, wann das Kühlwasser ein- oder ausgeschaltet werden muß und vieles mehr.

Es stellt sich somit die Frage: Welche Angaben sind für einen vollständigen Programmaufbau erforderlich?

11.3.2 Programmaufbau und Satzformat

Der Aufbau eines CNC-Programms ist in DIN 66025 festgelegt. Demnach sollen folgende Informationen enthalten sein:
- programmtechnische (Satznummer)
- geometrische (Koordinatenangaben)
- technologische (Drehzahlen, Drehrichtungen, Vorschübe, Werkzeuge)

Das Programm besteht aus einer Folge von Sätzen. Jeder Satz enthält Angaben, die eine Veränderung gegenüber den vorausgegangenen Informationen beinhalten. Er besteht aus einem oder mehreren Worten, die eine Weginformation oder eine Schaltinformation enthalten. Ein Wort besteht aus einem Adreßbuchstaben und einer Ziffernfolge mit oder ohne Vorzeichen.

Das	**Programm**	besteht aus **Sätzen.**
Der	**Satz**	besteht aus **Wörtern.**
Das	**Wort**	besteht aus einer **Adresse** und einer **Zahl.**

Die Satznummer

Jeder Satz beginnt mit dem Wort für die Satznummer. Sie besteht aus der Adresse N und einer Zahl.

Die Satznummer hat keinen Einfluß darauf, in welcher Reihenfolge die Sätze abgearbeitet werden, sondern dient lediglich zum leichteren Auffinden bestimmter Programmteile und zur Anzeige des augenblicklich gespeicherten Satzes auf dem Bildschirm. Bei der Reihenfolge der Satznummern werden oft Zehnersprünge verwendet, um bei Bedarf weitere Sätze leichter einfügen zu können.

Die Weginformationen

Wie bereits ausgeführt, gehören zu den Worten der Weginformationen die
- Wegbedingung (G-Funktion), z.B. ob eine Gerade oder ein Kreis gefahren werden soll, und der
- Wegbefehl, d.h. welche Koordinaten anzufahren sind.

Satz Nr.	Weginformationen				Schaltinformationen			Zusatz-Funktion
	Weg-bedingung	Koordinaten-Achsen			Vorschub	Spindel-Drehzahl	Werkzeug	
N	G	X	Y	Z	F	S	T	M
N 010	G 90				F 100	S 3000	T 0102	
N 020	G 00			Z −20.0				M 03
N 030	G 00	X 50.0	Y 35.5					
N 040	G 01			Z 150,				M 30

Bild 11.11 Gliederung eines Programms

Wort | Adresse | Zahl

Die Schaltinformationen

Die Schaltinformationen stellen den technologischen Teil eines Programms dar und beinhalten die Wörter für den Vorschub F, die Spindeldrehzahl S, das Werkzeug T und die Zusatzfunktionen M.

Vorschub F

Der Vorschubbefehl F gibt an, mit welcher Geschwindigkeit sich das Werkzeug in seine Zielposition bewegen soll. Bei Fräsmaschinen wird der Vorschub in mm/min und bei Drehmaschinen in mm/Umdrehung angegeben. Beispiel: F 100 Vorschub mit 100 mm/min bei einer Fräsmaschine. F 0,25 Vorschub mit 0,25 mm bei einer Drehmaschine.

	Maschinenfunktion	CNC-Fräsen	CNC-Drehen
M 00	Programm Halt. Kühlschmierstoff und Vorschub aus		
M 02	Programmende. Steuerung wird ausgeschaltet		
M 03	Drehrichtung RECHTS		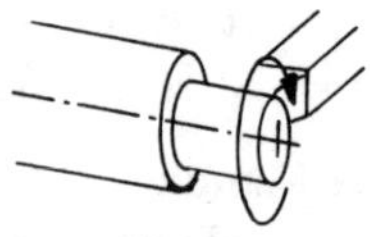
M 04	Drehrichtung LINKS	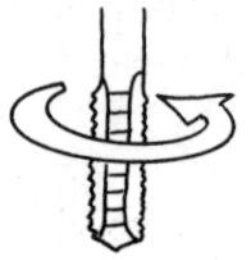	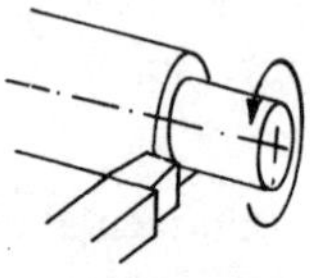
M 13	Drehrichtung RECHTS und Kühlmittel EIN	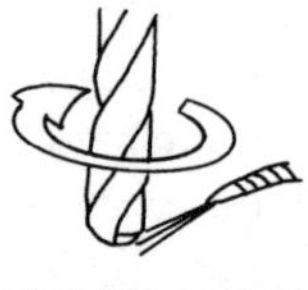	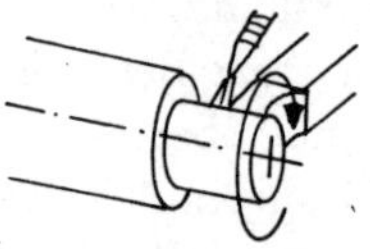
M 14	Drehrichtung LINKS und Kühlmittel EIN	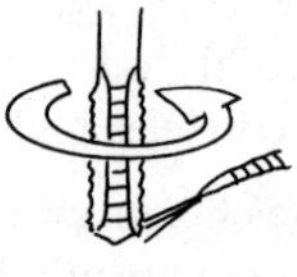	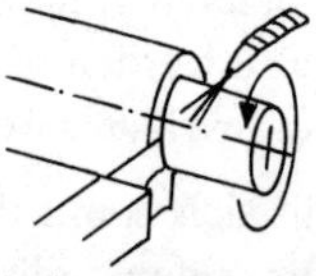

Bild 11.12 Vollständiges Programm für ein CNC-Drehteil

Satz-nummer	Weginformationen			Schaltinformationen			
	Weg-bedingung			Vorschub	Spindel-drehzahl	Werkzeug	Zusatz-funktion
N	G	X	Z	V	S	T	M
N 010	G 90 absolute Maßangaben					T 01 Werkzeug Nr. 1	M 06 Werkzeug-wechsel
N 020	G 00 Eilgang	X 100 Koordinaten des Zustell-punktes (1 mm vor P 1 in Z-Richtung)	Z 1		S 100 Drehzahl 100 1/min		M 03 Spindel im Uhrzeiger-sinn
N 030	G 01 Geraden-interpola-tion (Arbeits-vorschub)		Z −120 P 2 an-fahren	F.2 Vorschub 0,2 min/U			M 08 Kühlmittel EIN
N 040		X 110 Koordinaten von P 3	Z −150				
N 050		X 120	P 4 an-fahren				M 09 Kühlmittel AUS
N 060	G 00	X 140	Z 40				M 30 Programm-ende

Bild 11.13 Programm „Kegel mit Zapfen"

Spindeldrehzahl S
Der Drehzahlbefehl S bestimmt die Drehzahl in 1/min der Arbeitsspindel.

Werkzeug T
Der Werkzeugbefehl bestimmt das zum Einsatz kommende Werkzeug.

Zusatzfunktion M
Die Zusatzfunktion, in der Praxis häufig auch Maschinenfunktion genannt, enthält zusätzliche Anweisungen für die Maschine.

Einige häufig in Programmen benötigte Zusatzfunktionen sind in Bild 11.12 dargestellt.

Das Programm zu dem in Kapitel 11.3.1 besprochenen Drehteil „Kegel mit Zapfen" mit den ergänzenden Schaltinformationen zeigt Bild 11.13.

11.4 Informationsfluß in der CNC-Maschine

Die zentrale Aufgabe einer CNC-Maschine ist es, Werkzeug und Werkstück gemäß der vorgegebenen Programmdaten gegeneinander zu bewegen. Der Rechner liest das Bearbeitungsprogramm nach dem Programmstart Befehl für Befehl aus dem Arbeitsspeicher und erzeugt die notwendigen Kommandos für die Stellglieder. Neben Motoren werden auch Ventile, Schütze (elektrische Schalter) oder Pumpen angesteuert. Stellglieder nennt man auch **Aktoren.** Die Ausführung der Stellbefehle wird dagegen von **Sensoren** erfaßt und dem Rechner zurückgemeldet.

Während des Positionierens des Werkzeugs können gleichzeitig alle Achsen bewegt werden, bis sie ihre Zielposition erreicht haben. Der Rechner muß daher stets die aktuelle Lage des Schlittens kennen. Dazu befinden sich Wegmeßsysteme am Werkzeugschlitten.

11.4.1 Die Wegmeßsysteme

Für jede Bewegung des Werkzeugs in X-, Y- oder Z-Richtung ist ein eigenes Wegmeßsystem vorhanden. Dadurch weiß der Rechner jederzeit, wo sich das Werkzeug befindet und welche weiteren Steuerbefehle an die Aktoren auszugeben sind. Von der Genauigkeit des Wegmeßsystems hängt die Fertigungsgenauigkeit der CNC-Maschine ab. Gängige Wegmeßverfahren sind die inkrementale Wegmessung und die absolute Wegmessung.

Inkrementale Wegmessung

Das Wegmeßsystem, bestehend aus einem Strichmaßstab, liefert jedesmal beim Überfahren eines Striches einen Impuls. Diese Impulse werden elektronisch gezählt und daraus der Verfahrweg ermittelt. Man kann an jedem beliebigen Punkt mit dem Zählen beginnen. Daher muß nach dem Ausschalten der CNC-Maschine ein Referenzpunkt angefahren werden.

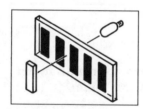

Bild 11.14 Inkrementale Wegmessung mit Strichmaßstab

Absolute Wegmessung

Jede Position, die der Schlitten einnehmen kann, ist eindeutig als Meßwert von einer codierten Skala ablesbar. Dieses Verfahren erübrigt das Referenzpunktfahren.

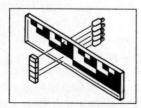

Bild 11.15 Absolute Wegmessung mit codierter Skala

11.4.2 Regelkreise einer CNC-Maschine

Die Antriebssysteme bilden zusammen mit den Wegmeßsystemen und dem Rechner einen geschlossenen Regelkreis für die Lageregelung.

Im Rechenwerk findet ein Vergleich zwischen der Position des Schlittens, dem Istwert, und dem im Programm vorgegebenen Sollwert statt. Bei Abweichungen zwischen Ist- und Sollwert werden so lange Stellsignale an die Motoren der Werkzeugschlitten ausgegeben, bis Soll- und Istwert übereinstimmen. In dem Moment stoppt der Rechner den Motor.
Doch die Lageregelung allein genügt nicht. Der Werkzeugschlitten muß auch mit konstantem Vorschub bewegt werden. Zu diesem Zweck ist ein zusätzlicher Regelkreis für die Geschwindigkeit erforderlich (s. Bild 11.16).

11.4.3 Dateneingabe und -verarbeitung bei der CNC-Maschine

Charakteristisch für die modernen CNC-Maschinen ist der integrierte Mikrocomputer, der hauptsächlich aus dem Mikroprozessor und dem Speicher besteht. Die feste Verdrahtung der älteren NC-Maschinen wurde durch ein CNC-Systemprogramm ersetzt. Dieses wird vom Steuerungshersteller erstellt und befindet sich in einem ROM (**R**ead **O**nly **M**emory = Festwertspeicher) im Rechner.
Das Bearbeitungsprogramm wird vom Facharbeiter aus der Fertigungszeichnung ermittelt und per Tastatur in den Rechner eingegeben. Bei wiederkehrenden Vorgängen kann es auch sein, daß die Befehle bereits auf einem Informationsträger, z.B. einem Lochstreifen, einer Magnetband-Kassette oder einer Diskette vorliegen. Dann wird das Programm über ein Lesegerät eingegeben. In vernetzten Informationsverarbeitungssystemen sind CNC-Maschinen direkt, z.B. mit einem Konstruktionsrechner, verbunden. Hier werden die Befehle über eine Datenübertragungsleitung zur CNC-Maschine gesendet.

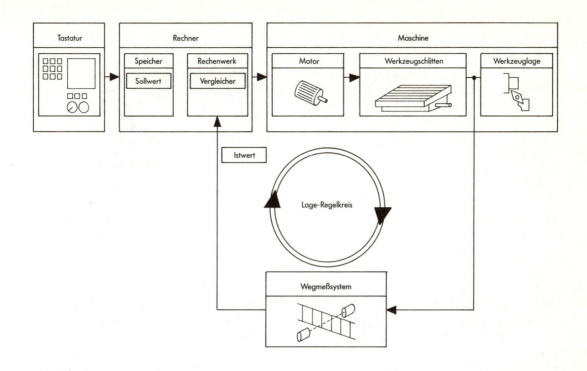

Bild 11.16 Regelkreis einer CNC-Maschine

Beim Verfahren des Werkzeugs entlang einer beliebigen Bahnkurve kontrolliert der Rechner gleichzeitig alle Lage-Regelkreise. Damit sich die Bahnkurve mit hoher Genauigkeit an den vorgegebenen Bahnverlauf anschmiegt, müssen dem Rechner viele Punkte zwischen Bahnanfang und -ende bekannt sein. Diese Zwischenpunkte, auch Bahnstützpunkte genannt, werden Punkt für Punkt von einem Geometrie-Prozessor exakt und sehr schnell berechnet. Die Rechenarbeit richtet sich dabei nach der Art der Bahnkurve. Sie ist geringer für eine Gerade, umfangreicher für eine kreisförmige Bewegung. Man spricht hier auch von einer **Geraden- oder Kreisinterpolation.**

11.5 Robotertechnik

Die industrielle Fertigung wandelt sich. Der Einsatz von CNC-Maschinen ist in allen fertigungstechnischen Betrieben in vollem Gange.

Die Robotertechnik ist wie die numerische Steuerung von Werkzeugmaschinen eine konsequente Anwendung der Mikrocomputertechnik. Die Entwicklungstendenzen zeigen in Richtung flexible Fertigungs- und Montagesysteme. Ein flexibles Fertigungssystem besteht aus drei Hauptkomponenten:

– einem oder mehreren Bearbeitungseinheiten (z. B. CNC-Maschinen),

– Transportsystemen für Werkzeuge und Werkstücke,

– einem DNC-Rechner (**D**irect **N**umerical **Co**ntrol = direkt numerisch gesteuert) als Leiteinrichtung.

Hier liegt eine besondere Kombination des universell einsetzbaren Bewegungsautomaten (Industrieroboters) mit CNC-Maschinen vor. Der Roboter bedient dabei eine oder mehrere Werkzeugmaschinen oder fungiert als Bindeglied in dieser Kette.

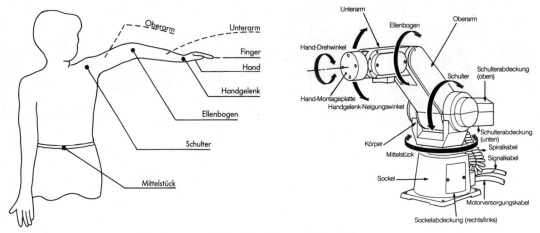

Bild 11.17 Körperglieder und Freiheitsgrade beim Menschen und beim Roboter

11.5.1 Kinematik, Raumkoordinaten und Geometrie des Arbeitsraumes von Industrierobotern

Der Industrieroboter ist ein in mehreren Achsen (=Freiheitsgraden) frei programmierbares Handhabungsgerät. Er kann mit Greifern oder Werkzeugen ausgerüstet sein. Je nach Steuerung können mehr oder weniger komplexe Bewegungen oder Aufgaben ausgeführt werden.

Die Flexibilität des Roboters hängt ab von der Art, der Anzahl und der Anordnung der Bewegungsachsen, die den Arbeitsraum und ihre Verwendbarkeit bestimmen. Ähnlich wie beim Menschen findet man beim Roboter die mechanischen Äquivalente der Gliedmaßen und Gelenke. Schubgelenke erlauben geradlinige, translatorische, Drehgelenke kreisförmige, rotatorische Bewegungen. Anhand von Bild 11.17 wird der Zusammenhang zwischen den Körperteilen des Menschen und den Achsen eines Roboters deutlich.

Ist ein Körper im Raum frei beweglich, so besitzt er sechs Freiheitsgrade. Durch drei lineare Verschiebungen längs der Hauptachsen X, Y und Z ist die Positionierung eines Körpers im Raum möglich. Soll der Körper noch gedreht, gerollt oder geneigt werden, so sind drei weitere Freiheitsgrade erforderlich. Die Beweglichkeit im Raum hängt aber nicht nur von der Anzahl der verfügbaren Freiheitsgrade ab, sondern wird auch durch konstruktive Merkmale bestimmt. Ein Maß dafür ist der Arbeitsraum, in dem das Arbeitsorgan des Industrieroboters jeden Punkt durch das Zusammenwirken von translatorischen und rotatorischen Bewegungen erreichen kann. Die Geometrie des Arbeitsraumes ist geprägt vom kinematischen Aufbau des Roboters. Ihre Form kann errechnet, aber auch durch Verfahren ermittelt werden.

Typ	Bewegungen	Arbeitsraum
Y_{Tr}, Z_{Tr}, X_{Tr}	Linearkombination 3 Translationen TTT	quaderförmig
Z_{Ro}, Y_{Tr}, Z_{Tr}	2 Translationen 1 Rotation TTR	zylinderförmig
Z_{Ro}, Y_{Tr}, X_{Ro}	1 Translation 2 Rotationen TRR	sphärisch

Bild 11.18 Grundlegende kinematische Konfigurationen und Arbeitsräume marktgängiger Industrieroboter

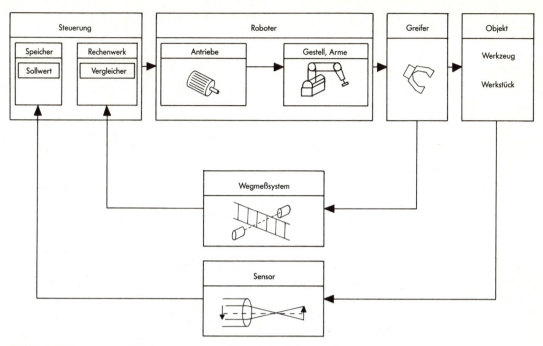

Bild 11.19 Teilsysteme und Wirkungszusammenhänge beim Industrieroboter

11.5.2 Informationsfluß in einem Industrieroboter

Die Steuerung eines Industrieroboters funktioniert prinzipiell wie die einer CNC-Werkzeugmaschine. Der Roboter hat lediglich mehr Bewegungsmöglichkeiten (Freiheitsgrade). In Bild 11.19 ist der Informationsfluß eines Roboters dargestellt.

Soll ein Roboter beispielsweise verschiedene Teile sortieren, so muß er in der Lage sein, die Teile zu identifizieren, ihre Position zu lokalisieren und ihre Orientierung festzustellen. Erst dann hat er alle Informationen, um die Teile greifen und sortieren zu können. Für diese Aufgabe rüstet man ihn mit Bildverarbeitungssystemen (Sensoren) aus.

Der Rechner erkennt dieselben Objekte (Rechtecke; Bild 11.20).

Der Rechner lokalisiert ihre Positionen (Bild 11.21).

Der Rechner stellt ihre Orientierung fest (Bild 11.22).

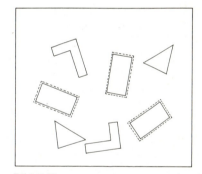

Bild 11.20

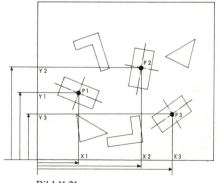

Bild 11.21

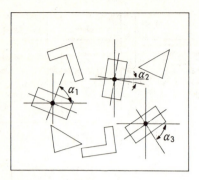

Bild 11.22

Weitere typische Aufgaben von Sensoren sind: Handhabungsaufgaben wie die Feststellung eines Bearbeitungszustandes, Schweißnahterfassung und -verfolgung beim Bahnschweißen, aber auch die Feststellung von möglichen Kollisionen. Durch die Entwicklung preiswerter und robuster Mikrosensoren werden die Roboter künftig noch viel universellere Aufgaben übernehmen können.

11.5.3 Programmierung von Industrierobotern

Industrieroboter haben dieselben Kennzeichen und Merkmale wie CNC-Maschinen, und sie werden oft vom gleichen Personal geplant, programmiert und gewartet. Ein entscheidender Unterschied besteht jedoch in der Art der Programmierung. In der CNC-Technik werden im wesentlichen Bewegungen in Richtung der Werkzeugmaschinenachsen programmiert und gesteuert. Robotersteuerungen ermöglichen dagegen frei im Raum programmierbare Bewegungen. Die manuelle Programmierung eines 6-achsigen Roboters zum Punktschweißen einer Autokarosserie ist praktisch nicht möglich. Zwar verwendet man auch Programmiersprachen zur textuellen Eingabe der Bahnkurven, zeitsparender und wirtschaftlicher sind jedoch andere Verfahren, weil es schwierig ist, die Orientierung der Achsen aus dem geforderten Bahnverlauf zu ermitteln.

Übliche Programmierverfahren sind das Teach-in-Verfahren, das Play-back-Verfahren und die textuelle Programmierung.

Teach-in-Programmierung

Beim Teach-in-Verfahren (von engl. teach = „lehren") werden die einzelnen Bahnpunkte mit ihren Positionen und Orientierungen mit Hilfe des Programmier-Handgerätes angefahren und auf Knopfdruck gespeichert.

Der Programmierer kann die verschiedenen Gelenke des Roboters durch Betätigen bestimmter Tasten so lange an die gewünschte Position heranfahren, bis diese erreicht ist. Anschließend wird die Position unter der Adreßnummer eines Bewegungssatzes abgespeichert. Danach kann die nächste Zielposition angefahren und eingestellt werden. Im Automatikbetrieb werden dann alle gespeicherten Positionen mit aufsteigender Satznummer angefahren.

Play-back-Programmierung

Beim Play-back-Verfahren wird der Roboterarm in der vorgesehenen Bahn und Orientierung von Hand geführt, die Bewegung also direkt manuell vorgemacht. Die Steuerung speichert während der Führung etwa alle 20 ms die Positionswerte der einzelnen Roboterachsen ab. Im nachfolgenden Programmablauf fährt die Steuerung die bekannten Positionen an. Angewendet wird diese Art der Programmierung insbesondere bei Beschichtungsaufgaben, z. B. beim Lackieren.

Das Play-back-Verfahren ist weniger genau als die Teach-in-Programmierung, da der Roboterarm beim Erlernen des Bewegungsablaufs ganz anders belastet wird als während des automatischen Ablaufs. Ferner kann sich die Programmierung aufgrund räumlicher Enge, z. B. beim Innenbeschichten von Karosserien, außerordentlich schwierig gestalten. Deshalb bieten manche Roboterhersteller Programmiergestelle an, die mit gleicher Kinematik wie der Roboter gebaut sind. Diese Gestelle sind mit Winkel- und Wegmeßsystemen ausgestattet, aber ohne Antriebe.

Textuelle Programmierung

Bei der textuellen Programmierung erstellt der Facharbeiter das Programm mit Hilfe einer Programmiersprache am Bildschirm. Dabei verwendet er definierte Befehlsworte in Form von Texten wie FAHRE (MOVE) für Bewegungsanweisungen. Die Steuerungshersteller verwenden unter-

Zeilen-Nr.	Bewegungs-befehl	Interpolations-art	Bahn-geschwindigkeit 1250 mm/s	Exaktes Anfahren der Position	Ziel
120	FAHRE	LINEAR	MIT V = 1250	NACH	BOHR_POS

Bild 11.23 Programm zur Greiferpositionierung

schiedliche, aber im Aufbau ähnliche Sprachelemente. Soll beispielsweise der Greifer von der aktuellen Position in Richtung BOHR_POS(ition) bewegt werden, so werden die Prozeßgrößen durch Eingabe von Texten und Zahlen festgelegt.
- Bewegungsbefehl: FAHRE
- Bewegungsart (Interpolationsart): LINEAR
- Bahngeschwindigkeit: $v = 1250$ mm/s
- Genauigkeit der Anfahrt auf der Zielposition: NACH
- Angabe der Zielposition: BOHR_POS

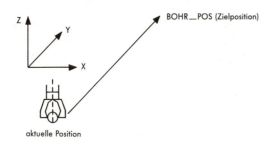

Bild 11.24 Positionierung des Greifers eines Roboters

Der vorstehend dargestellten Greiferbewegung entspricht die Programmzeile nach Bild 11.23.

Ein Roboterprogramm besteht aus einer Folge solcher Anweisungen. Die Zahlenwerte der Koordinaten für die Punkte wie BOHR_POS werden beim Programmieren durch Anfahren im Tipp-Betrieb und Abspeichern im Teach-in-Verfahren aufgenommen.

Solche Programme lassen sich sehr rasch erstellen, weil nur wenige Texte als Rahmen gesetzt werden und die Positionen leicht einzugeben sind.

Aufgaben

A 11.1   (zu 11.1)
Welche Aufgaben übernimmt der Mikrocomputer in einer CNC-Maschine?

A 11.2   (zu 11.1)
Welche Aufgaben übernimmt der Facharbeiter an der CNC-Maschine?

A 11.3   (zu 11.2.1)
Welchen Zweck erfüllt das Koordinatensystem?

A 11.4   (zu 11.2.2)
Worin unterscheiden sich die Koordinatensysteme von Drehmaschine und Fräsmaschine?

A 11.5   (zu 11.2.3)
Welche Bedeutung hat der Werkstück-Nullpunkt für die Programmierung?

A 11.6   (zu 11.3.1)
Schlagen Sie die Bedeutung der Wegbedingung G 00 und G 01 in der Tabelle nach und erklären Sie diese.

A 11.7   (zu 11.3.2)
Welche Angaben in einem CNC-Programm zählen zu den Weginformationen, welche zu den Schaltinformationen?

A 11.8   (zu 11.4.1)
Erklären Sie den Unterschied des inkrementalen Wegmeßsystems zum absoluten.

A 11.9   (zu 11.4.2)
Skizzieren Sie den Lageregelkreis einer CNC-Maschine.

A 11.10   (zu 11.5.1)
Welche Faktoren bestimmen die Beweglichkeit eines Industrieroboters?

A 11.11   (zu 11.5.2)
Sensoren erhöhen die Flexibilität des Industrieroboters. Erklären Sie dies an einem Beispiel.

12. CAD-Technik

VOR DER SENDUNG

Der Einsatz von computerunterstützten Konstruktionssystemen (CAD) erstreckt sich von der mechanischen Zeichnung über die Erstellung von Stromlaufplänen und elektronischen Schaltungen bis hin zum architektonischen Entwurf. Leistungsfähige CAD-Systeme verfügen über die Möglichkeit, Objekte sowohl zweidimensional (2D) als auch dreidimensional (3D) nachzubilden. Häufig ist beim CAD-Einsatz die Varianten-Konstruktion von Vorteil, weil man damit nach einer einmaligen Zeichnung die gewünschten Geometrien durch Angaben von Parameterwerten beliebig variieren kann. Für die Untersuchung des statischen und dynamischen Verhaltens der Bauteile dient die Finite-Elemente-Methode.

Ein Merkmal der rechnerunterstützten Konstruktion ist die Möglichkeit, die Zeichnung im interaktiven Dialog mit dem Computer zu erstellen. Der Anwender kann dazu zahlreiche Befehle verschiedener Funktionsgruppen benutzen. Neben dem reinen Grafik-Erstellungssystem stehen meist noch die Leistungsmerkmale Symbol- und Normteilebibliothek, Stücklistengenerator und -verwaltung zur Verfügung.

Lernziele

12.1 Zeichnungen, Entwürfe, Pläne werden mit Hilfe eines CAD-Systems rationeller erstellt.

12.1.1 Die Komponenten der Hardware müssen auf die Leistungsfähigkeit des Programms zugeschnitten sein.

12.1.2 Zwischen Vektorgrafik und Pixelgrafik bestehen qualitative Unterschiede in der Darstellung auf dem Bildschirm.

12.1.3 2D- und 3D-CAD-Programme unterscheiden sich in der Art der grafischen Darstellung und in der Art der Verarbeitung von geometrischen Daten. 3D-Systeme arbeiten als Kanten-, Flächen- oder Volumenmodelle.

12.2 Der Befehlsumfang von CAD-Systemen wird in Funktionsgruppen gegliedert.

12.2.1 Zu den elementaren Grundfunktionen zählen das Positionieren eines Fadenkreuzes/Zeigers und das Identifizieren von Objekten in der Zeichnung.

12.2.2 Die Standardfunktionen Linie und Kreis bieten verschiedene Anwendungsvarianten.

12.2.3 Wichtige Editierfunktionen sind das Spiegeln, Drehen, Verschieben, Duplizieren und Dehnen. Manche dieser Funktionen sind auch in Anwenderprogrammen gebräuchlich.

12.2.4 Bildschirmfunktionen verbessern die Übersichtlichkeit der Darstellung auf dem Bildschirm und unterstützen die Orientierung in der Zeichnung.

12.2.5 Wichtige zeichnungstechnische Elemente sind die Operationen Schraffur, Bemaßung und Text.

12.2.6 Zahlreiche Zusatzfunktionen unterstützen die Arbeit des Konstrukteurs. So lassen sich aus Bibliotheken Normteile abrufen, wie auch selbstdefinierte Objekte über Makros in die Zeichnung einfügen.

12.3 Die Daten eines CAD-Systems werden über Software-Schnittstellen an andere Programme übergeben und können dort nach verschiedenen Leistungsmerkmalen weiterverarbeitet werden.

12.3.1 Die Geometriedaten der CAD-Konstruktion werden von NC-Modulen in Steuerdaten für CNC-Maschinen umgesetzt.

12.3.2 Die Finite-Elemente-Methode (FEM) stellt ein Hilfsmittel in der Hand des Entwicklers dar, um statische und dynamische Belastungen von Bauteilen mit dem Rechner zu analysieren und zu simulieren.

12.3.3 Mit CAD-Systemen für Elektrotechnik werden Schaltpläne gezeichnet, elektrische Schaltungen simuliert und das Leiterplatten-Layout entworfen.

NACH DER SENDUNG

12.1 Computerunterstütztes Zeichnen (CAD)

Computer unterstützen in immer stärkerem Maße Planungs- und Steuerungsaufgaben im Rahmen des Produktionsprozesses. Mit der gestiegenen Rechnerleistung hat sich das Einsatzgebiet der Personal-Computer von der kommerziellen Anwendung, wie Textverarbeitung, Buchführung und Finanzplanung, auf datenverarbeitungstechnisch aufwendige Bereiche, wie Grafik und wissenschaftliche Anwendungen, ausgedehnt. Immer stärker tritt dabei auch das rechnerunterstützte Konstruieren (CAD = **C**omputer **A**ided **D**esign) in den Vordergrund, das ursprünglich nur Großrechneranlagen vorbehalten war.

CAD auf Mikrocomputern bedeutet dabei wesentlich mehr als „nur" Zeichnen. Die für Personal-Computer verfügbare CAD-Software stellt je nach Leistungsumfang ein mächtiges Werkzeug in der Hand des Konstrukteurs dar. Neben den vielfältigen Varianten der Zeichnungserstellung bieten die Programme heute die Möglichkeit, Objekte dreidimensional zu konstruieren und im Raum zu bewegen.

Wer seine bisherigen Zeichnungen auf dem Reißbrett erstellt hat, für den bedeutet das Arbeiten mit einem CAD-Programm eine Umstellung. Die bisher gewohnten Hilfsmittel wie Tuschestift und Lineal, aber auch Radierer und Rasierklinge stehen nicht mehr zur Verfügung. Dafür muß man die zu erstellende Grafik aus einer Vielzahl von Zeichnungselementen, auch Objekte genannt, zusammensetzen.

Die verschiedenen Objekte werden über Befehle an das Programm erzeugt oder verändert. Stück für Stück entsteht aus einzelnen Teilen ein fertiges Gebilde.

Der Vorteil von CAD liegt in der Vielzahl und Mächtigkeit der möglichen Anweisungen. Besonders angenehm und zeitsparend ist das Kopieren oder Verändern von bereits bestehenden Objekten. Am Reißbrett wird es als besonders lästig empfunden, wenn ein bereits konstruiertes Teil an einer anderen Stelle noch einmal mühsam gezeichnet werden muß. Da bei CAD die Daten für das zu duplizierende Objekt dem Computer bereits bekannt sind, beschränkt sich der Arbeitsgang hier auf einen einzigen Befehl.

Ein weiterer Unterschied zwischen CAD und dem herkömmlichen Zeichnen besteht darin, daß anstelle des Zeichenbretts der Bildschirm tritt. Dadurch ist es möglich, Grafiken zu verkleinern oder auch nur Ausschnitte davon zu bearbeiten. Man kann sogar Details wie unter einer Lupe betrachten und verändern.

Allerdings hat ein Bildschirm auch den Nachteil, daß bei großen Zeichnungen aufgrund der Bildauflösung Einzelheiten nicht mehr genau zu erkennen sind. Für professionelle Arbeiten wird deshalb ein großer Bildschirm mit hoher Auflösung verwendet.

Bei der Ausgabe der Zeichnung auf Papier besteht die Möglichkeit, den Maßstab abhängig vom Ausgabegerät und von der Größe des Papiers nach Bedarf individuell festzulegen.

12.1.1 CAD-spezifische Hardware-Komponenten

Die Leistungsmerkmale und die Zusammenstellung der Geräte für einen CAD-Arbeitsplatz hängen von den Anforderungen des Anwenders ab. Insbesondere die Rechengeschwindigkeit des Computers und die Qualität der graphischen Darstellung lassen mit zunehmenden Ansprüchen die Kosten einer CAD-Anlage in die Höhe schnellen.

Rechner

Zur Darstellung einer Grafik sind sehr viele mathematische Berechnungen erforderlich; das bringt einen entsprechenden Zeitaufwand für die Ausführung von Befehlen mit sich. Bei komplexen Befehlsausführungen in einer umfangreichen Zeichnung könnten – bedingt durch eine geringe Rechenleistung – minutenlange Wartezeiten auftreten. Seit jedoch im PC-Bereich 16- und 32-Bit-Prozessoren mit Taktfrequenzen von 20 MHz (Sie verarbeiten 32 x 20 Millionen Binäroperationen pro Sekunde!) eingesetzt werden, sind die CAD-Rechenoperationen auf vernünftige Zeiten geschwunden.

Eine wesentliche Leistungssteigerung wird durch den Einsatz eines mathematischen Coprozessors erzielt. Dies ist ein spezieller integrierter Schaltkreis, der eigens auf schnelle mathematische (auch komplexe) Berechnungen zugeschnitten ist. Es gibt CAD-Programme, die nur noch mit Coprozessoren lauffähig sind. Für die zusätzlichen Kosten wird der Anwender allerdings mit einer beträchtlichen Geschwindigkeitssteigerung, insbesondere im Bildaufbau, belohnt.

Monitore und Grafikkarten

Die Schnittstelle, über die der Computer mit dem Anwender kommuniziert, ist der Monitor. Die Qualität des Bildes hängt einerseits von der Grafikkarte und andererseits vom Monitor ab. Beide Hardware-Elemente müssen aufeinander abgestimmt sein. (Die Grafikkarte ist eine Steckkarte im Computer, welche die Bildschirmsignale erzeugt.) Die konventionellen Rastermonitore funktionieren grundsätzlich wie Fernsehbildschirme, haben jedoch durch eine hohe Pixel-Auflösung (Anzahl der Bildpunkte) eine wesentlich bessere Bildschärfe. Qualitative Unterschiede bestehen in der Zahl der Bildpunkte und den Abmessungen des Bildschirms. Für CAD-Anwendungen sind Auflösungen von 640 x 400 Bildpunkten auf einem 14''-Monitor als Untergrenze anzusehen. Professionelle Systeme verwenden 19''-Grafikschirme, die mit entsprechenden Grafikkarten Auflösungen von 1000 x 1000 Pixels und mehr ermöglichen.

Ein weiterer Qualitätsaspekt ist die Verwendung eines Farbmonitors. Die farbliche Darstellung von Elementen oder Linien ist kein Luxus, sondern speziell bei der sog. Layer-Technik ein wichtiger Informationszusatz: Objekte der Zeichnung werden auf beliebig vielen Lagen (=Layer) und in unterschiedlichen Farben übereinandergelegt, so, als benutze man dünne Klarsichtfolien. Einzelne oder mehrere Layer lassen sich ausblenden und damit momentan unwichtige Informationen in der Zeichnung entfernen. Werden die Teile gebraucht, schaltet man die entsprechenden Layer wieder zu.

Hochwertige CAD-Programme unterstützen außerdem den Betrieb von gleichzeitig zwei Monitoren, einem (größeren) Grafikbildschirm und einem Textbildschirm. Der Vorteil dieser Lösung besteht darin, daß der gesamte Dialog über den Textmonitor abgewickelt wird und somit für den Zeichenbereich auf dem Grafikmonitor mehr Platz zur Verfügung steht. Auf dem Textmonitor sind ferner alle Meldungen und Eingaben der letzten Schritte und Befehle jederzeit ersichtlich.

Bild 12.1 CAD-Arbeitsplatz mit einem Grafik- und einem Textmonitor

Tastatur

Die Tastatur ist das standardmäßige alphanumerische Eingabegerät eines Computers. Bei CAD wird sie zur Befehlseingabe, zur Beschriftung von Zeichnungen und zum Aufrufen von besonderen Funktionen mittels der Funktionstasten benötigt.

Maus

Eine Möglichkeit zur Bedienung eines CAD-Programms ist die Maus. Jede Bewegung auf der Unterlage wird in Form von X/Y-Koordinaten an den Rechner geschickt und erscheint auf dem Bildschirm als Bewegung eines Fadenkreuzes. Bestimmte Objekte in der Zeichnung werden markiert, indem das Fadenkreuz darübergeführt und dann die linke Maustaste gedrückt wird. Da die meisten CAD-Programme mit Bildschirm-Menüs (Menüfeldern am linken oder oberen Bildschirmrand) arbeiten, können mit der Maus auch Befehle aktiviert werden.

Digitalisiertablett

Das Digitalisiertablett (engl. digitizer) ist eine Platte (DIN A3- oder A4-Format) mit einem Taststift oder einer Fadenkreuzlupe mit Maustasten. Die Funktion der beiden Zeigeeinrichtungen ist weitgehend identisch. Auf dem Tablett stellt ein abgegrenzter Bereich den Zeichenbereich des Bildschirms dar. Innerhalb dieses Rechteckes wird mit dem Zeigestift das Fadenkreuz auf dem Bildschirm bewegt.

Außerdem befinden sich auf der Tablettfolie viele kleine Befehlsfelder, mit denen durch leichtes Antippen die entsprechenden Anweisungen oder ganze Befehlssequenzen aktiviert werden können.

Ein geübter Anwender kann das CAD-Programm ausschließlich mit einem solchen Tablettmenü bedienen. Er ruft Befehle direkt mit der Fadenkreuzlupe oder dem Zeigestift auf und bewegt dann das Fadenkreuz über den Zeichenbereich an die gewünschte Stelle, ohne ständig zwischen Tastatur und Eingabegerät wechseln zu müssen. Weiterhin besteht beim Digitalisiertablett die Möglichkeit, Zeichnungen von einer Papiervorlage maßstäblich in den Bildschirm zu übertragen (zu digitalisieren).

Laserdrucker und Plotter

Das maschinelle Ausgabemedium für Zeichnungen im CAD-Bereich sind standardmäßig die Plotter. Nach ihrer Arbeitsweise werden sie unterschieden in mechanische (Stiftplotter) und elektrostatische Plotter. Als Zeichnungsträger kommen Papier, Folie und Transparent zum Einsatz. Es sind Formate bis DIN A0 üblich.

Mechanische Stiftplotter können als Flachbett- oder Trommelplotter ausgeführt sein. Der Trommelplotter bewegt zum Zeichnen das Papier mittels Andruckrollen in Y-Richtung vor und zurück. In X-Richtung wird ein Stifthalter mit Tusche- oder Faserstift hin- und hergeführt.

Beim Flachbettplotter liegt das Papier flach auf dem Plottisch und wird mit Stiften in X- und Y-Richtung ein- oder mehrfarbig beschriftet.

Bild 12.2 Trommelplotter

Beim elektrostatischen Plotter wird elektrostatisch aufladbares Papier an einem Schreibkopf mit feinen Metallnadeln vorbeigeführt. Durch elektrische Impulse wird es mit einer Nadel an den Zeichnungsstellen aufgeladen und nachfolgend mit einem Toner geschwärzt. Nach dem Absaugen des übrigen Farbpulvers und dem Einbrennen der Bildpunkte kann die Zeichnung wischfest dem Plotter entnommen werden (Prinzip des Kopierers).

Für Zeichnungen im Format DIN-A4 ist auch der Laserdrucker als Ausgabegerät geeignet. Er arbeitet ebenfalls nach dem Prinzip eines Fotokopierers und erreicht gute Leistungen hinsichtlich Auflösung und Arbeitsgeschwindigkeit.

12.1.2 Pixelgrafik und Vektorgrafik

Bei der grafischen Darstellung auf dem Bildschirm sind prinzipiell zwei Verfahren anzutreffen. Die eine Möglichkeit ist die punktweise Darstellung, wie sie auch bei Bildern in der Zeitung angewendet wird. Hier wird die Grafik oder das Foto aus einzelnen Rasterpunkten zusammengesetzt und für jeden solchen Rasterpunkt die Helligkeit, im einfachsten Fall schwarz oder weiß, angegeben. Eine Linie setzt sich also aus einer geradlinigen Aneinanderreihung von Bildpunkten zusammen.

Diese Art der Darstellung wird als Pixelgrafik (Pixel ist das englische Wort für „Bildpunkt") bezeichnet. Sie ist eigentlich nur bei Low-Cost-Programmen üblich und mehr zum Malen als zum Zeichnen oder gar zum Konstruieren geeignet.

Bild 12.3 Pixelgrafik

Vor allem bei professionellen CAD-Programmen werden die Objekte über Vektoren dargestellt. Die Bildinformation wird hier durch geometrische Elemente wie Linien, Kreisbögen, Ellipsen realisiert. Eine Linie wird zu einer geradlinigen Verbindung zwischen einem Anfangs- und einem Endpunkt. Vergrößert man davon einen Ausschnitt auf dem Bildschirm, so ist – im Gegensatz zur Pixelgrafik – wiederum eine Linie zu sehen.

Bild 12.4 Vektorgrafik

12.1.3 2D/3D-CAD-Programme

2D-Systeme

2D-Systeme arbeiten im herkömmlichen Verfahren der Zeichnungserstellung, so wie sie der Ingenieur und technische Zeichner bisher schon kannte: der eigentlich dreidimensionale Körper wird in verschiedenen Ansichten, jeweils zweidimensional, dargestellt. Nur unserem Vorstellungsvermögen verdanken wir das Erkennen der Räumlichkeit einer technischen Zeichnung.

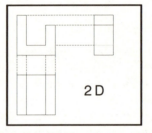

Bild 12.5 Darstellung bei der 2D-Konstruktion

3D-Systeme

Bei der 3D-Konstruktion arbeitet der Benutzer gleichzeitig in mehreren Ansichten. Diese sind dabei direkt zueinander gekoppelt. Änderungen in einer Ansicht wirken sich sofort in den anderen aus.
3D-CAD-Systeme lassen sich in drei Hauptkategorien einteilen (Bild 12.6 und 12.7):
– Kantenmodelle (auch Drahtmodelle genannt),
– Flächenmodelle,
– Volumenmodelle.

Bild 12.6 Kantenmodell

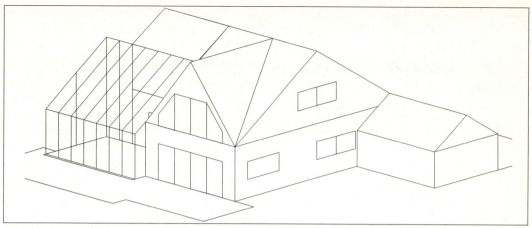

Bild 12.8 Darstellung bei der 3D-Konstruktion

Für den Einsatz in der Produktentwicklung sind nur die höherwertigen Flächen- und Volumenmodelle von Bedeutung, da bei den Kantendarstellungen die verdeckten Bereiche für eine anschauliche räumliche Grafik nicht automatisch ausgeblendet werden können.

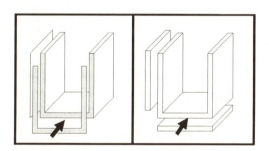

Bild 12.7 Flächen- und (rechts) Volumenmodell

Die komplexeste Art der Teilekonstruktion erfolgt mit Vollkörpermodellen. Dabei beschreibt der Entwickler das Bauteil am CAD-Bildschirm dreidimensional aus einzelnen Grundelementen wie Zylinder, Quader usw. Die Teilkörper werden Schritt für Schritt entwickelt und miteinander verschnitten.

Die Verschneidung gibt der Konstrukteur mit Hilfe sog. boolescher Operationen vor, indem er die drei Grundkörper A, B, C addiert und so zum Teilkörper D gelangt. Ebenso können Körper subtrahiert und flächenbündig aufeinandergesetzt werden.

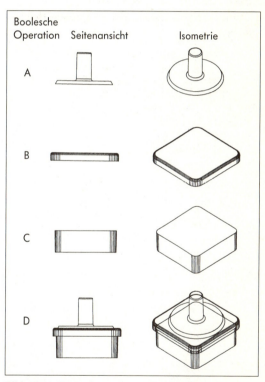

Bild 12.9 Entwicklung eines Bauteils mit 3D-CAD-Techniken

Bereits in diesem Stadium ist vom 3D-System das Volumen und die Oberfläche des Bauteils ermittelt. Wenn der Konstrukteur das spezifische Gewicht des Materials vorgibt, erhält er das exakte Gewicht des Bauteils, ohne daß es real vorliegt. Gleichermaßen kann die berechnete Oberfläche zur Ermittlung des Materialbedarfs bei beschichteten Bauteilen herangezogen werden.

Die 3D-Geometrie ist jederzeit einem Berechnungssystem, wie z. B. der Finite-Elemente-Analyse (vgl. Kap. 12.3.2) zuführbar, um das Produkt in bezug auf Festigkeits-, Temperaturverhalten und hinsichtlich Materialeinsparung zu optimieren.

12.2 CAD-Arbeitstechniken

Hauptaufgabe des CAD-Programms ist es, den Anwender beim Erstellen von Zeichnungen und Konstruktionen zu unterstützen. Je nach Programm geschieht dies mit einer eigenen Befehlssyntax.

Zum Erstellen und Ändern von Grafiken wird zunächst ein Zeichnungseditor aufgerufen, der sich in Form einer Benutzeroberfläche auf dem Bildschirm präsentiert.

Diese hat meist verschiedene Funktionsbereiche. Einer davon (der größte) ist die Fläche, auf der die Zeichnungen ausgeführt und bearbeitet werden. Am rechten oder linken Rand werden die verschiedenen Befehle und Operationen angezeigt, der untere Rand ist häufig zur Kommunikation zwischen dem Bediener und dem Rechner freigehalten.

Bei zahlreichen CAD-Programmen ist zusätzlich am oberen Rand ein Menü mit einer Befehlsauswahl vorhanden, das nach unten „rollt" oder „klappt", wenn es angewählt wird. Diese Art von Menüs nennt man **Pulldown-Menü**.

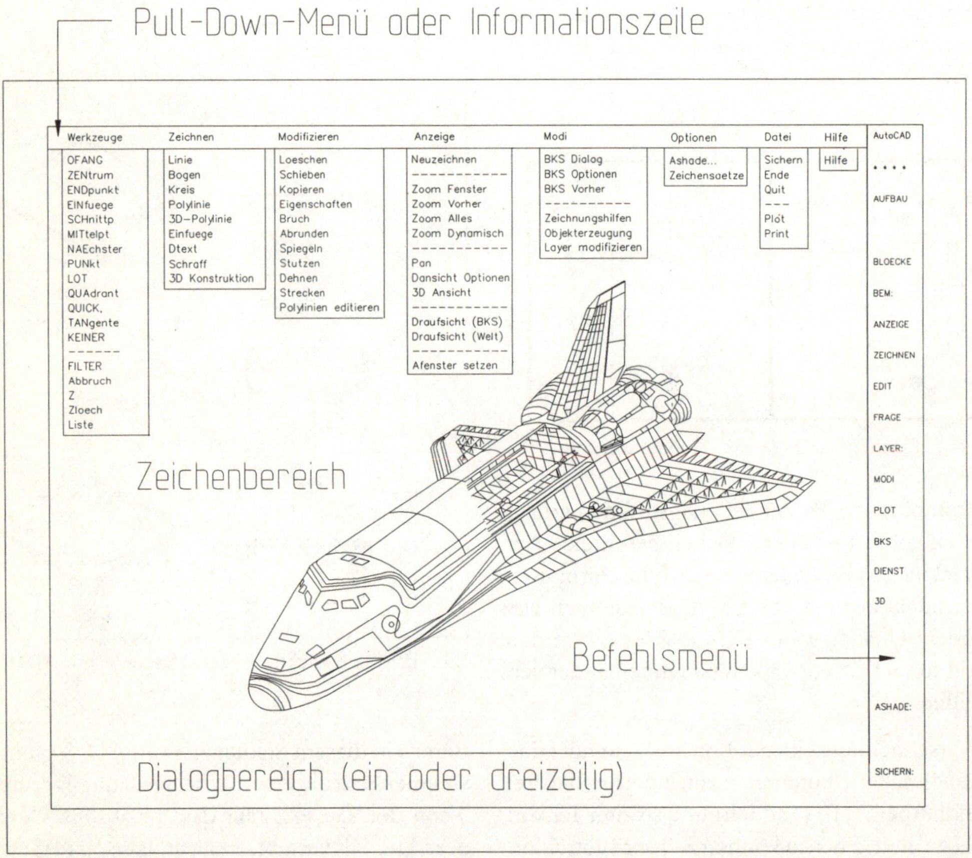

Bild 12.10 Zeichnungseditor

Jedes CAD-Programm verfügt über eine bestimmte Anzahl von Operatoren, die Aussagen über die Komplexität und den Komfort des Systems zulassen. Die CAD-Befehle können nach ihrer Funktion in folgende Gruppen eingeteilt werden:

Bild 12.11 Funktionsgruppen von CAD-Befehlen

Von der Vielzahl der aufgeführten Fuktionen werden im folgenden einige elementare Befehle im einzelnen vorgestellt.

12.2.1 Grundfunktionen

Positionieren

Das Positionieren ist eine elementare Grundfunktion. Sie wird angewendet, wenn ein neues Element an einem bestimmten Ort auf der Zeichenfläche plaziert werden soll. Das Positionieren ist möglich
- mit der Maus, dem Digitalisiertablett mit Stift oder Fadenkreuzlupe und
- über die Eingabe mit der Tastatur als absolute oder relative Koordinaten.

Um das Positionieren des Fadenkreuzes auf dem Bildschirm zu erleichtern, bieten CAD-Programme die Möglichkeit, die Zeichnung mit Rasterpunkten zu unterlegen. Dieses RASTER dient einerseits der optischen Unterstützung bei der Konstruktion. Über die Option FANG kann das Cursorkreuz andererseits nur im festen Abstand der Rasterpunkte bewegt werden. Diese Möglichkeit des Springens ist unbedingte Voraussetzung für das Zeichnen in festen Abständen (s. Bild 12.12).

Identifizieren

Das Identifizieren wird dann angewendet, wenn ein Element auf dem Bildschirm für weitere Operationen angesprochen werden soll. Je nach Komfort des CAD-Programms sind unterschiedliche Identifikationen möglich (s. Bild 12.13). Häufig anzutreffen ist das Identifizieren durch
- das Anwählen einzelner Objekte,
- das Verfolgen der Kontur eines Objektes,
- die Auswahl eines oder mehrerer Elemente, die sich innerhalb oder außerhalb eines Rechtecks (dynamisch veränderbaren Fensters) befinden.

12.2.2 Standardfunktionen

Zu den Standardoperationen mit einem CAD-Programm zählen das Erzeugen, das Ändern oder Manipulieren und das Löschen von Objekten bzw. Elementen. Erzeugt werden Linien, Kreisbögen, Kreise, Kegelschnitte und Freihandlinien.

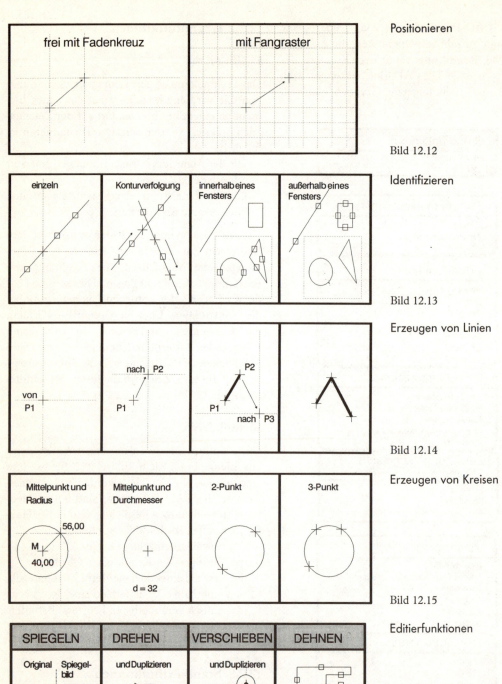

Positionieren

Bild 12.12

Identifizieren

Bild 12.13

Erzeugen von Linien

Bild 12.14

Erzeugen von Kreisen

Bild 12.15

Editierfunktionen

Bild 12.16

Erzeugen von Linien

Mit dem Befehl LINIE werden gerade Linien von einem Punkt zum nächsten gezogen. Das System bleibt solange in diesem Modus, bis er durch eine Eingabe beendet wird (Bild 12.14).

Linien können auf dem Bildschirm auch durch absolute und relative Koordinatenangaben der Punkte erzeugt werden. Der Linientyp läßt sich jederzeit ändern.

Erzeugen von Kreisen

Der Befehl KREIS zeichnet Kreise durch die Angabe
- der Lage des Mittelpunktes und der Größe des Radius,
- der Lage des Mittelpunktes und der Größe des Durchmessers,
- der Lage von zwei Punkten (2P) am Umfang im Abstand des Durchmessers oder
- der Lage von drei Punkten (3P) am Umfang (Bild 12.15).

Auf ähnliche Weise werden Kreisbögen erzeugt.

12.2.3 Editierfunktionen

Grundsätzliche Verfahren des Manipulierens oder Änderns sind das Spiegeln und Drehen, das Verschieben und Duplizieren sowie das Dehnen.

12.2.4 Bildschirmfunktionen

Mit Bildschirmfunktionen wird eine Reihe von Befehlen bezeichnet, die das Konstruieren oder die Orientierung erleichtern. Sie beeinflussen die Zeichnung des Bauteils nicht unmittelbar.

Mit Hilfe des Ein- und Ausblendens z.B. lassen sich bestimmte Elemente, wie störende Bemaßungen, auf dem Bildschirm unterdrücken.

Der Befehl RASTER unterstützt das Konstruieren von gleichen Abständen.

Eine unverzichtbare Funktion ist ZOOM (auch WINDOW oder LUPE genannt). Damit werden Ausschnitte der Bildschirmanzeige vergrößert oder verkleinert.

Das Zeichnen in verschiedenen Ebenen erfolgt über den Befehl LAYER. Einzelne Zeichnungsebenen können wie eigene Darstellungen bearbeitet und später wieder zu einer Grafik zusammengefügt werden. Von Bedeutung ist, daß jedem Layer ein bestimmter Linientyp und eine bestimmte Farbe für die Elementdarstellung zugeordnet werden kann.

Die Funktion PANORAMA ermöglicht ein horizontales und vertikales Verschieben des Sichtbereichs einer Zeichnung, ohne die Größe der Darstellung zu verändern, – vergleichbar dem Verschieben eines Zeichenblattes auf dem Zeichentisch.

12.2.5 Zeichnungstechnische Elemente

Von einer technischen Zeichnung kann erst dann gesprochen werden, wenn ihre geometrischen Elemente durch Informationen wie Bemaßung, Schraffuren und Texte ergänzt wurden.

Bemaßen

Die Bemaßung läßt sich unterteilen in
- manuelle Bemaßung (praktisch kaum mehr anzutreffen);

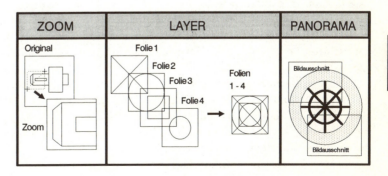

Bild 12.17

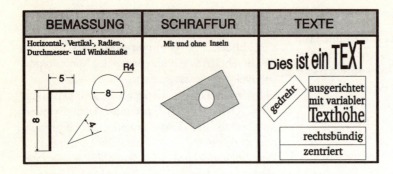

Bild 12.18 Zeichnungstechnische Elemente

- Bemaßung mit Unterstützung (erfordert die Eingabe der Punkte für die Maß-Hilfslinie sowie die Eingabe des Standortes der Maßzahl);
- halbautomatisches Bemaßen (nur noch das Zeigen auf ein gezeichnetes Element und auf den Standort der Maßzahl ist erforderlich) und
- vollautomatisches Bemaßen (üblich bei spezialisierten CAD Systemen).

Schraffur

CAD-Programme bieten in Bibliotheken zahlreiche genormte Schraffurmuster, die mit beliebigem Größenfaktor und Darstellungswinkel benützt werden können.

Texte

Mit dem Befehl TEXT wird in die Zeichnung die Beschriftung eingefügt. Der Schriftstil, die Buchstabengröße, die Textanordnung bzw. -richtung usw. sind variabel und können den jeweiligen Erfordernissen angepaßt werden.

12.2.6 Zusatzfunktionen

Je nach CAD-System wird dem Anwender eine unterschiedliche Anzahl von Zusatzleistungen angeboten.

Die Funktion **Berechnen** ermöglicht es, in einer Zeichnung Auskunft über den Umfang, den Flächeninhalt, den Schwerpunkt oder das Flächenträgheitsmoment von Objekten einzuholen. Mit der **Gruppenbildung** werden mehrere Elemente zu einem Objekt zusammengefaßt. Das bringt u. a. Vorteile beim Verschieben des neu definierten Objektes.

Besonders hervorzuheben sind die Bibliotheksfunktion und die Varianten- und Makrotechnik.

Bibliotheksfunktion

Der Vorteil der Computerunterstützung beim Zeichnen und Konstruieren liegt darin, daß der CAD-Benutzer auf bereits erstellte Teile, Details und Zeichnungen in Bibliotheken zurückgreifen kann. Dabei handelt es sich sowohl um Normteile als auch um häufiger verwendete Standardteile und genormte Zeichnungselemente (Rahmen, Schriftfelder u. ä.).

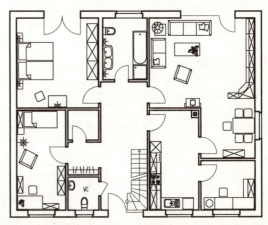

Bild 12.19 Mit Hilfe der Bibliotheken Architektur und Innenarchitektur erstellter Grundriß- und Einrichtungsplan

Im Bibliotheksmodul können Vorlagen verschiedenster Art enthalten sein. Die Palette umfaßt die geometrischen Elemente der Ebene und des Raumes in beliebiger Größe und Komplexität. Darunter fallen u. a. Punkte, Linien, Kreise, Freiformflächen, Volumenmodelle und deren beliebige Kombinationen zu Objekten aller Art. Darüber hinaus können auch noch NC-Werkzeuge in der Bibliothek gespeichert werden, um sie für die Definition der NC-Fertigung heranzuziehen.

Der Einsatz von Bibliotheken ist auch in anderen Bereichen der EDV ein gängiges Verfahren. So werden z. B. in der Textverarbeitung Textbausteine in Bibliotheken abgelegt und können beliebig in andere Texte eingefügt werden.

Durch die Nutzung spezieller Datenbanksysteme, die im CAD-System integriert sind, wird die komfortable Möglichkeit der Bibliotheksverwaltung noch erweitert. Sie bieten die Möglichkeit, Symbole, Bau- und Normteile schnell und sicher aufzufinden und zu den Zeichnungen automatisch die Stücklisten zu erstellen.

Makros

Im CAD unterscheidet man in der Makrotechnik zwei Varianten:

Bei einem **Befehlsmakro** wird eine ständig wiederkehrende Folge von Befehlen durch einen einzigen ersetzt. Es können eigene Anweisungen kreiert und durch einen einfachen Namensaufruf gestartet werden.

Beim **Geometriemakro** wird ein zu zeichnendes Teil definiert. Dieses kann man nun beliebig oft per Tastendruck in die Zeichnung einfügen. So werden beispielsweise in der Maschinenbaukonstruktion CAD-Normteile wie Schrauben, Muttern, Lager usw. abgerufen, skaliert, gedreht und auf die gewünschte Position gebracht.

Varianten-Konstruktion

Der größte Teil der heute in Konstruktionsbüros und Zeichnungsabteilungen geleisteten Arbeit entfällt auf die Variation vorhandener Produkte, deren Grundstruktur erhalten bleibt, die aber hinsichtlich ihrer Detaileigenschaften den neuen Bedürfnissen angepaßt werden sollen. Besonders wirtschaftlich wird hier der Einsatz von CAD, wenn die Vorteile der Variantentechnik zum Tragen kommen. Darunter sind Einzelteile und Baugruppen zu verstehen, die sich in ihren Konturen stark ähneln und lediglich in einigen Abmessungen unterscheiden. Beispiele hierfür sind Lager, Kupplungen, Wellen und andere Standard- und Normteile.

Der Hauptvorteil für den Konstrukteur bei der Varianten-Konstruktion ist, daß zunächst eine herkömmlich bemaßte Prototyp-Zeichnung oder „Mutterzeichnung" erstellt wird. Für die Variante werden anschließend überall dort, wo die Geometrie später variiert werden soll, die Maßzahlen überschrieben. Das System generiert daraufhin automatisch die entsprechende Konstruktionsvariante.

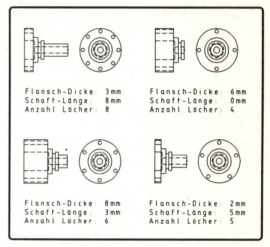

Bild 12.20 Auswahl von Naben, die aus einer Mutterzeichnung erzeugt wurden

12.3 Module für computerunterstützte Anwendungen

Das Anforderungsprofil an CAD-Systeme ändert sich mit den wachsenden Ansprüchen an Automatisierung und Integration von Fertigungs- und Planungsfunktionen. Von einem modernen CAD-System wird heute nicht nur das Bereitstellen von einfachen Werkzeugen zur Zeichnungserstellung erwartet, sondern man verlangt mehr „Intelligenz" und die Fähigkeit, sich an anwendungs- und benutzerspezifische Anforderungen anzupassen. Grundvoraussetzung hierzu ist eine offene Systemarchitektur des Programms, um über Software-Schnittstellen den Datenaustausch mit anderen Programmen zu ermöglichen.

Das eigentliche CAD-Programm ist nur ein einzelner Baustein im Bereich der computerunterstützten Techniken.

Über leistungsfähige Software-Schnittstellen können begleitende Berechnungen mit Statikprogrammen oder aufwendige Stabilitätsberechnungen mit Hilfe der Finiten-Elemente-Methode (FEM) durchgeführt werden. Schnittstellen bestehen aber auch zu nachgeschalteten Verarbeitungen, wie z.B. der NC-Programmierung, der Programmierung von Robotern und Aufgaben der Fertigungsvorbereitung. CAD ist der Schlüssel zur computerunterstützten Fertigung (CAM = **C**omputer **A**ided **M**anufactoring).

12.3.1 CAM-Technik

CAM ist ein Sammelbegriff für den Rechnereinsatz bei der technischen Steuerung und Überwachung der Betriebsmittel im Fertigungsprozeß. Es umfaßt alle Funktionen der computerunterstützten Produktion: Fertigung, Handhabung, Lagerung und Transport. Die größte Bedeutung für die Praxis hat dabei die Ankopplung der NC-Programmierung an die rechnerunterstützte Zeichnungserstellung.

Eine CAD/CAM-Kopplung im Bereich der NC-Fertigung stellt sich folgendermaßen dar:
Kundenaufträge werden zunächst im Planungsbereich erfaßt und Zeichnungen sowie Stücklisten mit dem CAD-System erstellt. Über ein NC-Modul des CAD-Programms werden aus der Zeichnung die NC-relevanten Geometriedaten entnommen und in Steuerbefehle zum Drehen, Fräsen, Bohren, Schleifen usw. umgesetzt. Im Werkstattbereich werden darüber hinaus notwendige Maschinensteuerbefehle im NC-Programm ergänzt, wie z.B. das Einstellen der Vorschubgeschwindigkeiten, das Zu- und Abschalten der Kühlschmiermittelzufuhr und ähnliche nicht unmittelbar an die Werkstückgeometrie gebundene Befehle.

Die auf diese Weise entstandenen NC-Programme können nun direkt an die Maschine übertragen, in einer Programmbibliothek gesammelt und auch zur Kontrolle über Drucker ausgegeben werden.

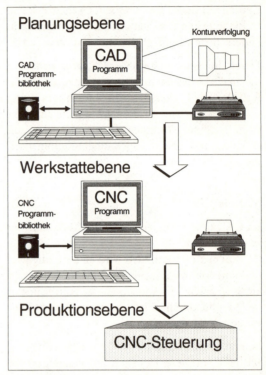

Bild 12.21 CAD/CAM-Technik

12.3.2 Die Finite-Elemente-Methode (FEM)

Häufig müssen über die grafische Konstruktion hinaus technische Produkte auch unter dem Aspekt der mechanischen Belastbarkeit, der Wärmeleitung und dem Schwingungsverhalten betrachtet werden. Die Analyse mechanischer Objekte, ob groß oder klein, ist aber nur dadurch möglich, daß man sie – rechnerisch – in viele kleine Teile zerlegt; diese werden dann einzeln berechnet. Das ist der Grundgedanke der Finiten-Elemente-Methode. Wie FEM arbeitet, wird an einem Maulschlüssel dargestellt.

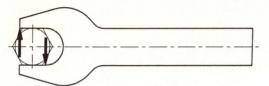

Bild 12.22 Maulschlüssel

Die Geometrie des Bauteils wird über eine CAD/FEM-Schnittstelle direkt an den FEM-Baustein übertragen. Im Dialog werden Koordinaten und sonstige Bedingungen festgelegt. Eine wichtige Aufgabe der FEM-Analyse kommt dabei der Computergrafik zu. Sie unterstützt die Vorbereitungen, das Zerlegen der Objekte in die finiten Elemente und nach der Berechnung die Darstellung der Ergebnisse. Die örtlichen Belastungen im Inneren des Teils stellt sie z. B. über Farb- und Graudarstellungen sowie Isolinien dar.

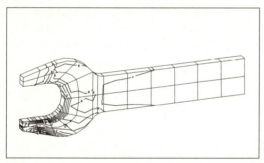

Bild 12.23 Räumliche Darstellung des Maulschlüssels mit Isolinien für auftretende Spannungen

Der große Vorteil der Finiten-Elemente-Methode besteht darin, daß bei komplexen Bauteilen der Einfluß äußerer Belastungen auf statische und dynamische Eigenschaften untersucht werden kann. Und das, obwohl die zu analysierende Struktur noch nicht real gefertigt wurde. Schwachstellen in der Konstruktion oder innerhalb des Materials sind auf diese Weise direkt lokalisierbar. Damit entfallen kostenintensive experimentelle Analysen, Probleme werden frühzeitig erkannt und können von vorne herein gelöst werden.

12.3.3 Computerunterstützter Schaltplan- und Leiterplattenentwurf

Zahlreiche CAD-Programme bieten für den Entwurf von elektronischen Schaltungen leistungsfähige Werkzeuge an für alle Entwurfsphasen von der Schaltplanerstellung über die Schaltungssimulation bis hin zum Leiterplatten-Layout und der Erstellung von Fertigungsunterlagen.

Schaltplanentwurf

Beim Zeichnen von Schaltplänen wird der Konstrukteur auf unterschiedliche Weise vom CAD-System unterstützt. Zunächst stehen Standardsymbol-Bibliotheken mit allen gängigen DIN-Symbolen und selbst definierten Bauteilsymbolen zur Verfügung. Die Bauteile können nach Belieben in die Zeichnung eingesetzt und miteinander verbunden werden. Zu den einzelnen Schaltplansymbolen gibt es ergänzende Informationen über deren Verwendbarkeit (Anschlüsse, Anschlußbedingungen etc.). Aufgrund dieser Daten wird das automatische Auftrennen bzw. Verbinden der Anschlüsse beim Plazieren der Schaltzeichen erleichtert. Gleichzeitig ergeben sich dadurch Möglichkeiten zur logischen Prüfung der Schaltpläne, z. B. auf Kurzschluß und Vollständigkeit. Außerdem lassen sich Querverweislisten, Klemmenpläne und Stücklisten automatisch erstellen.

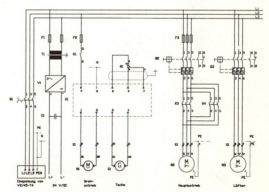

Bild 12.24 Ein mit CAD erstellter elektrischer Schaltplan

Professionelle Systeme in der Elektronikentwicklung verarbeiten die Schaltungsdaten bereits in der Entwurfsphase so, daß sie sich anschließend in Simulations- und Layoutprogrammen weiterverarbeiten lassen.

Schaltungssimulation

Die Möglichkeit, eine elektronische Schaltung bereits im Entwurfstadium teilweise oder ganz zu testen, bedeutet für den Entwickler einen beträchtlichen Zeitgewinn. Es ist nicht mehr erforderlich, sie in einem Labormuster mühsam aufzubauen und auf ihre Funktionsfähigkeit zu prüfen. Diese Arbeit erledigt das System auf dem Bildschirm. Auftretende Fehler können so umgehend korrigiert werden. Die Signale lassen sich beliebig als Grafiken oder in übersichtlichen Text- oder Tabellenformaten zur Anzeige bringen oder auf Druckern ausgeben.

Leiterplattenentwurf

Mit einem fertigen Schaltplan ist die Arbeit aber noch nicht abgeschlossen. Insbesondere der Weg von der fertigen Schaltung zur funktionsfähigen Platine ist mit einem hohen Aufwand verbunden. Die Problematik besteht in der Abbildung des Schaltplans auf der Leiterplatte. Bei diesem sogenannten **Layout** ist ein grundlegend neuer, zweiter Entwurf zu entwickeln.

Bei diesem müssen die mechanischen Größen der Bauteile berücksichtigt und Leiterbahnen kreuzungsfrei verlegt werden, da sonst Kurzschlüsse auftreten würden.

Der Anwender wird bei seiner Arbeit über einen grafisch interaktiven Schaltplan-Editor unterstützt. Zunächst sieht er auf dem Bildschirm die Größe und das Format der von ihm zu erstellenden Platine und dazu im richtigen Größenverhältnis die Bauteile. Jedes Bauteil kann er mit Hilfe der Maus ergreifen und verschieben, drehen und an jeden beliebigen Platz auf der Platine positionieren. Zusätzlich werden festgelegte Leiterbahnverbindungen wie ein Gummiband mitgeführt. Eine Platine mit hoher Packungsdichte kann dadurch aussehen wie ein Wollknäuel. Aber der Computer hilft auch hier wieder, den Zustand der Ordnung herzustellen. Mit Hilfe eines **Auto-Routers** werden die Leiterbahnen automatisch entflochten und so verlegt, daß keine Kurzschlüsse auftreten. Wenn es auf einer Seite der Platine nicht mehr weitergeht, weil schon verlegte Leiterbahnen den Weg versperren, dann hilft sich der Auto-Router, indem er eine Bohrung zur anderen Seite vorsieht und dort seinen Weg fortsetzt.

Der fertige Platinenentwurf wird anschließend über einen Plotter ausgedruckt, der als Filmvorlage zur Platinenherstellung dient.

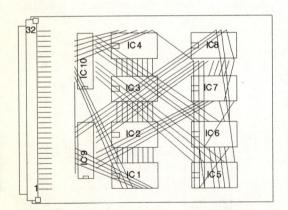 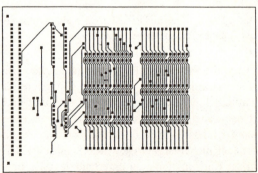

Bild 12.25 Platinen-Layout: Bestückungsplan (links) und Leiterbahnen auf der Lötseite

Aufgaben

A 12.1 (zu 12.1.1)
Welche Hardware-Komponenten können als CAD-spezifisch angesehen werden?

A 12.2 (zu 12.1.2)
Welche Vorteile bietet die Vektorgrafik gegenüber der Pixelgrafik?

A 12.3 (zu 12.1.3)
Welche Möglichkeiten unterscheiden ein leistungsfähiges 3D-CAD-Programm von einem 2D-CAD-Programm?

A 12.4 (zu 12.2)
Welche CAD-Befehle sind den Grundfunktionen, den Editierfunktionen und den Bildschirmfunktionen zuzuordnen?

A 12.5 (zu 12.2.6)
Was bedeutet Varianten-Konstruktion und für welche Art von Teilen ist sie von Vorteil?

A 12.6 (zu 12.3.1)
Beschreiben Sie eine mögliche CAD/CAM-Kopplung.

A 12.7 (zu 12.3.2)
Welche Möglichkeiten eröffnet die Finite-Elemente-Methode?

A 12.8 (zu 12.3.3)
Welche Einsatzgebiete ermöglicht CAD im Bereich der Elektrotechnik?

13. Expertensysteme

VOR DER SENDUNG

Einen speziellen Bereich der Informatik stellt die „Künstliche Intelligenz" (Artificial Intelligence) dar. Man beschäftigt sich dabei mit Methoden, die dem Computer die Fähigkeit geben sollen, Aufgaben zu bearbeiten, deren Lösung logisches Denken erfordert. Es wird untersucht, ob intelligentes Verhalten maschinell simuliert werden kann.

Ein Teilgebiet der „Artificial Intelligence" ist das „knowledge engineering", das sich mit Techniken der Handhabung und Nutzung von Wissen in speziellen Anwendungsbereichen befaßt. Der Computer ist nicht mehr bloß eine Datenbank, sondern eine allgemein und leicht zugängliche Wissensquelle, die auch Schlußfolgerungen ziehen kann.

Das bereitgestellte Wissen ist das Wissen eines Experten. Auf seiner Grundlage sollen Probleme gelöst werden, die sich einem Laien verschließen. Computer, die einen Experten simulieren, bezeichnet man als Expertensysteme.

Lernziele

13.1 Begriffsbestimmung – Anforderungen

13.1.1 Expertensysteme sind wissensbasierte Systeme, die Techniken der Handhabung und Nutzung von Expertenwissen bereitstellen.

13.1.2 Sie haben verschiedene Anforderungen zu erfüllen, um Problemlösungen anbieten zu können. Expertensysteme und Benutzer kooperieren bei der Entwicklung von Problemlösungen.

13.2 Einsatzgebiete von Expertensystemen

13.2.1 Die Aufgabengebiete von Expertensystemen betreffen Interpretation, Diagnose, Planung, Konstruktion, Beweisführung sowie Vermittlung und Einübung von Wissensinhalten.

13.2.2 Die verschiedenen Aufgaben werden von „eingebetteten Systemen" oder „Beratungssystemen" bearbeitet.

13.3 Die Architektur von Expertensystemen

13.3.1 Expertensysteme bestehen minimal aus einer Wissensbasis sowie einer Problemlösungs- bzw. Inferenzkomponente.

13.3.2 Zu diesen Komponenten kommen bei den zu Beratungssystemen ausgebauten Expertensystemen weiterhin eine Erklärungs-, Wissenserwerbs- und Dialogkomponente hinzu.

13.3.3 Die verschiedenen Komponenten funktionieren als Teilsysteme des Expertensystems.

13.4 Anwendungsbereiche von Expertensystemen

13.4.1 Für verschiedene Aufgabengebiete sind exemplarische Expertensysteme entwickelt worden.

13.4.2 Die Funktion eines Beratungssystems kann am Beispiel von MYCIN verdeutlicht werden.

13.5 Bei der Diskussion zum Bedarf an Expertensystemen wird zwischen ökonomischen und wissenschaftlichen Kriterien unterschieden.

13.6 Expertensysteme haben eine Schlüsselrolle in der Technik der Informationsverarbeitung. Die nächste Generation wird Systeme parallel arbeitender, kooperierender Bereichsexperten bilden.

NACH DER SENDUNG

13.1 Begriffsbestimmung – Anforderungen

13.1.1 Begriffsbestimmung

Lange Zeit war es der Wunsch des Menschen, seine geistigen Fähigkeiten von einer Maschine simulieren zu lassen. Dieser Wunsch ist durch die „Artificial Intelligence" (Künstliche Intelligenz), einen Zweig der Informatik, in Erfüllung gegangen. Dort wurden Programmsysteme entwickelt, die in folgenden Bereichen intelligentes Verhalten simulieren:

- Lösen von Problemen
- Lernen einfacher Konzepte
- Verstehen von Bildern und natürlicher Sprache
- Ausführen von Befehlen („Robotik") usw.

Ein spezielles Anwendungsgebiet von intelligentem Verhalten stellen die sog. Expertsysteme dar. Sie wurden in einem Zweig der „Künstlichen Intelligenz", dem „knowledge engineering", entwickelt. Expertensysteme verarbeiten und nutzen – wie der Name schon sagt – das umfangreiche Wissen eines Experten. Als Experte wird dabei jemand bezeichnet, der über ein spezielles Wissen in einem bestimmten, begrenzten Fachgebiet verfügt und der dieses Wissen zur Lösung von Problemen gezielt einsetzen kann. Expertensysteme sind demnach **wissensbasierte Systeme.**

Bei ihrer Entwicklung stehen die technischen Verfahren im Mittelpunkt, um Expertenwissen zu erfassen und dieses für den Computer adäquat darzustellen. Es muß so nutzbar gemacht werden, daß der Computer Schlußfolgerungen ziehen sowie problemlösendes Denken erzeugen, rekonstruieren und erklären lernt. Dadurch, daß die Maschine einen Experten simuliert und den Benutzer in der Ausübung spezifischer Tätigkeiten unterstützt bzw. diese verbessert, wird nicht nur hochspezialisiertes Wissen allgemein und leicht zugänglich, auch der Austausch und die Verbreitung neuer wissenschaftlicher Erkenntnisse und Forschungsergebnisse kann durch Expertensysteme gefördert und beschleunigt werden.

13.1.2 Anforderungen

Folgende Anforderungen sind an ein Expertensystem zu stellen:

- Es muß fachspezifische Problemstellungen erkennen und sie in der entsprechenden Fachterminologie präzise formulieren können.
- Es muß zu vollständigen und korrekten Problemlösungen imstande sein.
- Es muß die Antworten auf Fragen und die Problemlösungen für den Benutzer verständlich und nachvollziehbar formulieren können.
- Es muß fähig sein, den Lösungsweg so zu erklären, daß der Benutzer seine Verläßlichkeit einschätzen und beurteilen kann.
- Es muß Hilfestellungen bei der Anwendung einer speziellen Problemlösung in einem bestimmten Kontext des Benutzers bieten.

Expertensystem und Benutzer kooperieren bei der Entwicklung von Lösungen und ihrer Anwendung bei bestimmten berufsspezifischen Aufgabenstellungen. Genügt ein Expertensystem nicht allen genannten Anforderungen, muß die Einsatzumgebung die entsprechenden Leistungen erbringen, um so die Unzulänglichkeit des wissensbasierten Systems zu kompensieren. Das heißt also: Expertensysteme können nicht isoliert, sondern nur im Hinblick auf ihre Integration in einer bestimmten Einsatzumgebung entwickelt werden.

13.2 Einsatzgebiete

13.2.1 Aufgabengebiete von Expertensystemen

Die zur Zeit wichtigsten Aufgabengebiete von Expertensystemen sind:

- die Interpretation von Daten (z. B. physikalische Meßdaten oder sprachliche Äußerungen),
- die Diagnose von Systemzuständen (z. B. Fehlerursachen in technischen oder biologischen Systemen),
- das Planen von Aktionen (z. B. eines Roboters), um einen gwünschten Zustand herzustellen,
- die Konstruktion (z. B. von elektrischen Schaltkreisen) nach vorgegebenen Anweisungen,
- das Beweisen mathematischer (und logischer) Sätze,
- das Vermitteln und Einüben von Wissensinhalten („tutoring").

13.2.2 Typen von Expertensystemen

Um den verschiedenen Aufgabengebieten genügen zu können, werden Expertensysteme entweder als „eingebettete Systeme" oder als „Beratungssysteme" entwickelt. Eingebettete Systeme lassen sich beispielsweise in einer Intensivstation eines Krankenhauses einsetzen, wo sie der Meßdatenüberwachung und Auslösung von Alarmsignalen dienen. Beratungssysteme unterstützen den Benutzer bei der Lösung von Aufgaben und Problemen, indem sie das Expertenwissen und -können bereitstellen, über das der Benutzer nicht unmittelbar verfügt.

13.3 Die Architektur von Expertensystemen

13.3.1 Die Hauptkomponenten eines Expertensystems

Die minimal notwendigen Komponenten eines Expertensystems sind

- die Wissensbasis, welche alle Wissensinhalte enthält, die der Arbeit der anderen Komponenten zugrundeliegen, und
- die Problemlösungs- bzw. Inferenzkomponente, die die vom Benutzer gestellten Aufgaben und Probleme bearbeitet. Die Hauptfunktion besteht dabei darin, Wissen abzuleiten, das nicht explizit in der Wissensbasis enthalten ist.

Expertensysteme trennen die Problemlösungskomponente explizit von der Wissensbasis:

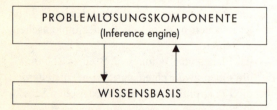

Um zu einer Problemlösung zu gelangen, greift das Expertensystem auf die Wissensbasis zurück, die neben dem spezifischen Faktenwissen auch Kenntnisse über mögliche Inferenzen (Schlußfolgerungen) enthält, was dem System auch erlaubt, die Gründe für eine Schlußfolgerung anzugeben und damit sein Verhalten zu erklären.

Die Mächtigkeit eines Expertensystems und die Qualität seiner Schlußfolgerungen ist somit in erster Linie abhängig von seiner Wissensbasis. Sie stellt dem System die notwendige Grundlage für seine Arbeit bereit, nämlich bereichsspezifisches Umweltwissen, allgemeines Regelwissen und Kontrollwissen. Ein System, das die menschliche Sprache versteht, benötigt z.B.

- Umweltwissen: dieses umfaßt die Kenntnisse über Objekte und ihre Eigenschaften, über Handlungen und über den Menschen;
- syntaktisches Wissen, d.h. Wissen über die Syntax einer Sprache (wie ein Satz aufgebaut ist, welche Satzteile es gibt etc.) und
- semantisches Wissen, Kenntnisse über die Bedeutung von Wörtern.

In die Basis eines Expertensystems ist das Wissen eines Experten über ein bestimmtes Fachgebiet integriert. Der Wissensbasis kommt die kritische Rolle bei der Organisation des Wissens und der Suche nach Problemlösungen zu. Deshalb muß sie flexibel sein, d.h. Informationen sollten auf einfache Art und Weise hinzugefügt, entfernt und geändert werden können. Das stellt besondere Anforderungen an die Speicherung, die zugriffsoptimal sein muß. Aufbau und Wartung sollten so gestaltet sein, daß auch Benutzer ihr Wissen einbringen können.

Soll sich ein Expertensystem intelligent verhalten, muß es über die Fähigkeit verfügen, aus den bereitgestellten Fakten Schlüsse (Inferenzen) zu ziehen. Das erforderliche Inferenzwissen ist deshalb bereits im System eingebaut, und zwar in Form von Produktionssystemen. Diese bestehen aus

- einer Datenbasis, die die nötigen Daten enthält und den jeweiligen Kontext beschreibt;
- einer Produktionsbasis, welche die Produktionsregeln beinhaltet (geordnete Paare, bestehend aus Prämissen und Aktionen; sie bewirken Änderungen); sowie einem

– Regelinterpreter, der zum einen die Aktionen ausführt, die in den Regeln angegeben sind, und zum anderen das notwendige Kontrollwissen enthält, um die Anwendbarkeit der Regeln zu überprüfen.

Produktionssysteme haben somit folgende Architektur:

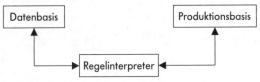

Bild 13.1 Architektur von Produktionssystemen

Zur Implementierung von Produktionssystemen ist die Programmiersprache PROLOG besonders gut geeignet. Dies verdeutlicht folgendes Beispiel eines PROLOG-Programms, in dem p für Person, a für Arm, h für Hand und f für Finger steht; x, y und z sind Variablen.

(1) ← teilvon (f, p)   Ist f ein Teil von p?
(2) teilvon (a, p)   a ist ein Teil von p
(3) teilvon (h, a)   h ist ein Teil von a
(4) teilvon (f, h)   f ist ein Teil von h
(5) teilvon (x, z) ← teilvon (x,y), teilvon (y, z)
     x ist ein Teil von z. Falls x ein Teil von y ist, dann ist y auch ein Teil von z

(1) ist die Aufgabenstellung,
(2) bis (4) sind Fakten,
(5) ist eine Inferenzprozedur

Gewöhnlich legen Expertensysteme heuristische Methoden zugrunde, um den Bereich zu finden, in dem die Antwort auf eine Frage bzw. die Lösung eines Problems liegt. Heuristische Verfahren arbeiten vorzugsweise mit Vermutungen, Analogien, Verallgemeinerungen und lassen sich maschinell nach dem Prinzip „Versuch-und-Irrtum" simulieren, indem aus allen möglichen Lösungswegen der wahrscheinlich optimale ausgesucht und probiert wird. Bei DENDRAL, einem Programmsystem zur Auffindung der Strukturen organischer Moleküle, besteht die Eingabe aus der Summenformel und dem Massenspektogramm einer chemischen Verbindung. Die Ausgabe ist eine Liste von Strukturformeln, die für die vorhandenen Daten am ehesten zutreffen.

13.3.2 Weitere Komponenten von Expertensystemen

Zu den beiden Hauptkomponenten kommen in einem als Beratungssystem ausgebauten Expertensystem weiterhin

– die Erklärungskomponente, die dem Benutzer die erarbeiteten Problemlösungen erläutert und durchschaubar macht,
– die Wissenserwerbskomponente, die der Aufnahme neuen Wissens dient, und
– die Dialogkomponente, die die Kommunikation mit dem Benutzer durchführt.

Diese Komponenten werden durch Strukturen ergänzt, die im Verlauf der Inferenzprozesse die Speicherung von Zwischenergebnissen der Problemlösung übernehmen.
Spezialisten eines Fachgebietes müssen in der Lage sein, den Schlußfolgerungen eines Expertensystems zu folgen und den Weg, wie eine Problemlösung zustandekam, zu überprüfen. Deshalb sollte in jedem Expertensystem eine Erklärungskomponente enthalten sein. Denn die Erklärung des Verhaltens ist für die Entwicklung, Bewertung und Anwendung gleichermaßen wichtig. So können Fehler in der Wissensbasis und Logik des Schlußfolgerns erkannt und beseitigt werden.

Es wäre ein wesentlicher Fortschritt, wenn der Aufbau und die Wartung eines Expertensystems von dem entsprechenden Fachpersonal vorgenommen werden könnten. Um dies zu leisten, muß das System eine Wissenserwerbskomponente enthalten, mit dem das Wissen vieler Experten installiert werden kann.
Expertensysteme sollten möglichst benutzerfreundlich arbeiten. Eine Möglichkeit, dies zu realisieren, stellt die sprachliche Kommunikation dar. Dem entspricht die Dialogkomponente.

13.3.3 Der Aufbau von Expertensystemen

Die verschiedenen Komponenten werden in einem Expertensystem folgendermaßen zusammengeschlossen:

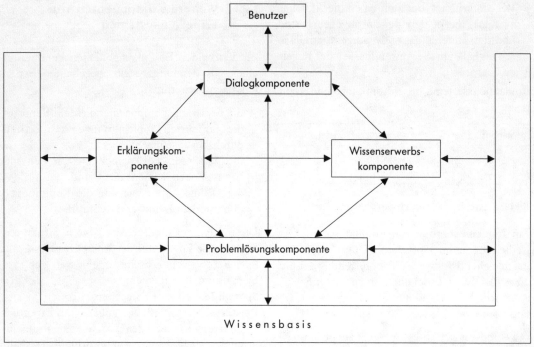

Bild 13.2 Aufbau von Expertensystemen

13.4 Anwendungsbereiche von Expertensystemen

13.4.1 Aufgabengebiete und erfolgreiche Expertensysteme

Bild 13.3 gibt einen Überblick über Anwendungsbereiche und Aufgabengebiete einiger erfolgreicher Expertensysteme.

13.4.2 MYCIN – ein erprobtes Expertensystem

MYCIN stellt (neben HEARSAY) wohl das bekannteste Expertensystem dar. Es dient der Beratung von Ärzten bei der Behandlung bakteriogener Infektionskrankheiten. In einem Dialog erfragt MYCIN Angaben über einen Patienten und entwickelt daraus eine Diagnose und Therapievorschläge. Die Wissensbasis enthält das dazu notwendige Expertenwissen. Im einzelnen erbringt MYCIN folgende Leistungen:

– Es entwickelt aus vorliegenden Befunden (Patientendaten und Zwischenergebnissen der Beratung) Hypothesen über mögliche Krankheitserreger.
– Um entsprechende Entscheidungen treffen zu können, fragt MYCIN den Benutzer nach weiteren Angaben bzw. schlägt klinische Untersuchungen vor.
– Nach der Diagnose empfiehlt es Medikamente (mit Dosierung und Verabreichungsdauer).
– MYCIN begründet auf Wunsch alle seine Aussagen.

Insgesamt ist das Vorgehen dieses Systems der Argumentations- und Handlungsweise erfahrener Ärzte nachgebildet. Es baut auf drei Arten von Wissen auf: Patientendaten (klinische Befunde über den Patienten, die der Benutzer auf Fragen des Systems eingibt), dynamische Daten (als Schlußfolgerungen aus den Patientendaten) und medizinisches Wissen (in Form von Entscheidungsregeln).

Anwendungsbereich	System	Aufgabengebiet
Medizin	MYCIN	Diagnose bakteriogener Infektionskrankheiten und Therapievorschläge
	PUFF	Interpretation der Daten von Lungenfunktionstests
	CADUCEUS	Diagnose innerer Krankheiten sowie Prognose weiterer Manifestationen
	CASNET	Diagnose, Behandlung und Prognose des grünen Stars beim Auge
	TEIRESIAS	Wissenserwerbssystem für MYCIN
Chemie	DENDRAL	Interpretation und Analyse der Molekularstruktur von Fragmenten organischer Moleküle
	SECS	Synthese („Konstruktion") organischer Verbindungen
Molekulargenetik	MOLGEN	Planung von Laborexperimenten zur Analyse von Teilstrukturen der DNA
Geologie	PROSPECTOR	Interpretation von Daten über Gesteinsformationen
	DIPMETER ADVISOR	Interpretation geologischer Meßdaten aus Ölbohrungen
Sprache	HEARSAY	Verstehen gesprochener Sprache
Mathematik	MACSYMA	Lösen symbolischer Gleichungen, Durchführen von Operationen der Vektoralgebra
	MKGRAF KARL	Beweisen logischer Formeln
Design	R 1	Planen einer Konfiguration eines VAX-Computersystems
Militär	SU / X	Feststellen von Identität, Ort und Geschwindigkeit physikalischer Objekte im Raum

Bild 13.3 Anwendungsbereiche von Expertensystemen

Die Wissensbasis von MYCIN besteht aus Produktionssystemen. Die darin enthaltenen Regeln werden durch einen Regelinterpreter bearbeitet, der die Menge der anwendbaren Regeln bestimmt und dann eine davon zur Ausführung bringt.

Der Regelinterpreter arbeitet auf folgende Weise: Ein Aufruf an MYCIN aktiviert die Problemlösungskomponente. Diese erzeugt Einträge mit allgemeinen Patientendaten.

Beispiel: REGEL-092
WENN (1) ein zu therapierender Organismus vorliegt und
(2) noch weitere zu therapierende Organismen vorliegen,
DANN (1) stelle eine Liste möglicher Therapien auf und
(2) gib eine Empfehlung für eine Therapie,
SONST: melde, daß der Patient keine Therapie benötigt.

Zur Auswertung des Tests werden dem Benutzer Fragen zu klinischen Befunden über Krankheitserreger gestellt. Der Ablauf einer MYCIN-Beratung besteht zum Großteil darin, Aussagen für den Test der REGEL-092 herzuleiten.

13.5 Bedarf an Expertensystemen

Die Motivation für die Entwicklung von Expertensystemen lag in der Vergangenheit oft in der unzureichenden Kompetenz von Personen in äußerst wichtigen Aufgabengebieten. So führte z.B die Feststellung, daß Ärzte für die Diagnose und Therapieplanung in der Regel keine rational nachvollziehbare Begründung geben konnten, zur Entwicklung von MYCIN.

Im allgemeinen kann man für die Diskussion des Bedarfs an Expertensystemen zwei Kriterien betrachten: Ein ökonomisches und ein wissenschaftliches.

Zum einen steht das Kosten-Nutzen-Verhältnis im Vordergrund. Es werden im allgemeinen bloß grobe Schätzungen des ökonomischen Nutzens angegeben, genaue Angaben fehlen bislang. So soll das Expertensystem PROSPECTOR eine Molybdänlagerstätte im Wert von über 100 Millionen Dollar entdeckt haben. (Molybdän ist ein chemischer Grundstoff; ein Metall, das als Bodenschatz vorkommt.)

Aus wissenschaftlicher Sicht wird auf den Gewinn an Erkenntnissen und Verfahren zur Handhabung und Nutzung intellektueller Fähigkeiten hingewiesen.

13.6 Ausblick

Expertensysteme haben ihre Leistungsfähigkeit auf dem Gebiet der Interpretation von Daten, Diagnose von Fehlern in biologischen und technischen Systemen, Planung und Konstruktion bewiesen. Gleichwohl sind noch viele Fragen offen und Probleme ungelöst. Ein offensichtlicher Nachteil bislang existierender Expertensysteme liegt in ihrer beschränkten Wissensbasis und begrenzten Anwendbarkeit. Die nächste Generation wird Systeme parallel arbeitender, kooperierender Bereichsexperten bilden, die auf Mehrrechnersystemen realisiert werden. Dadurch kann die Problemlösungskomponente optimiert werden, so daß es möglich wird, verbesserte heuristische Methoden anzuwenden. Dann werden Expertensysteme auch zunehmend in Produktionsbetrieben Verwendung finden.

Lösungen

Lektion 1

L 1.1
Tastatur, Bildschirm, Zentraleinheit, Diskettenlaufwerk, Festplatte

L 1.2
Ein Computer ist eine elektronische Maschine, die mit Hilfe einer Sprache (Programm oder Software genannt) Daten automatisch verarbeiten kann.

L 1.3
Daten sind Informationen, die in einer für den Computer verständlichen Form eingegeben, dort verarbeitet und von ihm wieder ausgegeben werden.

L 1.4
Die Zentraleinheit bildet das Verarbeitungszentrum eines Computersystems: Sie empfängt von einem Eingabegerät Daten und Programme, speichert und verarbeitet diese, steuert die notwendigen Arbeitsabläufe und gibt die Ergebnisse über ein Ausgabegerät wieder aus.

L 1.5
Rechenwerk, Steuerwerk, Hauptspeicher (Arbeitsspeicher)

L 1.6
Der Prozessor bildet eine Funktionseinheit, die aus dem Rechenwerk und dem Steuerwerk besteht. Das Steuerwerk liest die Befehle, interpretiert diese und leitet sie an das Rechenwerk zur Verarbeitung weiter. Der Prozessor ist der aktive Bauteil der Zentraleinheit.

L 1.7
RAM: Random Access Memory, Schreib-Lese-Speicher. Ein Speicherelement, das bei Spannungsabfall die gespeicherten Daten verliert; wird daher auch als flüchtiger Speicher bezeichnet.
ROM: Read Only Memory, Nur-Lese-Speicher. Bereits bei der Herstellung werden die Informationen (Daten und Programme) entsprechend der späteren Verwendung unveränderbar fest eingeschrieben. Da sie auch nach dem Ausschalten eines Computersystems nicht verlorengehen, nennt man diese Speicherbausteine auch Festwertspeicher.

L 1.8
Die an einen Computer angeschlossenen Geräte bezeichnet man als Peripheriegeräte. Mit ihrer Hilfe können Daten eingegeben, gespeichert und ausgegeben werden.

L 1.9
Der interne Speicher, auch Haupt- oder Arbeitsspeicher genannt, hält die für die Verarbeitung benötigten Programme und Daten bereit, besitzt eine beschränkte Speicherkapazität und verliert bei Spannungsabfall seine gespeicherten Informationen, da er aus RAM-Speicherbausteinen aufgebaut ist.

Ein externer Speicher kann sehr große Informationsmengen dauerhaft speichern und auf Abruf einzeln an den internen Speicher weiterleiten oder auch von dort zur Speicherung empfangen. Aufgrund der Austauschbarkeit der Datenträger (z. B. Diskette oder Magnetband) besitzen externe Speicher sozusagen eine „unbeschränkte" Speicherkapazität. Sie eignen sich deshalb sehr gut u. a. für den Datentransport, die Datensicherung, Dokumentation etc.

L 1.10
Ein Interface, auch Schnittstelle genannt, ist ein elektronisches Bauteil, das die Datenleitungen verschiedener Peripheriegeräte an die Zentraleinheit eines Computersystems anpaßt und somit eine Kommunikations- und Anschlußmöglichkeit zwischen verschiedenen Funktionseinheiten schafft.

Lektion 2

L 2.1
a = 1
b = 2
c = 1
d = 1 − 2 = −1
b = 2 + 1 = 3

a = 1, b = 3, c = 1, d = −1

L 2.2
PROGRAM Wechsel;
VAR   p, e, r, m, a : INTEGER;
BEGIN
    WRITE ('Preis?');
    READLN (p);
    WRITE ('Einzahlung?');
    READLN (e);
    r: = e − p;
    m: = 500;
    REPEAT
        a: = TRUNC (r/m);
        WRITELN (a, 'mal', m);
        r: = r − a ∗ m;
        CASE m OF
            500: m: = 200;
            200: m: = 100;
            100: m: = 50;
            50: m: = 10;
            10: m: = 5;
            5: m: = 2;
            2: m: = 1;
        END;
    UNTIL r = 0;
END.

L 2.3
PROGRAM Zeiten;
VAR zeit, wert, sekunden, minuten: INTEGER;
BEGIN
zeit: = 0;
REPEAT
    WRITE ('Sekunden?');
    READLN (wert);
    zeit: = zeit + wert;
UNTIL wert = 0;
minuten: = TRUNC (zeit/60);
sekunden: = zeit − 60 ∗ minuten;
WRITELN (minuten,' Minuten und ',sekunden,
        'Sekunden');
END.

L 2.4
PROGRAM Geldwechsel;
VAR
    w: CHAR;
    betrag, kurs, neubetrag: REAL;

BEGIN
    WRITE ('Währung?');

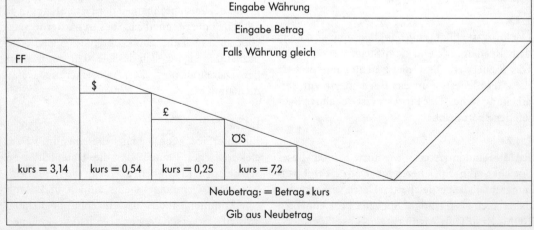

Struktogramm zu L 2.4

```
READLN (w);
WRITE ('Betrag');
READLN (betrag);
CASE w OF
    'F' : kurs: = 3.14;
    '$' : kurs: = 0.54;
    '£' : kurs: = 0.25;
    'Ö' : kurs: = 7.2;
    END;
neubetrag: = betrag * kurs;
WRITELN (neubetrag);
END.
```

Da die „Case...OF"-Bedingung nur ganze Zahlen oder einzelne Buchstaben zuläßt, können die üblichen Währungsbezeichnungen, wie „FF" oder „ÖS" nicht verwendet werden. Man muß sich daher mit anderen Bezeichnungen behelfen, die sinnvollerweise einen Bezug zur gemeinten Währung haben sollten.

L 2.5
Die Ausgabeanweisung im Programm der Aufgabe 2.4 lautet: WRITELN ('Für', betrag, 'DM erhalten Sie ',neubetrag, w);

L 2.6

| Eingabe Anfangskapital K0 |
| Eingabe Zinssatz p |
| n := 0 |
| K := K0 |
| Wiederhole |
| K := K + K * p/100 |
| n := n + 1 |
| bis K >= 2 * K0 |
| Gib aus ('Verdopplung nach' n' Jahren') |

Lektion 3

L 3.1
Der Festwertspeicher des ROM-BIOS enthält
- das Boot-Strap-Programm, den sog. Urlader,
- einen Teil des Betriebssystems,
- mathematische Funktionen und
- den Assembler, Compiler und Interpreter

L 3.2
$2 \cdot 80 \cdot 15 \cdot 512 = 1\,228\,800$ Byte $= 1,2$ MByte

L 3.3
DIR DIR/P DIR/W DIR C: usw.

L 3.4
Die internen DOS-Befehle werden bereits beim Systemstart über den COMMAND.COM in den Hauptspeicher geladen. Dort stehen sie dem Anwender jederzeit zur Verfügung, ohne daß er sie vom externen Speicher (z. B. der Systemdiskette) in den Hauptspeicher laden muß.

L 3.5
Konsole   con:
Drucker   prn:
Laufwerk   a: b: c: usw.

L 3.6
Beim Löschen einer Datei wird nur der Eintrag im Inhaltsverzeichnis gelöscht. Dadurch wird die Adresse des belegten Sektors wieder frei, und das Datenfeld in diesem Sektor kann bei einem neuen Speichervorgang überschrieben werden.

L 3.7
Ein Drucker muß in der Lage sein, die Texte verschiedener Textverarbeitungsprogramme jeweils mit dem richtigen Zeichensatz auszudrucken. Umgekehrt müssen beim selben System trotz Verwendung unterschiedlicher Druckertypen die Texte korrekt zu Papier gebracht werden. Deshalb muß man den Drucker mit einem Druckertreiber und einem Interface immer zuerst an das System anpassen.

L 3.8
Mit Steuerdateien, auch Treiber genannt, können periphere Geräte an den jeweiligen Rechner angepaßt werden, damit die im ASCII-Code vorliegenden Steuerzeichen richtig interpretiert werden (z. B. Tastaturtreiber, Druckertreiber, Bildschirmtreiber).

L 3.9
Alle Programme – außer den direkt im Maschinencode codierten – müssen mit Hilfe eines Übersetzungsprogramms (einem Interpreter oder

Compiler) in den Maschinencode übersetzt werden.

L 3.10
Interpreter: Das Programm wird nach jedem Start Befehl für Befehl neu in die Maschinensprache übersetzt. Der Interpreter arbeitet deshalb recht langsam. Das Quellenprogramm kann jederzeit geändert und korrigiert werden.
Compiler: Ein compiliertes Programm liegt bereits im Maschinencode vor. Wiederholte Übersetzungsläufe entfallen, deshalb arbeitet der Compiler recht schnell. Das Programm kann jedoch nicht geändert werden.

Lektion 4

L 4.1
Jeder Anwender besitzt mit einem Textverarbeitungssystem ein Rationalisierungsinstrument. Die Arbeit wird zunächst ohne Papier ausgeführt, Änderungen sind am Bildschirm problemlos möglich, das Speichern und Wiederauffinden von Texten wird erleichtert, Arbeiten sind beliebig oft wiederholbar: Drucken, Korrigieren, Ergänzen etc.

L 4.2
Bei der computerunterstützten Texterfassung gibt es eine deutliche Trennung zwischen der Eingabe und der Ausgabe. Der Text gelangt bei der Eingabe zunächst in den Arbeitsspeicher des Computers und steht dort für die weitere Bearbeitung zur Verfügung. Dadurch kann er leicht korrigiert, abgeändert und verschoben werden.

L 4.3
Hervorhebung wichtiger Worte, verschiedene Schriftarten, -größen und -breiten, Darstellung von Texten in Spalten oder Tabellen, Hoch- und Tiefstellung bei chemischen oder mathematischen Formeln usw.

L 4.4
Beim Überschreibmodus werden die bereits erfaßten Zeichen durch die neu eingegebenen überschrieben. Der Einfügemodus ermöglicht es, fehlende Zeichen, Worte oder Sätze in einen bereits fertiggestellten Text einzufügen, ohne daß dieser gelöscht wird.

L 4.5
Feststellung der Seitenränder und der Zeilen pro Seite, Paginierung, Layout (z. B. Spaltensatz), Zeilennumerierung.

L 4.6
Schriftart: Darunter versteht man die Gestaltung von Schriftzeichen. Sie bestimmen das Schriftbild.
Schriftgrad: Er setzt die Größe der Schrift fest. Die Variationsbreite liegt zwischen 6 und 30 Punkten je Zoll.

L 4.7
Trennfunktionen: Trennalgorithmen nehmen eine automatische – wenn auch nicht immer korrekte – Silbentrennung am Zeilenende vor.
Wortprüfung: Texte werden auf Schreibfehler durchsucht (Orthographieprüfung). Vom System vorgeschlagene Korrekturen können in den Text übernommen und in einer „Duden-Bibliothek" gespeichert werden.

L 4.8
Textbausteine sind logisch zusammengehörende Textinformationen und enthalten häufig verwendete Textabschnitte. Sie werden in eigenen Textbausteindateien gespeichert und können mit Hilfe von „Kürzeln" aufgerufen und in den laufenden Text eingefügt werden.

L 4.9
Impact-Drucker übertragen durch Anschlag des Druckkopfes die Farbe auf das Papier. Sie sind der Schreibmaschine nachgebaut. Bei Non-Impact-Druckern werden elektrische, chemische oder thermische Reize auf ein spezielles Papier ausgesandt, das durch seine Reaktionen das Bild entstehen läßt.

Lektion 5

L 5.1
Eine elektronische Rechentabelle ist eine zweidimensionale Tabelle, mit der man ohne Codierarbeit Rechenaufgaben lösen kann. Sie besteht aus Spalten und Zeilen. Die Kreuzungspunkte bilden Felder, in die man einen Text, eine Formel oder einen Wert eintragen kann.

L 5.2
Für alle Arten von Rechenaufgaben, wie z.B. volks- und betriebswirtschaftliche Modellrechnungen, Statistik, finanzmathematische Aufgaben, Kalkulationen, Betriebsabrechnungsbögen, Angebotsvergleiche, Tilgungspläne.

L 5.3
Eine Feldadresse gibt die genaue Position eines Feldes in einer Tabelle an. Die Angabe erfolgt in Zeilen und Spalten.

L 5.4
Eine Formel kann bestehen aus
- nur einer Feldadresse, z.B. Z4S1 oder Z(-8)S(17)
- einer Feldadresse und mathematischen Verknüpfungen, z.B. Z4S9 * Z2S6/100

L 5.6
Befehlsbereich: Er enthält die Befehle des Hauptmenüs.
Arbeitsbereich: Er bildet den aktiven Teil der Tabelle. In ihn können Texte, Formeln oder Werte in die einzelnen Felder eingetragen werden.

L 5.7
Die kleinste Einheit einer Tabelle ist das Feld. Es kann durch eine Adresse angesprochen oder mit den Pfeiltasten angewählt werden.

L 5.8
Texte, Werte und Formeln

L 5.9
Formeln mit der relativen Adressierung

L 5.11
Der Bereich Z1S2 bis Z24S4 muß zweimal nach rechts kopiert werden.

Lektion 6

L 6.1
Eine Datei enthält die Eigenschaften eines Objektes und speichert diese Daten in einer Tabelle. In den einzelnen Zeilen stehen die Datensätze, und jede Spalte ist für ein bestimmtes Attribut vorgesehen, das die Eigenschaften des entsprechenden Objektes enthält.

L 6.2
Datensatz

L 6.3
Attribute. Sie werden in Datenfeldern gespeichert.

L 6.5
Die Befehle lauten:
a) LIST oder DISPLAY ALL
b) BROWSE
c) EDIT

L 6.6
In der Schablone bestimmt man die Namen der Attribute (Feldname), welche Daten sie später aufnehmen sollen (Feldtyp für Zeichen oder numerische Daten), die Länge der Attribute (Feldlänge) und evtl. die Dezimalstellen. Durch die Festlegung der Attribute wird die Dateistruktur und somit die Eingabemaske festgelegt.

L 6.7
Datenbanksysteme verfügen über verschiedene Befehle, mit denen man auf bestimmte Daten zugreifen kann. Der Befehl EDIT verbunden mit einer Suchbedingung führt beispielsweise zum Ergebnis: EDIT FOR Attribut = Suchkriterium, EDIT FOR PLZ = 7500.

L 6.8
Das Schließen der Datei schützt vor Datenverlusten bei unsachgemäßem Ausstieg aus dem Datenbanksystem. Mit dem Befehl USE ohne Angabe des Dateinamens kann die Datenbank geschlossen werden.

Lektion 7

L 7.1
Mit der Selektion kann man in einer geöffneten Datei mit Hilfe einer Bedingung einen oder mehrere Datensätze aus einer Datei herausfiltern, z. B. DISPLAY ALL FOR Vorname = „Vera" oder LIST FOR Vorname = „Vera". Durch die Projektion kann man gewünschte Attribute aus der Datei auswählen. Es werden jedoch alle Datensätze der aktiven Datei ausgegeben, z. B. DISPLAY ALL Vorname, Name, Ort oder LIST Vorname, Name, Ort.

L 7.2
Diesen Personen ist untersagt, die Daten zu anderen als den zur rechtmäßigen Aufgabenerfüllung gehörenden Zwecken zu verarbeiten oder weiterzugeben.

L 7.3
Personenbezogene Daten sind Einzelangaben zu den persönlichen und sachlichen Verhältnissen natürlicher Personen.

L 7.4
Das Auskunftsrecht wird wirksam ergänzt durch
- die Benachrichtigungspflicht der speichernden Stelle
- die Rechte auf Berichtigung, Sperrung und Löschung.

L 7.5
Ja, er darf, auch wenn die Daten bereits gesperrt sind. Zwar ist im Sinne des BDSG der Zweck der Speicherung entfallen, dennoch können sie zur Beweisführung herangezogen werden, wenn es keine anderen Möglichkeiten gibt.

L 7.6
a) COPY Quelldatei Zieldatei
b) USE Quelldatei (Datei öffnen) COPY TO Zieldatei (Datei kopieren) oder USE (Datei schließen), COPY FILE Quelldatei TO Zieldatei (Datei kopieren)

L 7.7
Bei der Indizierung erfolgt nur eine logische Sortierung der Datensätze nach den angegebenen Attributen (Schlüsselfeldern) in einer Indexdatei. Die Satzreihenfolge in der Ausgangsdatei bleibt bei diesem Sortiervorgang unberührt.

L 7.8
Nein, da in Datenbanksystemen die Informationen einer Datei getrennt in mehreren Dateien gespeichert werden müssen und diese nur über gemeinsame Attribute über eine Verknüpfungsbedingung wieder zu einer Datei zusammengefügt werden können.

Lektion 8

L 8.1
Siehe Bild 8.2.

L 8.2

Bit	1	2	3	4	5	6	7
I	0	1	0	0	1	0	1
n	0	1	1	0	1	1	0
f	0	1	1	0	0	1	0
o	0	1	1	0	1	1	1
r	0	1	1	1	0	0	1
m	0	1	1	0	1	0	1
a	0	1	1	0	0	0	1
t	0	1	1	1	0	1	0
i	0	1	1	0	1	0	1
o	0	1	1	0	1	1	1
n	0	1	1	0	1	1	0

L 8.3
Die Höhe (Amplitude) des Impulses wird zunächst quantisiert, d.h. dem Amplitudenwert wird der ganzzahlige Wert eines Quantisierungsintervalls zugeordnet. Anschließend wird diese Zahl binär codiert.

L 8.4
Mit den Verfahren der Multiplextechnik werden die Kapazitäten der Übertragungsleitung optimal ausgenutzt. Jedes PCM-Codewort benötigt einen bestimmten Zeitschlitz (z. B. 125 Mikrosekunden) der Übertragungszeit. In einer Sekunde können somit mehrere Codewörter zeitlich verschachtelt hintereinander übertragen werden.

L 8.5

Asynchrone Datenübertragung: Die Übertragung wird mit einem Startbit eingeleitet und nach der Übertragung eines Bytes von einem Stopbit wieder beendet. Sie muß jedesmal neu synchronisiert werden.

Synchrone Datenübertragung: Zu Beginn der Übertragung wird ein Synchronisationszeichen (SYN) mit einem speziellen Bitmuster gesendet. Danach bleibt die Datenübertragung während der gesamten Zeit im Gleichlauf (synchron).

L 8.6

Die Glasfaser hat eine höhere Kapazität (mehr Datenübertragungen gleichzeitig), sie ist kleiner, leichter und flexibler als ein herkömmlicher Leiter. Sie ist unempfindlicher gegen äußere Störfelder, der Energiebedarf und die Abschwächung des Signals sind kleiner.

L 8.7

Die Datenübertragung erfolgt einerseits über Festverbindungen (auch Standleitungen genannt) zwischen den Datenendeinrichtungen. Bei den leitungsvermittelten Wählverbindungen besteht die Möglichkeit der Datenübertragung über das Telefonnetz oder über das integrierte Text- und Datennetz (Datex-L und Datex-P).

L 8.8

Mit ISDN als dienstintegrierendes Netzwerk ist geplant, das Fernsprechnetz sowie das Text- und Datennetz der Bundespost zu einem digitalen Netz zusammenzufassen. Damit wird es möglich, unterschiedliche Kommunikationssendegeräte über dieselbe Anschlußleitung mit der gleichen Rufnummer zu betreiben.

L 8.9

Die wichtigsten Netzwerkstrukturen sind Ring, Stern, Schleife und Bus.

L 8.10

Beim CSMA/CD-Verfahren horcht die Station zunächst den Kanal ab. Sobald er frei ist, beginnt sie mit dem Senden von Daten. Kollidieren ihre Daten mit denen einer gleichzeitig sendenden anderen Station, so stellen beide Stationen ihre Datenübertragung ein und fangen nach unterschiedlicher Wartezeit wieder von vorne an. Beim Token-Passing-Verfahren muß die Station so lange warten, bis ihr das Senderecht (Token) zugeteilt wird. Der Token wandert reihum von Station zu Station.

Lektion 9

L 9.1

Eingangsprodukte: Schmutzwäsche, Waschpulver, Wasser, elektrische Energie
Ausgangsprodukte: saubere Wäsche, Waschlauge
Meßglieder: Türkontakt, Wasserfüllstand, Wassertemperatur etc.
Stellglieder: Schalter für Trommelmotor, Laugenpumpe, Wassereinlaßventil, Türverriegelung usw.
Prozeßtyp: Erzeugungsprozeß

L 9.2

Waschmaschine, Kochherd, Staubsauger, Gefriertruhe, Spülmaschine, Wäschetrockner, Heizung usw.

L 9.3

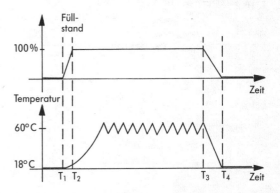

Bild 9.12 Weg-Zeit-Diagramm Hauptwaschgang

L 9.4

Technisch ist das kein Problem. Als Sensor käme ein digitaler Füllstandssensor zum Einsatz, als Aktoren 2 Magnetventile. Der Prozeßrechner selbst wäre ausgebildet als Mikrochip. Dem tatsächlichen Einsatz widersprechen jedoch andere gewichtige Argumente wie Kosten (erheblich teurer), Fremdenergie (man benötigt zusätzlich elektrischen Strom) und einfach die Erkenntnis, mit „Kanonen nach Spatzen zu schießen".

L 9.5
Drehzahl: Motor
Füllstand: Kühlwasser, Bremsflüssigkeit, Ölstand, Tankanzeige, Waschwasser etc.
Druck: Motoröl, Luftfilter, Getriebesteuerung, Reifen etc.
Durchfluß: Benzinverbrauch, Heizung
Temperatur: Zylinderkopf, Kühlwasser, Motoröl, Heizung, Klimaanlage, Außentemperatur etc.

Lektion 10

L 10.1
Der Mensch muß den Prozeß nur noch überwachen und optimieren.

L 10.2

L 10.3

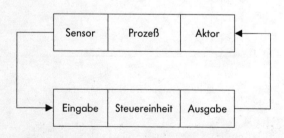

L 10.4
Sensoren wandeln physikalische Größen wie Druck, Temperatur, Schall, Licht etc. in elektrische Größen um. Aktoren beeinflussen den Stoff- und Energiestrom eines technischen Prozesses.

L 10.5
Es handelt sich um ein UND-Gatter, da

B	A	Q
0	0	0
0	1	0
1	0	0
1	1	1

L 10.6

B	A	Q
0	0	0
0	1	0
1	0	1
1	1	0

L 10.7
Verbindungsprogrammierbare Steuerungen: Die Bausteine sind Relais, Transistoren, ICs. Die Logik ist fest verdrahtet (Kabel, Leiterbahnen).
Speicherprogrammierbare Steuerungen: Der Baustein ist ein Digitalrechner (Mikrocomputer), die Logik ist ein Programm (Software).

L 10.8
Übliche Programmierverfahren bei SPS sind die Anweisungsliste (AWL), der Kontaktplan (KOP) und der Funktionsplan (FUP).

L 10.9

FUP: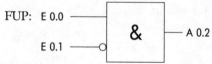

KOP: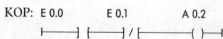

L 10.10
Bei der Ablaufsteuerung hängt das Weiterschalten von einem Prozeßschritt in den nächsten von Bedingungen (vom Prozeß oder von der Zeit) ab.

L 10.11

Eine SPS muß auf der Eingabeseite einen Analog-Digital-Umsetzer und auf der Ausgabeseite einen Digital-Analog-Umsetzer enthalten.

L 10.12

Zentrales Prozeßleitsystem:

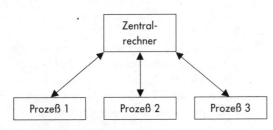

Dezentrales Prozeßleitsystem:

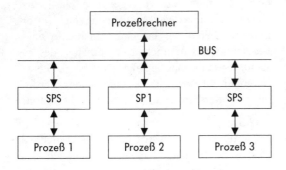

Lektion 11

L 11.1

Der Mikrocomputer berechnet aus den eingegebenen Werkstückdaten die Bahnkurven für die Maschinenbewegungen und steuert die Maschine.

L 11.2

Der Facharbeiter erstellt das Programm und gibt es in die CNC-Maschine ein.

L 11.3

Das Koordinatensystem ist notwendig, um die geometrischen Verhältnisse im Arbeitsraum der Maschine und am zu bearbeitenden Werkstück eindeutig beschreiben zu können.

L 11.4

Bei Drehmaschinen wird ein zweidimensionales X-Z-Koordinatensystem verwendet. Bei Fräsmaschinen benutzt man ein dreidimensionales X-Y-Z-Koordinatensystem.

L 11.5

Auf den Werkstück-Nullpunkt beziehen sich alle Bemaßungen bei der Absolutmaß-Programmierung.

L 11.6

G 00 heißt „Positionieren im Eilgang", was bedeutet, daß das Werkzeug mit erhöhter Geschwindigkeit ohne Arbeitstätigkeit bewegt wird. G 01 bedeutet „Vorschub entlang einer Geraden", d. h., daß das Werkzeug mit eingestellter Arbeitsgeschwindigkeit entlang einer Geraden fräst (dreht).

L 11.7

Zu den Weginformationen zählen die Wegbedingung (G-Funktion) und die Koordinatenangaben. Zu den Schaltinformationen gehören der Vorschub F, die Spindeldrehzahl S, das Werkzeug T und die Zusatzfunktion M.

L 11.8

Inkremental: Die Bewegung wird über Impulse abgetastet. Die Impulse werden elektrisch gezählt. Absolut: An einer codierten Skala ist die jeweilige Position als Meßwert unmittelbar ablesbar.

L 11.9

Siehe Bild 11.19

L 11.10

Art, Anzahl und Anordnung der Bewegungsachsen. Die maximale Zahl der Freiheitsgrade ist sechs (3 translatorische, 3 rotatorische).

L 11.11

Ein mit einem Bildverarbeitungssystem ausgestatteter Industrieroboter kann Teile erkennen sowie ihre Lage und Orientierung feststellen.

Lektion 12

L 12.1
Der Grafikbildschirm mit hoher Auflösung, Farbe und evtl. zusätzlichem Bildschirm für Text und Befehle; Digitalisiertablett; Plotter; Rechner mit hoher Arbeitsgeschwindigkeit; Arithmetikprozessor.

L 12.2
Bei der Vektorgrafik können Linien beliebig vergrößert werden; es bleiben immer Linien. Bei der Pixelgrafik werden beim Vegrößern die Bildpunkte sichtbar.

L 12.3
- 3-achsige Bearbeitung und Darstellung,
- dreidimensionale Berechnungen und Datenverwaltung,
- Generierung von Abwicklungen

L 12.4
Grundfunktionen: Positionieren, Identifizieren
Editierfunktionen: Verschieben, Drehen, Spiegeln, Duplizieren, Skalieren, Dehnen, Trimmen
Bildschirmfunktionen: Ein- und Ausblenden, Punkt- oder Linienraster, Farbwahl/Layer, Zoom, Panorama

L 12.5
Bei der Varianten-Konstruktion werden in die Zeichnung anstelle fester Werte bei der Bemaßung Variable eingetragen. Diese Technik ist sinnvoll für alle geometrisch ähnlichen Teile, die häufig mit ähnlichen Maßen gezeichnet werden müssen.

L 12.6
Die Geometriedaten einer Konstruktion werden von einem NC-Programm in CNC-Steuerdaten umgesetzt. Im Werkstattbereich müssen vom Facharbeiter im CNC-Programm lediglich maschinenspezifische Befehle ergänzt werden.

L 12.7
Bei der FEM werden Bauteile in eine Anzahl einfacher Elemente mit vorgegebenen Elastizitätseigenschaften zerlegt. Ausgehend vom Verformungsverhalten der einzelnen Elemente unter Belastung wird nunmehr das Verhalten des gesamten Systems mit allen in der Mechanik interessierenden Größen wie Verschiebungen, Verdrehungen oder Kräften und Momenten bestimmt.

L 12.8
Mit CAD-Systemen werden in der Elektrotechnik elektrische Schaltungen und Stromlaufpläne erstellt, Schaltungen simuliert und Leiterplatten entworfen.

Register

Ablaufsteuerung 121, 122
Absatz 48
Absatzformatierung 49
Absolutbemaßung 130
Abtast-Code 40
Adresse
    – absolute 60
    – relative 60
Adressierung
    – absolute 61
    – relative 61
    – von Zellen 59
Aiken, Howard H. 5
Aktions-Zeit-Diagramm 105
Aktoren 108, 109
Akustikkoppler 96
Algorithmus 18, 21
ALU, Rechenwerk 7, 8
Analog-Digital-Umsetzer 122
Anweisung 20, 26
Anweisungsliste, AWL 119
APPEND 69, 74
Arbeitsbereich 58
Arbeitsspeicher 46
Arithmetik 7
Arithmetik-Prozessor 7
Artificial Intelligence 158
ASCII-Code 10, 30, 41
Assemblersprache 18
asynchron 91
Attribute 66
Aufbewahrungsprozesse 103
Ausgabeschnittstelle 113
Automat, programmgesteuerter 112
Automation 112
AWL, Anweisungsliste 119

Babbage, Charles 5
Bahnstützpunkte 137
BASIC-Interpreter 42
Batch-Betrieb 108
BDSG, Bundesdatenschutzgesetz 74
Befehlsbereich 58
Befehls-Modus 50
Bemaßen 151
Beratungssysteme 160
Bereich 48
Bereichsformatierung 48
Betriebssystem 31, 32
    – Laden des B. 32
    – unterschiedliche B. 34

Bewegungsdaten 81
Bibliotheksmodul 152
Bildpunkte 144
Bildschirmtreiber 41
Binär-Code 41
Binärdaten 9
Binärentscheidungen 9
Bit 9
Blocksatz 49
Boot-Record 33
Boot-Strapping 32
Bridge 99
BROWSE 68, 74
Bundesdatenschutzgesetz, BDSG 74
Bus 14
Bustopologie 99
Byte 9, 35

CAD/CAM-Kopplung 154
CAM 154
CD-ROM 13
CD-Worm 13
CHART 61
Chip 6
CNC 127
Code 9, 87
    – binärer 16
Codierung 9, 87
COMMAND.COM 37
Compiler 42
Compilierung 42
CON, Console 39
COPY 39
CP/M 34
CPU, Prozessor 6, 8
CREATE 66, 74
CSMA/CD-Verfahren 100
CTV, computerunterstützte Textverarbeitung 45
Cursor-Methode 62
Datei
    – Aufbau 65
    – erstellen 66
    – öffnen 68
    – schließen 69
    – sortieren 79
Dateien
    – anlegen 40
    – arbeiten in D. 69
    – ausgeben 68
    – kopieren 78
    – löschen 40
    – Operationen mit D. 78
    – zusammenfügen zweier D. 81
Dateiname 37

Dateinamensuffix 37
Daten
- ändern 69, 76
- erfassen im Dialog 69
- Interpretation 159
- löschen 76
- personenbezogene D. 75
- speichern 76
- suchen 68
- Transport von D. 38
- übermitteln 76

Datenbank 64
Datenbanksystem 65
Datenbasis 160
Datenendeinrichtung 87
Datenfernverarbeitung 87
Datensatz 66
- Ausgabe von D. 68
Datensicherung 40
- Maßnahmen der D. 77
Datensicherungsverfahren 93
Datenübertragung
- asynchrone 92
- im paketvermittelten Datennetz 97
- parallele 93
- serielle 93
- synchrone 92
Datenübertragungseinrichtung 87
Datenverarbeitung, elektronische 45
Datenverbindung 87
Datex-L 97
Datex-P 97
dBase 65
Deklarationen 29
Deklarationsteil 26
DEL 40
Denken, logisches 158
Desk-Top-Publishing, DTP 48
Diagnose 159
Dialogkomponente 161
Dienstprogramme 33
Digital-Analog-Umsetzer 122
Digitalisieren 145
Digitalisiertablett 145
DIP-Schalter 52
DIR 36
DISKCOPY 39
Diskette
- formatieren von D. 37
- 3,5-Zoll-D. 34
- 5,25-Zoll-D. 34
Diskettenformate 35
DISPLAY 74
DISPLAY ALL 68, 71

DISPLAY FOR 69, 74
DOS-Befehl
- externer 37, 38
- interner 37
DOS-Betriebssystem 34
Drehteile 129
Druckbildgestaltung 53
Drucken von Texten 52
Drucker 41
- intelligente 53
- Impact-D. 53
- Non-Impact-D. 54
Druckeranpassung 41, 53
Druckerinitialisierung 41, 53
Druckersteuerdateien 41
Druckertreiber 41, 53
Druckertypen 53
DTP, Desk-Top-Publishing 48
DV-Anlage 6

EDIT 68, 74
EDIT FOR 69
Einfachverzweigung 25, 28
Einfügemodus 47
Eingabe 6
- von Formeln 59
- von Texten 47, 59
- von Zahlen 59
Eingabeschnittstelle 112
Einrücken
- links 49
- rechts 49
Einsatzumgebung 159
Entfernen von Texten 48
ERASE 40
Erklärungskomponente 161
Erstzeileneinzug, vergrößerter 50
Erzeugungsprozesse 103
EVA-Prinzip 6
Expertenwissen 159, 162

Fadenkreuzlupe 145
Fahrkartenautomat 18
FANG 149
Feld 57
Feldadresse 57
Feldlänge 66, 67
Feldname 67
Feldtyp 66, 67
FEM, Finite-Elemente-Methode 154
Fernsprechnetz 98
Fertigungs- und Montagesysteme, flexible 137
Festwertspeicher, ROM 8
Finite-Elemente-Methode, FEM 154

Flächenmodelle 146
Flattersatz 49
Fluchtlinie, eingerückte 50
FORMAT 38
Formatieren
   – von Disketten 37
   – von Texten 48
Formel 57
   – Eingabe von F. 59
FRAMEWORK III 58, 61
Frequenzmultiplex 90
Fühler 112
Funktionsplan, FUP 120
FUP, Funktionsplan 120

Gateway 99
Geradeninterpolation 137
Grafikbildschirm 144
Grafikkarte 144
Grafikprogramm 61

Halbleiterelement 6
Hardware 5, 16
Hauptspeicher 8
HEARSAY 162

Indexbildung 80
Indexdatei 80
INDEX ON 80
Inferenzkomponente 160
Inferenzprozedur 161
Inferenzwissen 160
Information(en) 65, 86
   – binäre 114
Informationsfeld 92
Informationsspur 35
Informationssysteme 86
Inhaltsverzeichnis, Ausgabe 36
Inkrementalbemaßung 130
INSTALL 41
Interface 13
Interpreter 41
ISDN 98
ISO-7-Bit-Code 10

JOIN 83

Kantenmodelle 146
KEYBGR.COM 41
knowledge engineering 159
Koaxial-Leitung 94
Kommunikation 86
Kommunikationstechnik 86
Kontaktplan, KOP 121
Kontrollstrukturen 18, 22, 23
Kontrollwissen 160
Koordinaten, relative 133

Koordinatensystem 128
KOP, Kontaktplan 121
Korrektur von Texten 47
KREIS 151
Kreisinterpolation 137

LAN, Local Area Network 99, 123
Layer 144, 151
Layout 48
Leiterplatten-Layout 155
LINIE 151
LIST 68, 71, 74
   – Attribute 74
   – FOR 69, 74
Local Area Network, LAN 99
Löschen von Daten 76
Logik 7
Lupe 151

Makros 153
Maschinensprache 16, 34, 41
Massenspeicher, externer 33
Maus 145
Mechanisierung 112
Mehrfachverzweigung 25, 28
Meßglieder 103
Mikroprozessor 6
Modem 96
Modul 19
Monitor 144
Monomode-Faser 95
MS-DOS 34
MULTIPLAN 58
MYCIN 162

NC 127
NICHT-Funktion 116

ODER-Funktion 116
On-Line-Betrieb 108
Operationen
   – arithmetische 7
   – logische 7
Organisationsprogramme 33
OS/2 34

Paginierung 48
PAM, Pulsamplitudenmodulation 89
PANORAMA 151
PASCAL 18, 22, 26
PC-DOS 34
Peripherie 10
Peripheriegeräte
   – zur Ausgabe 13
   – zur Eingabe 12
Personen, schutzbedürftige 75

Pflichten der speichernden Stelle 77
Play-back-Verfahren 140
Primärprogramm 34
PRINT 39
Problemanalyse 19
Problembeschreibung 18
Problemlösungskomponente 160, 163
Produktionsbasis 160
Produktionssysteme 160, 163
Programmablaufplan 22
Programmaufbau 133
Programmiersprachen 16, 26
 – höhere 18
Programmierung, textuelle 140
Projektion 71
PROLOG 161
PROSPECTOR 164
Prozeß 102
 – Grundeigenschaften 103
 – technischer P. 103
Prozeßoptimierung 107
Prozeßrechner 105
Prozeßregelung 107
Prozeßsteuerung 107
Prozeßstörmeldungen 124
Prozeßüberwachung 106
Prozeßwerte 124
Prozeßzustände 124
Prozesse, Abläufe von technischen 104
Prozessor, CPU 6, 8
Pulsamplitudenmodulation, PAM 89
Pulscodemodulation 89

Quantisierung 89
Quantisierungsfehler 90
Quellprogramm 34

Rahmensicherungsfeld 93
RAM, (Schreib-/Lese-) Speicher 8, 33
RASTER 149, 151
Raummultiplex 90
Real-Zeit-Betrieb 108
Rechentabelle, elektronische 56
Rechenwerk, ALU 7, 8
Rechnerprogramm 118
Recht
 – auf Löschung 77
 – auf Sperrung 77
 – auf Berichtigung 77
 – auf Auskunft 77
 – auf Wissen um die Datenspeicherung 77
Rechte des Betroffenen 76
Rechte-Hand-Regel 128
Regelinterpreter 160, 163
Regelwissen 160

Relais 114, 117
Relationen 64
Ringtopologie 99
ROM, Festwertspeicher 8, 33
ROM-BIOS 32

Satzformat 133
Satznummer 133
Satzstruktur 66
Schaltinformationen 134
Schaltplanerstellung 155
Schaltungssimulation 155
Schleife
 – nichtabweisend 24, 27
 – abweisend 24, 27
Schlüssel 74
Schlußfolgerungen 160
Schnittstelle(n) 13, 41, 94
Schnittstellenkarten 13
Schraffur 152
Schreib-/Lesespeicher, RAM 8
Schriftarten 50
Schriftgrad 50
Seitenrand 48
Sektoren 35, 38
Selektion 69, 71
Selektionsbedingung 69
Senkrechtfräsmaschine 130
Sensoren 108, 112
Serienbriefe 52
SETUP 41
Signale
 – analoge 87, 122
 – binäre 114
 – digitale 87
Signalverarbeitung, statische 121
Software 6, 16
Software-Schnittstelle 153
Sortieren einer Datei
 – logisches 80
 – physikalisches 79
Spalten 57
Spaltennummer 57
Speicher
 – externer 13
 – flüchtiger 8
 – permanenter 8
Speicherkapazität 35
Speichern von Daten 76
Speicherorganisation 34
SPS, speicherprogrammierbare Steuerung 119
Spuren 38
Stammdaten 81
Stellglieder 103

Sterntopologie 99
Steuereinheit 113
Steuereinrichtung 112
Steuerung
- Programm 117
- speicherprogrammierte, SPS 118
- verbindungsprogrammierte 117
- Steuerwerk 7
Struktogramm 22
Suchen von Textteilen 52
Synchronisation 91
Systeme
- eingebettete 160
- wissensbasierte 159
System-Software 32

Tabellenarchitektur 58
Tabellenkalkulation 56
Tastatur 40, 144
Teach-in-Verfahren 140
Teilautomatisierung 123
Teletex 88
Telex 88
TEXT 59, 152
Textbausteindateien 51
Textbearbeitung 46
Textbildschirm 144
Texte
- Eingabe 47, 59
- Korrektur 47
- Formatieren 48
- Drucken 52
Texterfassung 44, 45
Textgestaltung 46
Text-Modus 50
Textteile
- rechtsbündige 49
- suchen und ersetzen 52
Text- und Datennetz, integriertes 96
Textverarbeitung 44
- computerunterstützte, CTV 44, 46
Textverarbeitungsfunktionen 50
Textverarbeitungssystem 46
Token-Passing-Verfahren 101
Top-Down-Methode 48
Topologie 99
Transistor 114, 117
Transport von Daten 38
Trennfunktionen 51
Turbo-Pascal 26
tutoring 159
TYPE 40

Übermitteln von Daten 76

Überschreibmodus 47
Übersetzungsprogramme 34, 71
Übertragung, serielle 93
Übertragungsmedien 94
Umweltwissen 160
UND-Funktion 116
UNIX/XENIX-Betriebssystem 34
USASCII-Code 10
USE 68

Varianten-Konstruktion 153
Verändern von Daten 76
Verarbeitung 6
Verhalten, intelligentes 158
Verknüpfungssteuerung, binäre 121, 122
Vernetzung 123
Verteilungsprozesse 103
Verzweigung 25
Volumenmodelle 146

Wegbedingung(en) 131, 133
Wegbefehl 133
Weginformation 131, 133
Wegmeßsysteme 136
Wegmessung
- absolute 136
- inkrementale 136
Weg-Zeit-Diagramm 105
Werkstück-Nullpunkt W 129
- bei Drehteilen 129
- bei Frästeilen 130
WERT 59
Wiederholungsschleife 22
WINDOW 121
Wissensbasis 160, 162
Wissenserwerbskomponente 161
Wortprüfung 51

Zahlen, Eingabe 59
ZE, Zentraleinheit 6, 8
Zeichen 48
Zeichenformatierung 50
Zeichnungseditor 148
Zeigestift 145
Zeilen 57
Zeilennummer 49, 57
Zeitmultiplex 90
Zentraleinheit, ZE 6, 8
Zentrieren 49
Ziffer, binäre 9
ZOOM 151
Zugriffsverfahren 100
Zusammenfügen zweier bestehender Dateien 81
Zuse, Konrad 5
Zweidraht-Leitung 94

Nachweis der Grafiken und Bilder

1.9 Hartmuth Huber, München

2.2 Scheidt & Bachmann GmbH, Mönchengladbach

3.4–3.6, 4.1, 4.2, 4.6, 9.2–9.5, 9.11, 9.12, 10.3, 10.5–10.7, 10.11, 10.19–10.21, 10.23, 10.26, 11.2–11.10, 11.12, 11.16, 11.17 links, 11.19–11.22, 11.24 Anne Schrödter, Karlsruhe

8.2–8.5, 8.10, 8.14–8.18, 8.21–8.26, 8.31, 12.3–12.8, 12.10–12.18, 12.21, 12.25 links
Erwin Holler, Kaufbeuren

8.7–8.9, 8.11–8.13 Siemens topic 7

8.19 de 20/88

8.20, 10.18 Siemens AG

8.27, 8.28 LOG IN 8 (1988) Heft 4

10.4 TIBB 2/87

10.28, 10.29 Siemens Energie & Automation 2/89

11.1, 11.18 Friedrich, Tabellenbuch Metall- und Maschinentechnik, Dümmler, Bonn, S. 9–1 u. 9–23

11.14, 11.15 TIBB 4/88

11.17 rechts Mitsubishi Electric

12.1 MuM 4/89

12.2 Computer persönlich 3/88

12.9 Maier H., Herstellung von Spritzgießteilen mit CAD-CAM – eine 3D-Anwendung in der Praxis, in: CAD-CAM 9/86, Carl Hanser, München, Bild 2

12.19, 12.24 AUTOCAD Magazin 5/88

12.20 MuM 10/88

12.22, 12.23 Krupp Polysius AG

12.25 rechts Ariadne-Handbuch, Franzis, München, S. 35, Bild 18